CURIOSITÉS
DE L'ÉTYMOLOGIE
FRANÇAISE

AVEC L'EXPLICATION DE QUELQUES PROVERBES
ET DICTONS POPULAIRES

PAR

CHARLES NISARD

PARIS
LIBRAIRIE DE L. HACHETTE ET Cie
BOULEVARD SAINT-GERMAIN, N° 77

1863

CURIOSITÉS
DE L'ÉTYMOLOGIE
FRANÇAISE

OUVRAGES DU MÊME AUTEUR :

Le Triumvirat littéraire au **XVI**e siècle, ou Juste Lipse, Joseph Scaliger et Isaac Casaubon. 1 vol. in-8.

Histoire des livres populaires, depuis le XVe siècle jusqu'à nos jours. 2 vol. in-8, avec gravures.

Les Gladiateurs de la République des lettres, ou histoire de la vie et des écrits de Fr. Filelfo, Poggio, L. Valla, G. Scioppius, J. César Scaliger et Fr. Garasse. 2 vol. in-8.

Mémoires de Huet, évêque d'Avranches, traduits du latin pour la première fois, avec des notes nombreuses. 1 vol. in-8.

Mémoires de Fr. Garasse, de la Compagnie de Jésus, publiés pour la première fois, avec notes et éclaircissements. 1 vol. petit in-8.

TRADUCTIONS DES CLASSIQUES LATINS :

Justin, Martial, Valerius Flaccus, etc., etc., etc.

Paris. — Imprimerie de Ch. Lahure et Cie, rue de Fleurus, 9.

CURIOSITÉS
DE L'ÉTYMOLOGIE

FRANÇAISE

AVEC L'EXPLICATION DE QUELQUES PROVERBES
ET DICTONS POPULAIRES

PAR

CHARLES NISARD

PARIS
LIBRAIRIE DE L. HACHETTE ET Cie
BOULEVARD SAINT-GERMAIN, N° 77

1863

AVANT-PROPOS.

COUP D'ŒIL

SUR QUELQUES THÉORIES ÉTYMOLOGIQUES ET ETHNOLOGIQUES.

Dans la recherche aussi agréable qu'instructive des étymologies de la langue française, il est difficile d'avoir une méthode autre que celle qui s'appuie sur le latin. Les méthodes contraires n'ont toutefois pas manqué; mais, encore qu'elles offrissent toutes des résultats qui n'étaient point à dédaigner, et que les dernières venues notamment marquassent un progrès plus ou moins sensible sur les premières, il n'y en a pas une qui ait prévalu définitivement, ou qui ne soit l'objet des plus graves objections. La méthode la plus rationnelle, c'est-à-dire celle qui procède par le latin, trouvait à peine grâce aux yeux de hardis novateurs pour qui toute opinion reçue est un préjugé, et leurs propres inventions des découvertes. Quelques-uns pensaient avoir paré à toutes les objections au moyen du sanscrit, et trouvé dans cette langue des arguments assez péremptoires pour réunir toutes les opinions; et voilà que le sanscrit lui-même commence à être moins considéré, qu'on dit qu'il n'est pas plus une langue mère pour la famille indo-européenne que le grec ne l'a été pour le latin, qu'enfin on remarque que les recueils de racines sanscrites ne donnent pas toujours des racines bien précises et bien authentiques. Voyez Wilson : on lui demande un sens, et il en donne douze. Choisissez, si vous pouvez. M. Georges Curtius, dans ses *Principes de l'étymologie grecque* (en allemand), ne porte pas moins d'atteinte au respect dont on environne le sanscrit, lorsqu'il pose en fait que « l'identité d'un mot germanique, slave ou lithuanien avec un mot grec étant suffisamment prouvée, l'usage vivant, actuel, facile à constater, est plus important pour l'étymologie que l'acception du radical sanscrit formulée dans le latin chanceux des vocabulaires modernes[1]. »

Il est de fait que demander directement au sanscrit les radicaux des termes de notre langue, c'est, contrairement aux principes d'une saine logique, procéder de la cause aux effets, au lieu de remonter des effets à la cause. D'ailleurs, il n'y a pas, comme l'observe judicieusement M. Littré, de méthode pour ce genre d'opération, tandis qu'elle existe, sauf à en corriger les défauts et à en étendre les limites, pour la recherche des étymologies françaises par le latin.

« Pour un mot français, dit l'illustre érudit que je viens de nommer[2], il n'y a qu'une voie à suivre : rechercher la forme ancienne, s'il en existe une ; mettre à côté toutes les formes qu'on peut recueillir dans les autres langues romanes et dans les patois ; puis de là, essayer de remonter au radical latin, ou germain, ou

---

1. MM. Georges Curtius et Pictet. Voyez aussi M. J. Stecher dans la *Revue de l'instruction publique* du 16 janvier 1862, p. 660-661.
2. *Histoire de la langue française*, t. I, p. 87.

celtique; cela fait, si l'on veut étendre davantage le point de vue, ajouter au radical latin, germain ou celtique ainsi déterminé le radical sanscrit, et cela afin de voir, si l'on veut et si l'on peut, comment les intuitions secondaires qui ont amené la formation du français par le latin, diffèrent des intuitions primitives qui ont amené la formation des radicaux indo-germaniques. »

Mon point de vue, dans ce petit recueil, a eu rarement l'occasion de s'étendre aussi loin ; mais tout en déviant tantôt à droite et tantôt à gauche, et peut-être même en se perdant quelquefois dans les nuages, il n'a pas laissé que de suivre la ligne indiquée par M. Littré pour arriver jusque-là.

Avant de parvenir au point où elle en est aujourd'hui, la science étymologique a longtemps tâtonné. Pour s'en tenir à la langue française, Henri Estienne n'établit pas seulement la conformité de ses mots avec le grec, mais de ses tours et de son esprit. La vérité est que, bien avant notre ère et longtemps après, on parlait grec dans la Gaule Narbonnaise, surtout dans le royaume d'Arles; que les prédications du clergé avaient lieu en cette langue; que les écoles publiques, où elle avait une part considérable dans l'enseignement, en entretenaient l'usage; qu'enfin saint Irénée écrivait en grec, autant parce qu'il était Grec que parce qu'il savait qu'il serait entendu non-seulement à Lyon [1], mais dans les pays de son vaste diocèse qui avoisinaient celui où l'on parlait grec, et qui trafiquaient avec lui. Toutes ces circonstances influèrent sur la langue générale, et elle n'a jamais cessé de s'en ressentir. Il y a telles remarques de Henri Estienne à cet égard qui sont des démonstrations. D'autres vinrent après lui, qui outrèrent son système et impo-

---

[1]. On sait que Caligula avait établi dans cette ville des jeux académiques d'éloquence grecque et latine : ce qu. suppose qu'au moins les deux langues y étaient parlées simultanément, tandis qu'il y a lieu de croire que la grecque y obtenait la préférence, et qu'elle la garda longtemps encore. Ces jeux se célébraient devant l'autel d'Auguste. Les vaincus étaient obligés de faire l'éloge des vainqueurs, et ceux dont on jugeait les ouvrages très-mauvais, condamnés à les effacer publiquement avec la langue, s'ils n'aimaient mieux être fouettés et plongés dans le Rhône.

sèrent des étymologies grecques aux mots les plus radicalement français.

Les orientalistes protestants, Bochart à leur tête, dépecèrent ces mêmes mots pour en extraire des racines hébraïques, phéniciennes, arabes et persanes. Un certain nombre d'éclectiques, parmi lesquels Huet et dom Carpentier, celui-là mû sans doute par la passion de contredire Bochart, celui-ci rallié au sentiment de du Cange dont il fut l'éditeur, résistèrent jusqu'à un certain point au torrent, accordant au latin non pas tout ce qu'ils devaient, mais ce qu'ils croyaient ne pouvoir s'empêcher de lui accorder. Mais le scepticisme religieux du dix-huitième siècle, qui ne savait être ni juste, ni complaisant pour la Bible, même au point de vue de la linguistique, les premières études un peu sérieuses de nos origines nationales, et la loi en vertu de laquelle tout système enfante nécessairement son contraire, réagirent contre les partisans du grec, de l'hébreu et du latin, discréditèrent leurs conjectures, et détournèrent la faveur dont elles étaient en possession sur le celtique. De là les hypothèses aussi hardies que neuves de dom Bullet, et les extravagances de ses imitateurs.

Ainsi, on semait la science et on récoltait le doute. Il ne faudrait donc pas s'étonner que, même après les magnifiques travaux de la critique moderne, en France et en Allemagne, après ceux surtout de M. Littré, si complets, si décisifs et si éloquemment exposés, quelques érudits en retard ne s'avouassent pas encore convaincus, et se déclarassent plus éblouis qu'éclairés par ces lumières nouvelles. On ne quitte pas volontiers des errements à qui l'on doit un nom; la crainte de perdre au change y fait persévérer, et si l'on accepte le progrès, c'est à condition qu'on lui donnera l'impulsion, et qu'on ne sera point tenu de la recevoir de lui.

Quoi qu'il en soit, du choc de ces systèmes contradictoires est résulté ce fait considérable que, tandis qu'on cherchait une langue à qui revînt l'honneur d'être la source de celles de l'Occident, on retrouvait avec elle, pour ainsi dire, les premiers quartiers de noblesse des peuples occidentaux, et qu'une simple enquête sur l'origine des mots conduisait à des découvertes ethnologiques de la plus haute portée. Cela valait bien la peine qu'on disputât longtemps, et prouve que la contradiction est bonne à quelque chose.

Déjà Volney, sur la fin du dix-huitième siècle, devinait par l'étude comparée du persan, qu'il fallait demander à l'Orient le secret de la solution qui troublait le sommeil et la bonne intelligence des érudits. Les Anglais, de leur côté, étaient sur la trace et la poursuivaient avec passion. Récemment établis dans l'Inde, ils publiaient, à peu près en même temps que Volney écrivait, les *Asiatics Researches*, dont la Société asiatique du Bengale fondée par William Jones était l'éditeur, et J. Wilkins donnait en 1785 la traduction de la *Baghavad-gîtâ*. C'était la première traduction d'un ouvrage sanscrit. Aussi, à l'aspect de cet étrange monument d'une littérature inconnue jusqu'alors, et dont ce fragment annonçait assez la richesse et la maturité, la surprise fut grande en Europe; et l'on n'en était pas encore bien revenu, lorsque Wilkins donna successivement deux autres traductions, celles de l'*Hitôpadêça* (1787), et celle de *Çakuntalâ* (1815). Une *Grammaire* (1808) et des *Racines* sanscrites (1809) du même auteur furent comme les appendices nécessaires de ses différentes publications.

Cependant Frédéric Schlegel et Chézy, reconnaissant pour ainsi dire l'un et l'autre dans le sanscrit un héritage auquel leurs pays avaient des droits égaux, introduisaient les premières notions de cette langue, le premier en Allemagne et le second en France. A son tour, William Schlegel, nourri des enseignements de Chézy, et Bopp, initié aux mêmes études par les travaux du même maître, se faisaient parmi leurs compatriotes les plus ardents propagateurs de la science nouvelle. On ne tarda pas beaucoup à s'apercevoir des avantages considérables qu'on en pourrait tirer. On vit en effet, en comparant le sanscrit avec les langues de l'Occident, « qu'il se montrait dans son fond, identique avec les langues du Midi et non avec celles du Nord, que sa grammaire rendait compte d'un nombre surprenant de difficultés dans le grec et dans le latin, et que ces deux langues dont la haute antiquité était reconnue, semblaient n'être qu'un sanscrit modifié, amoindri, déformé[1]. » Outre cela, la littérature de l'Inde offrait un ensemble étonnant de traditions très-analogues à celles des Gréco-Romains et des peuples du Nord, traditions poétiques, sacrées et ethnologiques, d'où il fut aisé de conclure « que l'Inde était le berceau des peuples occidentaux, le point de départ de leurs langues, de leurs traditions, de leurs anciennes croyances religieuses et de leurs institutions[2]. »

Nous sommes donc, nous autres Français, et pour notre part, des descendants des Indiens, ou plutôt, et en remontant plus haut encore, de la race des *Aryas*. Nos ancêtres chassaient dans les steppes de la Bactriane et de la Sogdiane, et pêchaient dans l'Oxus et dans la mer Caspienne. Nous en descendons par les Celtes, leurs fils, peuples de race indo-germanique, et qui envahirent, on ne sait quand, les Gaules, après avoir laissé le long de leur chemin, en Asie et en Europe, de nombreuses tribus.

1. *Essai sur le Véda*, par Émile Burnouf, ch. III, p. 46.
2. *Ibid.*, p. 47.

Ici, on se pose naturellement cette double question :

Quelles populations vivaient dans les Gaules avant l'arrivée des Aryas ou des Celtes? Quelle langue y parlait-on?

J'entends dire : Pure question de curieux, que ne poserait pas un véritable érudit. Curieux ou non, je ne puis me défendre de désirer qu'on veuille bien y répondre. J'aimerais assez qu'on me donnât des nouvelles de la façon dont les *Pré-Celtes* (puisqu'il faut les appeler par leur nom) conversaient entre eux et avec les intrus qui vinrent prendre possession de leurs foyers domestiques. Je sais que quelques archéologues ont tranché la question en assurant que les Celtes, arrivant en Europe, la trouvèrent déserte. Cela est bientôt dit, mais on attend les preuves. Jusque-là il faut s'en tenir à celle-ci, qui est la preuve du contraire : c'est que s'il est vrai que les pays où le sol est du sable et la température une fournaise sont déserts, il est également vrai que les pays où la température est modérée et la terre par conséquent fertile, ont été toujours habités.

La Gaule primitive ou la Gaule avant l'invasion celtique était dans ce cas; sa latitude n'ayant pas changé, son climat est resté le même. Les hordes asiatiques y trouvèrent, selon toute apparence, des populations, une organisation politique, des champs cultivés, une langue enfin. Cette langue a-t-elle entièrement péri avec la nationalité des aborigènes? Qui oserait l'affirmer? Un peuple qui perd sa nationalité ne perd pas pour cela sa langue. En tout cas, le vainqueur n'en triomphe pas aussi aisément que des hommes et des institutions. Ou elle s'impose au vainqueur, ce qui est arrivé quelquefois, ou elle-même en subit l'empire; mais alors elle laisse des ruines assez nombreuses et assez respectables pour qu'on ne puisse pas méconnaître qu'elle a été et ce qu'elle a été.

Néanmoins, les langues peuvent mourir tout entières et meurent en effet quand ceux qui les parlaient ont disparu de la surface de la terre. Aux îles Canaries on ne trouve plus trace des habitants primitifs, les Guanchos, ni de leur langue; il en est de même aux îles Fortunées, à Cuba, Porto-Rico et Saint-Domingue. Pas une de ces langues n'a survécu à l'extermination des insulaires qui les avaient créées, qui du moins les faisaient vivre. Si l'on n'a vu rien de pareil au Mexique et dans l'Amérique du Nord, si, dans presque tout le continent américain on trouve des vestiges des langues primitives, c'est que les anciens habitants n'y périrent pas jusqu'au dernier[1]. Il est vrai que leur destruction totale n'est sans doute que retardée, et que d'ici à peu de temps les pionniers et l'eau-de-vie auront raison du reste; mais, en attendant, leurs dialectes vivent, et il est même à espérer que cette fois ils ne mourront pas tout entiers. En effet, dans cette lente agonie qui précède l'extinction plus ou moins prochaine de ces dialectes, les Américains, à l'exemple de ce qui se passe en Europe, s'appliquent à en recueillir les débris, et tous les jours ils leur empruntent des mots et des images qu'ils incorporent, si l'on peut dire, à leur propre langue et qui resteront à celle-ci quand les aborigènes de qui elle les tient ne seront plus. Il ne fau-

---

1. *Historia de la lengua y de la literatura catalana*, par D. Magin Pers y Ramona, p. 44.

drait pas pourtant que les générations futures, appelées à recevoir de seconde main ces reliques, se montrassent indifférentes à leur égard, sans quoi on ne saurait bientôt plus d'où elles viennent, et les philologues, qui malheureusement arrivent toujours trop tard, y perdraient peut-être leur latin.

C'est ainsi qu'il a pu rester dans notre langue quelque chose de celles qu'on parlait en Gaule aux époques antéhistoriques. Si on ne l'y trouve pas, c'est que la langue qui l'aurait recueilli d'abord, c'est-à-dire le celtique, n'existe plus, ou que si elle existe dans certains cantons de la France et de la Grande-Bretagne, on n'est pas bien assuré qu'elle soit du pur celtique; à plus forte raison n'y saurait-on découvrir du gaulois. Mais cela doit-il empêcher qu'on ne l'y cherche? Pourquoi un mot dont la cause serait introuvable dans le celtique et ses dialectes, comme aussi dans toute langue connue, n'appartiendrait-il pas au pré-celtique? La méthode même qui y conviendrait ne serait-elle pas, ou à peu près, la méthode indiquée par un érudit du siècle dernier, pour arriver à la découverte du pur celtique?

« Otez, dit-il, du français tout le grec et le latin qu'y ont apportés les Marseillais et les Romains, tout le saxon ou le teuton qu'y ont apporté les Francs, après quoi retranchez-en les emprunts faits aux langues de l'Orient, il est presque certain que le restant sera le pur celtique des anciens Gaulois. » C'est le président de Brosses qui le dit[1]. Rêverait-il? Mais combien de fois une simple rêverie n'a-t-elle pas produit d'effets surprenants et inattendus? N'est-ce pas une suite de rêveries de ce genre qui a fait apercevoir dans le sanscrit tant de radicaux, et pour toutes les langues de l'Occident?

Le celtique a fini sans doute par absorber le gaulois, comme l'espagnol et l'anglais, dans toutes les contrées de l'Amérique où l'un et l'autre se parlent et dominent, finiront par en absorber les dialectes indigènes jusqu'au dernier. Seulement, plus délicate et plus prévoyante qu'au temps des Celtes, la civilisation d'aujourd'hui, lorsqu'elle supprime un monument, en conserve au moins le dessin: c'est ce qui a déjà

---

1. *Méchanisme du langage*, t. I, p. 85. Paris, an IX, in-12.

sauvé des dialectes qui ne se parlent plus ; c'est ce qui sauvera aussi le reste.

Quand les Romains conquirent les Gaules, le celtique y était la langue dominante ; il fut soumis par le latin. Ce n'était qu'une revanche, car le latin, ou du moins la langue qu'on parlait primitivement dans le Latium, avait été soumise par le celtique, lors des invasions des Celtes en Italie. On croit communément qu'entre les années 1400 et 1000 avant notre ère, les Ombres, tribu gauloise, franchirent les Alpes, entrèrent en Italie et en chassèrent les Sicules qui possédaient alors la contrée circumspadane presque tout entière. Cet événement eut lieu vers l'an 1364 avant Jésus-Christ. Les Sicules se retirèrent dans l'île qui depuis a reçu leur nom, livrant à la race gallique toute la vallée du Pô. Celle-ci poussa ses conquêtes jusqu'à l'embouchure du Tibre, et fonda un empire gaulois qui embrassa depuis plus de la moitié de l'Italie[1].

Cet empire n'eut malheureusement ni son Tite-Live, ni son Tacite ; il n'en dura pas moins

---

1. *Histoire des Gaulois*, par Amédée Thierry, t. I, liv. I, chap. I, p. 125. Paris, Didier, 1859, in-12.

huit cents ans ou environ. Pour un empire, c'est mourir de vieillesse. Qu'advint-il pendant ce temps-là des descendants d'Évandre et du roi Latinus? Ils eurent, je pense, tout loisir d'apprendre le celtique, et même celui de ne pas l'oublier. S'ils avaient eu cette imprudence, le terrible Sénon, qui vers 521 vint à son tour chasser les Ombres, qui vainquit les Romains à la journée d'Allia, et qui entra dans Rome, Brennus, en un mot, leur eût rafraîchi la mémoire. Son triomphe, heureusement, dura peu. Les Romains, reprenant partout l'offensive, forcèrent les Gaulois à la retraite, purgèrent toute l'Italie de leur présence et finirent par s'en débarrasser tout à fait.

Il n'en fut pas de même de leur langue; la pression en avait été trop forte, trop prolongée sur la langue du Latium, pour que celle-ci n'en fût pas profondément pénétrée; mais ce n'est que longtemps après qu'on parut s'en apercevoir. César et Varron en ont fait la remarque. Le premier raconte dans ses *Commentaires* qu'il fut moins surpris, en entrant dans les Gaules, d'entendre parler une foule de dialectes barbares, que de voir la grande analogie qui existait entre les dialectes du Viennois, du Valois et de l'Auvergne, et la langue latine. Ceci nous fait regretter d'autant plus la perte du traité de l'*Analogie*, où la remarque de César avait sans doute reçu quelques développements.

Au reste, la question de la formation du latin a été résolue fort diversement. Chacun y a apporté ses preuves, plus ou moins triomphantes, mais aussi abondantes que le poisson après une pêche en eau trouble. Pour les uns, le latin est le résultat de la fusion de parties très-hétérogènes, où chaque peuple de l'Italie a contribué plus ou moins; pour les autres, il est tout à fait évident qu'il fut importé de l'étranger[1]. Le latin, dit Denys d'Halicarnasse, n'est ni tout à fait grec, ni tout à fait barbare; ce qui revient à dire qu'à côté de certains radicaux helléniques ou pélasgiques, il y en a d'autres qu'on ne peut rattacher à la même famille. Dom Bullet affirme que ceux-ci sont le celtique. Selon lui encore, tous les indigènes de l'Italie, quelque nom

---

1. *Historia de la langua y de la literatura catalana*, cité plus haut, p. 56.

qu'ils portent, sont Celtes. Le Deist de Botidoux va plus loin : dans presque toutes les dénominations géographiques en Italie, dans les noms des peuples et des divinités, dans ceux d'un très-grand nombre de magistratures civiles et religieuses, dans ceux qui servaient à exprimer les divisions du temps à Rome, les régions de la ville, les instruments de l'agriculture, les aliments, enfin, dans les noms des plus anciennes familles romaines, il reconnaît des noms celtiques ou simples ou composés, et qui diffèrent si peu par le sens comme par la forme des noms latins, que le hasard seul ne saurait produire de pareilles analogies[1].

Macpherson, dans son introduction à l'*Histoire de la Grande-Bretagne et de l'Irlande*, donne beaucoup d'exemples de mots latins qui ont tout l'air de dériver du celtique. M. Ampère, retrouvant les Ibéro-Ligures sur les bords du Tibre, estime qu'on a dû ou du moins qu'on a pu parler basque à Rome, les Basques étant de race

---

1. *Des Celtes antérieurement aux temps historiques*, Paris, 1817, in-8. On ne fait guère à cet ouvrage l'honneur de le citer ; c'est une injustice.

ibérienne. Ce qu'il y a de sûr et ce qu'il est permis d'admirer, c'est que, en syncopant certains mots latins, par exemple *fatum, gelu, picus, nasus, mutus,* on trouve qu'ils ne sont que les radicaux romans *fa, gel, pik, nas* et *mut,* affectés de la terminaison latine, et que ces mêmes radicaux romans ne sont eux-mêmes que les radicaux sanscrits *fai, jal, pice, nas, mù.* Qu'était-ce, au temps de Plaute, que cette *langue plébéienne* dont parle le poëte, par opposition à la *langue noble?* N'est-ce pas la même que désigne Quintilien sous le nom de *sermo quotidianus,* d'autres sous les noms de *pedestris, usualis* et *rusticus?* Était-ce un latin simplement corrompu par la prononciation vicieuse de la populace romaine, ou, ce qui est plus probable, et comme on le croit généralement, un mélange de latin et de l'idiome importé à Rome et dans le Latium par les Celtes de la Gaule?

Que conclure de tout cela? Que, outre le latin, on parlait à Rome et dans ses environs d'autres langues. On pourrait alors affirmer que le roman vulgaire existait déjà avant la fondation de Rome, et qu'il était la langue de tous les peuples du centre et du midi de l'Europe; que le latin s'est formé du sanscrit, du celte, du grec, principalement de l'éolien, et de quelque autre langue barbare, très-probablement le roman vulgaire qui, au témoignage des auteurs latins cités plus haut, aurait toujours été parlé à Rome; que le roman vulgaire qui, dès la chute de Rome et deux siècles après, portait des fruits si mûrs et si abondants, ne se fût pas montré sitôt sous de telles apparences s'il se fût formé des ruines du latin; que s'il avait pris, comme on dit, du latin les articles, les noms, les pronoms, les verbes, etc., il ne posséderait plus rien en propre; que Raynouard, dans le peu d'écrits romans qu'il a consultés, affirme y avoir trouvé plus de huit cents mots qui ne tiennent en rien du latin; que si l'on interrogeait les différents fragments du roman vulgaire qui nous restent encore, on ajouterait à ces huit cents mots bien davantage; qu'une langue qui a cette richesse propre ne peut s'être formée de la corruption du latin; que, selon Fauriel, cette corruption n'a pu s'opérer de la même manière dans toutes les langues des peuples où les Romains dominaient ; que les peuples pensaient en roman, et voulant écrire en latin, introduisaient dans la langue du Latium certains tours et modes particuliers aux langues romanes ; qu'ainsi, le latin ne contribua en rien à la formation de la langue vulgaire, mais que ce fut celle-ci, au contraire, qui le modifia[1].

S'il y a quelque témérité dans ces conclusions, il y a aussi du vrai, ou du spécieux qui en approche beaucoup. En tout cas, elles n'ont pas empêché notre langue de subir l'influence *postérieure* du latin ; surtout, elles n'ont pas dépossédé le latin de l'honneur de l'avoir si bien réglée et polie, qu'il peut se vanter de l'avoir créée, et de réclamer comme siens des droits auxquels, selon les différentes hypothèses qu'on vient d'indiquer, il n'aurait fait que se subroger.

Voyons maintenant les raisons de ceux qui estiment que le roman vulgaire n'est pas d'une si haute antiquité, et qu'au lieu d'être le père du latin il n'en est que le fils.

---

1. *Historia de la lengua y de la literatura catalana*, citée ci-dessus, p. 57.

Les Romains eurent beau faire, ils ne purent jamais venir à bout d'imposer aux Gaulois l'usage vulgaire du latin. Cependant cette langue finit par s'infiltrer peu à peu dans celle de la Gaule, et de ces infiltrations continues naquit une langue biforme, c'est-à-dire pétrie de l'indigène et de l'exotique, que les Romains appelèrent *lingua rustica*. Mais il ne fut pas possible de la latiniser davantage ; elle résista longtemps du moins à toute tentative à cet égard. Elle avait encore, si l'on peut dire, toute l'originalité de sa bigarrure avec toute sa personnalité gauloise dans les premiers siècles de notre ère, puisqu'en l'an 230, une ordonnance d'Alexandre Sévère[1] porte que les fidéicommis seront reçus dans toutes les langues, non-seulement en latin et en grec, mais *in gallicanâ*. Cette langue gauloise n'était sûrement pas la langue latine ; sans doute encore elle n'était pas non plus le roman, mais elle en était la source, car de la fusion de ces deux éléments, le latin et le celtique, allait bientôt naître l'idiome qui survivrait à l'une

---

1. *Digeste*, liv. XXXII, tit. I.

comme à l'autre, et qui, dès le cinquième siècle, est déjà nettement caractérisé. On lit dans Sulpice Sévère ce passage bien connu des érudits : *Tu vero vel celticè, aut, si mavis, gallicè loquere, dummodo jam Martinum loquaris.* « Parlez-nous celte ou gaulois, à votre choix, pourvu que vous nous parliez de Martin[1]. » Ce *gallicè* ne s'applique donc ni au celtique, ni au latin.

En faut-il conclure que les Gaulois, outre ces deux langues, en parlaient une troisième? « On répond affirmativement, dit Champollion, en observant qu'il est constant que le latin, qui fut la langue des habitants des villes, devint peu à peu un latin barbare, corrompu dans ses mots, comme dans leur terminaison et dans leur arrangement, et c'est de ce latin que parlaient les Gaulois et du celtique corrompu par le latin, et du latin lui-même, que naquit cet idiome si informe dans ses principes, si variable dans ses règles, mais si doux ensuite sur le luth des trouvères et des troubadours, le roman[2]. » Il se débattit longtemps contre la langue rustique

1. *Sulp. Severi Opera.* Lug. Bat., 1647, p. 543.
2. *Nouvelles Recherches sur les patois.* Paris, 1809, p. 33, 34.

avant de s'établir. Il reçut un nouvel assaut du *frank-teuch* qui, dès le huitième siècle, fut apporté par les Francs, protégé par Charlemagne, et qui y jeta de nouveau la confusion. Mais malgré tous les moyens employés pour introduire le frank dans toutes les provinces de la Gaule, et à en faire la langue unique, il fit peu des prosélytes et cessa même d'être parlé à la cour vers la fin du dixième siècle. La langue romane en garda cependant quelque chose, mais pas assez pour constituer un dialecte à côté de ceux qu'elle possédait d'ailleurs. Elle l'emporta enfin et fut bientôt la seule parlée, « comme si la langue française n'avait dû prendre son origine que dans la langue même des Français[1]. »

S'il était possible que ce système des origines du français ne fût pas plus vrai que l'autre, il serait assurément plus vraisemblable. J'entends par là que, moins ambitieux, ne remontant qu'à une époque historique plus moderne, plus palpable, pour ainsi dire, et à cause de

---

1. *Nouvelles Recherches sur les patois*, p. 38.

cela plus à la portée de tout le monde, il montre avec plus de certitude la succession des révolutions qui se sont opérées soit dans les peuples, soit dans les langues, depuis cette époque; il touche à un plus grand nombre de dates et à de plus précises, rencontre plus de monuments, et par conséquent est réduit à moins de conjectures. Sa faiblesse relative apparaît en ce point, qu'il n'aborde pas franchement la question des rapports entre le celtique et le latin, qu'ayant assez à faire déjà à lutter contre tant d'autres incertitudes, il ne se hasarde pas à déterminer rondement le moment où ces rapports s'établirent, ni lequel du celtique ou du latin s'est le premier mêlé à l'autre. Au contraire, ce point est résolu dans le système opposé. On nous y fait voir et on nous prouve par les témoignages de l'histoire qu'une ou plusieurs tribus gauloises ont occupé le Latium, qu'elles y sont demeurées pendant huit siècles, et que, dans ce long laps de temps, les Latins, soit de gré ou de force, ont dû céder à la langue comme ils avaient cédé à l'épée du vainqueur. Car les Celtes, plus brutaux alors que ne le furent depuis les Romains dans les Gaules, obtinrent d'autant plus facilement du vaincu l'adoption de leur idiome, que les peuples du Latium n'avaient pas cette homogénéité qui distingue aujourd'hui certaines nationalités subjuguées, ni cette force de résister à l'oppression, dont la marque la plus vivace est le refus obstiné de parler la langue des oppresseurs.

Mais, pour revenir aux divers systèmes que je viens de mettre en présence, quel que soit celui qu'on choisisse, que le latin ait devancé le roman, ou que le contraire ait eu lieu, il y a, si l'on peut dire, de tels liens du sang entre l'un et l'autre, et il s'est fait de tous les deux un tel amalgame dans notre langue, qu'il n'importe guère si tel mot français vient de la branche aînée ou de la branche cadette, puisqu'il est un descendant de la même famille. J'ajoute que si, contre toute apparence, le latin n'est pas la source directe du français, il est du moins l'intermédiaire le plus ancien et le lien le plus intime entre cette langue et l'idiome mystérieux et sacré d'où sont descendues les langues européennes. Quant au celtique proprement dit, si le français usuel en a retenu des mots, c'est dans les patois qu'il les faut chercher.

Il y avait dans les Gaules, avant les Romains, une langue générale, la celtique, commune à toutes les peuplades qui habitaient ces vastes contrées, et à côté d'elle quantité de dialectes particuliers à chacune de ces peuplades. Ces différents dialectes ont sans doute été altérés par la domination étrangère, mais ils n'ont point été tués par elle. Si l'on excepte quelques pays de la Gaule, au midi, par exemple, et au nord, où cette altération a été plus profonde, et où tel dialecte est devenu méconnaissable sous l'influence des idiomes importés par les étrangers dans ces parages, les dialectes celtiques conservèrent entre eux une parfaite analogie. Aussi, un érudit d'un grand savoir, mais dont les idées trop abondantes et par cela même un peu diffuses, empêchent qu'on ne l'entende et qu'on ne profite de ses lumières autant qu'on le voudrait, M. Pierquin de Gembloux, n'a pas fait difficulté de dire « que tous les membres de la famille gauloise se comprenaient sur tous les points du globe¹. »

Convaincus qu'il manquerait toujours à leur autorité une base solide et durable, s'ils ne faisaient aller de front l'unité politique et l'unité de langue, les Romains, dans tous leurs rapports officiels avec les peuples des Gaules, se servirent et exigèrent qu'ils se servissent de la langue de Rome. Ils ne purent ou ils ne voulurent pas aller au delà. Ils laissèrent aux Gaulois l'usage de leur langue propre dans les circonstances où la présence d'un officier public n'était pas réclamée et dans les actes qui n'avaient pas besoin d'être dressés par lui. Les hautes classes, qui, dans tout pays conquis, sont les premières à se soumettre aux lois du vainqueur et à prendre ses habitudes, parmi lesquelles le nouveau pouvoir recrute une partie de ses fonctionnaires, et qui souffrent moins de la domination, parce qu'elles ont part à l'autorité de celui qui l'exerce, les hautes classes adoptèrent la langue latine. Plus obstiné et plus fier, le

---

1. *Histoire littéraire des patois*, p. 49.

peuple la repoussa longtemps, et celui des campagnes plus longtemps que celui des villes. Car dès qu'il s'agit de coutumes, de mœurs, de civilisation, et généralement de tout ce qui atteste un progrès en bien de l'esprit, de la conduite et du gouvernement dans les hommes, le paysan est toujours en arrière d'un siècle et plus sur l'habitant des villes. Ainsi, il y avait longtemps déjà que le latin était la langue usuelle des grands centres de population, quand il ne faisait que pénétrer à très-petite dose dans les campagnes. Mais au fur et à mesure que les souvenirs de la conquête s'effacèrent, et que la fusion entre le peuple conquis et le peuple conquérant devint plus profonde, les patois s'humanisèrent et furent à leur tour accessibles au latin. Les traces en sont encore visibles dans les dialectes les plus récalcitrants, si l'on peut dire, et dont la rudesse et la nudité sont le plus incompatibles avec la politesse et la pompe de cet idiome : tels sont le bas breton, l'irlandais, ce qu'on appelle le celte-écossais et le basque. Dans les patois du Midi (excepté le basque, à cause de sa communauté d'origine avec le celte-écossais), ces traces sont encore plus marquées. Le savant M. Pers, dans un tableau comparatif des quatre dialectes dont je viens de parler et du catalan[1], offre une preuve éclatante de la quantité de mots latins ou de forme latine qui s'y trouvent. Sur une liste de 197 mots basques, 100 dérivent du latin, ou ont été, si l'on veut, empruntés au basque par lui : 121 mots bas bretons sur 246, et 87 celte-écossais et irlandais sur 132 présentent le même résultat, c'est-à-dire que plus de la moitié de ces mots ont une physionomie latine.

Cependant la langue française se dégageait lentement de son enveloppe latine, ne faisant, selon les uns, que reprendre sa forme primitive, le roman; selon d'autres, revêtant cette forme pour la première fois. Au commencement du septième siècle, le latin avait, en effet, disparu presque entièrement du langage commun, et, à sa décadence totale, le roman épuré, langue désormais privilégiée et jalouse, ou reprenait,

---

1. *Historia de la lengua y de la literatura catalana*, p. 22-41.

comme l'ont prétendu quelques-uns, son ancien empire, ou s'imposait avec l'autorité d'un despote nouveau, puissant et obéi. Tandis qu'il allait toujours se modifiant et se polissant dans les villes, il rencontra d'abord dans les campagnes, tout comme le latin l'y avait rencontrée, l'opposition des paysans; mais cette opposition y fut d'autant plus faible que le roman, dans lequel les vocables latins n'apparaissaient plus que fondus et défigurés, semblait davantage ne devoir qu'à lui-même son existence, et être de nom et de fait une langue nationale. Sous cette forme donc, il fut mieux accueilli des patois que le latin, et c'est à la faveur de cette tolérance de leur part que tant de mots à forme latine, et très-effectivement issus du latin, se glissèrent parmi eux, s'y implantèrent et y jouirent de tous les priviléges du droit de cité.

Les conquêtes que fait encore tous les jours le langage des villes sur celui des campagnes produisent encore le même résultat. Les uns s'en félicitent pour les patois, les autres s'en affligent, et, jetant le cri d'alarme, invitent les érudits à se hâter de mettre en sûreté les patois avant qu'ils soient entraînés, pour y disparaître à jamais, dans le torrent de la langue générale. « Ne détruisez pas les patois, » s'écrie M. Pierquin de Gembloux, un de leurs plus chauds, de leurs plus doctes partisans, « et c'est les détruire que d'imposer à nos campagnes la langue *couronnée*, molle, incolore et également dénuée de pittoresque et d'éloquence. » Certes, ce n'est pas là marchander les compliments. Mais qu'en diraient, je vous prie, nos jeunes écrivains et ces fervents adeptes de la couleur et du pittoresque, qui se passeraient plutôt d'images que de ne pas les emprunter à ce qu'il y a de plus forcé dans la langue, de plus violent dans la nature? Il me paraît qu'ils sont en droit de protester contre cette audacieuse négation de leur principal mérite. Au surplus, c'est leur affaire. « Et puis, continue le savant linguiste, indépendamment de leur mérite particulier comme dialectes pleins de naïveté, de force et de couleur, les patois n'offrent-ils pas le moyen le plus facile et le plus court d'apprendre toutes les langues? Ne conduisent-ils pas naturellement au grec d'abord, puis au latin, mais surtout au français, et définitivement à toutes les langues néo-teutoniques de l'Europe? Ils sont évidemment la clef de tous les idiomes si diversifiés qui émanent de la langue latine et par suite de la grecque, à tel point qu'on apprendra incontestablement beaucoup plus tôt ces deux langues avec leur secours qu'avec celui du français, parce que le français s'éloigne beaucoup plus qu'eux de ces mêmes langues[1]. » Voilà un programme d'études classiques qui se recommande à l'attention de M. le ministre de l'instruction publique, et voilà comme quoi nos fils de paysans, tout en suivant leur cours d'études professionnelles, seront tout préparés et auront une aptitude toute naturelle pour apprendre en se jouant, et plus vite et mieux que nos fils de bourgeois, les langues de Rome et d'Athènes.

Je poursuis ma citation : « Notre sol renferme tous les éléments philologiques des langues connues et cultivées. C'est là qu'on re-

---

1. *Histoire littéraire des patois*, p. 60.

trouvera le celtique. Les dialectes bas bretons seuls nous fourniront les moyens d'arriver à connaître les langues de l'Hindoustan, et surtout le sanscrit. » Tout cela est plus sérieux, plus vrai qu'il n'en a l'air, et, quoi que j'aie pu dire, je serais bien fâché qu'on crût que je m'en amuse.

« Voyez la France, dit un autre[1], jetez un rapide coup d'œil sur ses nombreux patois, et vous verrez que, nonobstant l'œuvre de cinq siècles, pendant lesquels la langue française semble les avoir rendus muets, tous les peuples qui les parlaient les parlent encore. Comparez cependant l'état actuel de ces mêmes patois à ce qu'ils étaient jadis, et vous verrez clairement qu'ils sont plus riches, plus expressifs, plus doux et plus variés qu'au temps de leur plus grande puissance. Pourquoi? parce que ceux qui les parlent actuellement parlent aussi le français, et que, en se pliant au joug gracieux de cette belle langue, ils ont répandu sur leurs patois plus de richesse, plus de sonorité et de

---

1. M. Pers y Ramona, ouvrage cité, p. 45-46.

fluidité qu'ils n'en avaient auparavant. Il y a des auteurs qui prouvent d'une manière palpable que le toulousain est beaucoup plus coulant, plus abondant, plus harmonieux que le français même. Les poésies de Jasmin, publiées en français et en dialecte vulgaire de Toulouse, confirment d'une manière irrécusable cette assertion, » et l'Académie française, en les couronnant, ne l'a sans doute pas démentie.

Eh bien, tant pis pour le patois de Toulouse et tant pis pour l'Académie! Je suis, quant à moi, du parti des alarmistes, c'est-à-dire de ceux qui protestent contre tout embellissement des patois. Il est certain que plus ils entreprennent sur le langage des villes, plus ils perdent de leur originalité, parce que, outre que les mots nouveaux qui s'y introduisent chassent les anciens, ces mots nouveaux y subissent toutes sortes de modifications, soit dans leur orthographe, soit dans leurs inflexions, soit même dans leur sens. Il arrive enfin que, à une époque plus ou moins éloignée, on se demande, avec tous les tourments de la curiosité et du doute, si tel mot qu'on aura pris d'abord pour du français accommodé en patois ne serait pas du pur patois, et si celui-ci ne serait pas la source de celui-là. On n'est déjà que trop exposé à faire cette confusion pour quantité de mots dont la première apparition dans le monde ne peut être constatée, et dont on ne saurait dire s'ils sont primitifs ou dérivés; l'accroissement des patois par l'introduction des mots de la langue générale ne pourrait qu'y ajouter encore.

On a donc raison de craindre que ce prétendu enrichissement des patois ne soit, au contraire, leur appauvrissement, puis leur mort. L'intérêt qu'on leur porte aujourd'hui, grâce un peu, il faut bien le dire, aux avis des alarmistes, et les efforts qu'on fait tous les jours pour les interpréter et les restituer, sont une preuve qu'on sent le danger qu'ils courent, et que, s'ils venaient à nous manquer, la langue française perdrait plusieurs de ses titres les plus authentiques et les plus vénérables. Un nuage plus épais que jamais recouvrirait ses origines; les mots ne seraient plus que les membres d'une grande famille divisés entre eux, des frères se disputant le droit d'aînesse, des bâtards réclamant les droits de la légitimité.

S'il était possible, comme l'a remarqué Champollion, de connaître la série des mots primitifs d'une langue, ou plutôt la série de tous les mots d'une langue à une époque donnée, et que cette série fondamentale fût, après un certain nombre d'années, comparée avec la série des mots qui appartiendraient alors à cette langue, on connaîtrait facilement ceux qui s'y seraient introduits depuis l'époque de la première série, la cause de leur introduction et leur étymologie; mais cette hypothèse ne paraît guère réalisable. Si pourtant elle pouvait l'être, ce serait à l'égard de certains patois, n'ayant en propre qu'un nombre de mots relativement petit, et n'en ayant pas assez reçu de la langue générale pour qu'il soit très-difficile d'en faire le relevé. L'épreuve du moins en est à tenter, et je m'étonne qu'on ne l'ait pas fait encore. Si ce n'est pas le vrai moyen d'arriver à la découverte de notre langue anté-historique, cette brillante chimère de quelques esprits audacieux, c'en est un peut-être pour arriver à la connaissance du celtique contemporain de la conquête romaine.

Il y a, en effet, dans tous nos patois, assez de mots sans analogie de son ni de forme avec le français, pour qu'il soit permis de croire ou de supposer qu'ils sont d'essence celtique. Je ne parle pas, bien entendu, des patois où la présence du celtique paraît hors de doute, comme le bas breton et les dialectes d'Angleterre, d'Écosse et d'Irlande; je parle de ceux où cet élément n'a pas le même caractère de certitude, ni la même richesse, tels que les patois de cantons, par exemple, parce qu'il y a autant de ces patois que de cantons et souvent de communes. C'est du vocabulaire de ces derniers qu'il faudrait s'occuper avant tout; c'est à eux qu'appartient le droit de réclamer, dans l'étude de la linguistique, le pas sur les dialectes provinciaux, comme ceux-ci le réclament sur la langue générale; ce sont eux qui, ayant le moins pris du latin, ont pu conséquemment garder le plus du celtique. Il y a plus, et cette remarque appartient encore à M. Pierquin, s'il est un moyen facile et simple de déchirer le voile derrière lequel se cache notre langue anté-historique, c'est la décomposition de ces patois exécutée selon la méthode appliquée par Burnouf à la langue zend, qui nous le fera trouver.

Le zend est encore la langue sacrée des Parsis ou Guèbres; c'est en cette langue qu'ils récitent leurs prières, dont il n'est pourtant pas bien sûr que tous comprennent le sens. Quand donc les procédés qu'on emploie le plus ordinairement pour expliquer le sens d'un mot, comme la comparaison des textes et des langues congénères, ne suffisent pas pour expliquer la signification attribuée à tel mot zend par les Parsis, Burnouf propose de détacher de ce mot les désinences ou suffixes nominaux, pronominaux, verbaux, etc., que l'analyse grammaticale y fait reconnaître; et, après l'avoir réduit ainsi à ses éléments les plus simples, de chercher si le radical existe dans les langues avec lesquelles le zend a le plus de rapports. C'est ainsi qu'il a retrouvé dans les racines sanscrites presque tous les radicaux inconnus, et qu'il nous faisait espérer de reconstituer un jour par la même méthode appliquée à l'étude ethnologique et philologique des patois, notre langue primitive ou anté-historique. Il est sûr du moins que le moyen proposé n'est pas au-dessus de la science humaine, et il ruinerait à jamais, si la chose n'était déjà faite, l'empirisme de dom Bullet et de ses imitateurs.

Je ne sais si, dans cet exposé très-rapide et très-écourté des théories auxquelles les origines des langues indo-européennes ont donné lieu, j'ai bien traduit la pensée de leurs auteurs, et si j'ai réussi moi-même à me faire bien comprendre. On ne perce pas toujours aisément les ténèbres qui enveloppent plus ou moins tant d'hypothèses contradictoires, et dont quelques-unes même touchent au fantastique. J'espère pourtant en avoir saisi les principaux points; je n'avais pas d'autre but. Il en ressortira toujours cette conclusion, qu'il faut en revenir au latin, malgré qu'on en ait, et que le latin est le point de départ de toute recherche étymologique. Il n'est pas défendu d'ailleurs de comprendre dans cette recherche, et principalement à l'égard de notre langue, les vocables qui semblent relever d'autres langues, d'établir les rapports des nôtres avec eux, de voir lesquels sont des originaux ou des copies, de signaler leurs variations dans un espace de temps donné, de rappeler les circonstances qui ont motivé ou rendu plus piquante leur application, de faire enfin pour l'étymologie ce qu'on fait pour l'histoire, d'en écrire des épisodes. C'est ce qu'on a fait aussi dans cet opuscule.

Les matériaux nécessaires pour un pareil travail sont infinis. Sans parler du latin, qui en est le plus fécond, il n'y a qu'à considérer, pour savoir combien il en a été ajouté d'ailleurs, les mouvements de peuples et de territoires qui ont eu lieu, à partir seulement du huitième siècle jusqu'à nos jours; il n'y a qu'à établir le compte sommaire des invasions que nous avons ou faites ou subies, et celui de nos annexions.

Ce sont d'abord les Arabes qui, au commencement de ce siècle (721), envahissent l'Aquitaine et y fondent un royaume. Il a été pertinemment démontré par un illustre orientaliste, M. Reinaud, qu'au dixième siècle les Sarrasins qui possédaient le royaume d'Arles, gouverné par Conrad, dévastèrent la Bourgogne, l'Autunnois, la Franche-Comté, la Savoie, la Suisse, le Dauphiné, etc., laissant dans chacune de ces provinces des traces monumentales et philologiques de leur séjour. Possédée depuis par Louis VII (1137-1152), l'Aquitaine, par le mariage d'Éléonore, héritière des ducs de cette province, passa aux Anglais, qui la conservèrent jusqu'en 1453, époque à laquelle elle fut réunie à la France par Charles VII. D'autre part, Charlemagne réunit au royaume des Francs l'Espagne septentrionale, l'Italie, la Germanie saxonne et l'Avarie (768-814), et forme l'empire d'Occident. Philippe Auguste reprend sur l'Angleterre, qui les possédait depuis la conquête de cette île par Guillaume le Bâtard, la Normandie, le Poitou et le Maine (1204-1205). Le Languedoc, soumis dès 1271 aux rois de France, comme comtes de Toulouse, est, en 1361, avec la Champagne et la Brie, incorporé au territoire français. La guerre de cent ans (1337-1347), commencée par les rois d'Angleterre unis aux Flamands et aux Bretons, a pour résultat la désastreuse bataille de Crécy

(1346), suivie de celles non moins désastreuses de Poitiers (1356) et d'Azincourt (1415); de la possession par les Anglais de presque toutes les provinces maritimes de France; du traité de Troyes (1420), qui donne pour épouse à Henri V, roi d'Angleterre, Catherine, fille de Charles VI, et lui confère le titre de régent du royaume de France avec le droit de succéder à cette couronne, au préjudice du dauphin; enfin de l'établissement et de la tyrannie de l'Anglais sur presque toute la surface de la France jusqu'en 1453, époque où il en fut définitivement expulsé. Nous l'y retrouverons plus tard. En attendant, on voit s'opérer tour à tour les annexions à la France de la Bourgogne, du Ponthieu et du Boulonnais (1477), de la Provence (1486), de l'Orléanais (1498), de la Bretagne (1514), du Bourbonnais, de la Marche, du Dauphiné, de l'Auvergne, du Forez et du Beauolais (1531), de la Navarre, à l'avénement d'Henri IV, et définitivement en 1607, de la Bresse, du Bugey, etc. (1601); les conquêtes du Roussillon (1642), de l'Alsace (1648), de la Flandre (1668) et de la Franche-Comté (1678);

enfin la réunion à la France de la Lorraine et du Barrois (1766), du Comtat vénaissin (1791) et de tous les pays qui formèrent ensuite le premier empire français. Mais alors la fortune, qui avait semblé jusqu'ici recevoir la loi de la France plutôt que lui imposer la sienne, prend sa revanche, brise ses fers, nous tourne le dos et passe à l'ennemi. Ameutés et conduits par l'Angleterre, un million d'étrangers envahissent le sol français en 1815, s'y installent pendant trois ans, nous imposent leur joug, et n'ayant pas le temps de faire de même pour leur langue, en laissent assez de mots pour grossir ou gâter la nôtre.

J'ai toujours conservé parmi mes souvenirs d'enfance celui-ci, qui date de l'invasion en 1815. Les populations de la Bourgogne, où vivait ma famille, mêlaient à leur français ou patois un certain nombre de mots allemands qu'elles tenaient principalement des Prussiens, des Bavarois et des Wurtembergeois dont le pays était infesté, et ces mots sont restés. Ainsi, on dit à un enfant *schlof* (de *schlafen*), pour « va te coucher; » *oufte* ou *ouste* (corruption d'*aufstehen*), pour « lève-toi. » Si on le menace de le battre, on lui dira « je vais te *chlaguer* (de *schlagen*) ; » s'il vagabonde, on l'appellera *gandrou* (corruption de *wanderer*, allemand et anglais à la fois ; s'il est criard et têtu, on le qualifiera d'*incre*, qui vient de la prononciation mal imitée de *ein schrener*, même signification. Le peuple ne désigne souvent un cordonnier que sous le nom de *choumac* (*schulzmacher*) ; il profère ce juron *sacramenteurtéche* (*sacrament der teufel*) ; et *quaiseurlique* et *téche* sont des injures de tradition parmi les enfants. Je pourrais citer beaucoup d'autres mots ; je me borne à ceux-là, que ma mémoire me fournit immédiatement.

Si nous tirions beaucoup de mots des étrangers, nous leur en laissions bien aussi quelques-uns. Or l'étude de ces mots importés ou exportés n'est pas un obstacle à ce qu'on remonte, même en n'ayant pour objet que de les comparer, jusqu'à leurs radicaux communs, c'est-à-dire au sanscrit ; elle le commande, au contraire. Elle ne diminue pas davantage l'intérêt qu'il y a, en dehors du sanscrit, à connaître par quelle voie et en quel temps ces mots se sont introduits d'une langue dans l'autre, et quelle sorte de violence leur orthographe, leur prononciation et leur sens ont essuyée lors de cette introduction réciproque. Néanmoins il restera toujours l'inconnue à dégager de chaque mot, et cette *inconnue* c'est l'auteur primitif de ce mot, et non pas le *père*, comme le veut Ch. Nodier; car la connaissance du *père* n'est qu'un acheminement à celle des ancêtres, et ceux-ci à l'auteur primitif. L'étude de la généalogie des mots est donc en soi excellente, et la méthode par progression ascendante est la seule bonne à y appliquer. En tout cas, je la crois moins périlleuse, moins sujette à errer que celle qui s'évertue à la recherche directe des radicaux, avant de s'occuper des intermédiaires qui les séparent de la forme définitive.

C'est pourquoi, bien que partisan déclaré des patois, et convaincu des services considérables qu'ils sont appelés à rendre à la science étymologique, je ne puis admettre avec Ch. Nodier, ni, à ce qu'il me semble, avec M. Pierquin qu'il faille chercher *exclusivement* dans nos patois toutes les étymologies de la langue française; c'est toutefois la vérité pour un nombre considérable de mots. La prétention de Ch. Nodier serait un démenti donné à l'ethnologie et à l'histoire; ce serait dire en effet que, nonobstant les migrations et mélanges des peuples, les expressions qu'ils se seraient prises les uns les autres n'auraient profité qu'aux seuls patois, et n'auraient été acquis que de seconde main à la langue générale. C'est le contraire qui est arrivé, car, dans les conquêtes suivies de prise de possession définitive, c'est toujours, c'est de préférence, du moins, dans les grands centres de population que s'établissent les nouveaux maîtres, et l'influence qu'ils y exercent est plus profonde et plus durable. Elle se répand de là dans les campagnes, où elle rencontre beaucoup plus de résistance. Elle finit cependant par s'y maintenir, parce que les mots étrangers qu'elle y apporte ont déjà reçu dans les villes leurs lettres de naturalisation, qu'avec la qualité d'étrangers ils en ont perdu peu à peu la physionomie, et qu'en fin de compte les mots et les modes des villes passent aux villages, et y demeurent plus ou moins travestis. Si Nodier n'avait stipulé que pour les mots passés de la ville au village et restés dans celui-ci lorsqu'ils ont disparu de celle-là, à la bonne heure. Mais il ne fait aucune distinction.

Je finis. Aussi bien est-ce un début bien solennel et surtout bien long pour préparer à la lecture d'un livre de si médiocre importance. On dirait d'un cuisinier qui sert les grosses viandes avant le potage. Ce discours était donc de trop; il devait pour le moins être plus court. Cependant, toute comparaison à part, je rapporterai ici, pour mon excuse, un passage d'Henri Estienne, qui pourrait d'ailleurs servir d'épigraphe au livre même :

« Comme il est malaisé de faire un banquet où il n'y ait trop ni trop peu, mais il vault bien mieulx qu'il y ait trop, d'autant que ce qui demeure n'est pas perdu; ainsi est-il difficile de garder si bien mesure en traictant tel argument, que rien n'y soit d'abondant et que rien n'y défaille. Mais il y a bon remède à ce qui se trouve estre ici d'abondant; car les lecteurs n'auront qu'à le laisser[1]. »

Encore un mot. Les chapitres dont ce livre est composé sont autant d'articles publiés, sous le titre de *Conjectures étymologiques*, dans la *Revue de l'Instruction publique*, ces deux dernières années. Je n'en ai modifié ni le plan, ni l'ordre primitifs ; je n'ai fait qu'ajouter, s'il était possible à la circonspection qui a présidé à toutes mes conjectures. Je les ai d'ailleurs revus et corrigés avec soin. Sans doute que, malgré tout cela, ils ne laisseront pas que de renfermer encore beaucoup de fautes; j'ose espérer du moins qu'on n'y trouvera pas beaucoup de prétentions. Enfin, je les ai augmentés d'un certain nombre de proverbes et dictons populaires inédits, ou mal compris par d'autres interprètes. On remarquera surtout ceux qui sont d'origine fiscale, et ceux qui sont d'origine religieuse. La religion et l'impôt, ces deux grands ressorts de toute institution humaine, ont une

---

[1]. *De la conformité du langage françois avec le grec*, liv. I, advertissement, p. 3; édit. de 1569.

part considérable à la formation de quantité de sentences et de mots où la sagesse des peuples, leurs ressentiments et leurs folies éclatent tour à tour. Il m'a semblé qu'on n'en avait pas assez fait la remarque.

CURIOSITÉS
DE
L'ÉTYMOLOGIE FRANÇAISE.

CHAPITRE I.

AMADOUER, AMADOU. — Roquefort et tous les étymologistes, avant ou après lui, s'accordent à dire qu'*amadouer* vient d'*amador* qui signifiait autrefois amoureux. Quelques-uns cependant y voient aussi un composé de *manus* et de *dulcis*. Mais Ménage n'est de l'avis d'aucun de ces messieurs. Il faudrait qu'il fût bien à bout d'inventions pour se ranger du côté du nombre. L'isolement sied à sa vanité, et l'isolement est un attribut de Dieu.

Il commence par forger un mot latin pour servir de fondement à son étymologie ; *amatutare* ; il le donne ensuite pour *inusité*. C'est un moyen commode de sortir d'embarras, et grâce à lui, aucun mot, dans aucune langue, ne peut être, si je l'ose dire, un enfant trouvé.

Ayant créé son *amatutare*, Ménage part comme un trait, escalade *amatus, amaturus*, chasse devant lui *amatutare* dont il a pris tout ce qu'il a voulu, et arrive en nage à *amadouer*. Laissons-le s'y refaire et s'y rafraîchir.

Les anciens argotiers, ceux du moins qui avaient établi leurs pénates dans la cour des Miracles, et dont la profession était de vivre d'aumônes, en simulant des infirmités, exprimaient la substance particulière au moyen de laquelle ils se faisaient paraître jaunes et malades, par le mot *amadou*. C'est ce dont il est facile de se convaincre, en consultant le glossaire du *Jargon ou Langage de l'argot réformé, à l'usage des merciers, porte-balles et autres, tiré des plus fameux argotiers de ce temps, par M. B. H. D. S., archi-suppôt de l'argot*. A Épinal, chez Pellerin, s. d. (1836)[1]. Quel était le but de cette grimace, sinon d'attirer les regards, d'exciter l'intérêt des passants, de les toucher, de les attendrir, de les *amadouer?*

Ce n'est pas le seul mot qu'ait emprunté la langue française à celle des *truands*, des *courtauds de boulanche*, des *malingreux*, des *capons*, des *narquois* et autres sujets du *Grand Coësre*; il y en a bien d'autres qui se sont glissés dans la langue polie où ils méconnaissent fièrement leur origine. Aussi bien y aurait-il plaisir à dénoncer leur roture. Le temps est aux exécutions de faux nobles. Je recommande ceux-là au garde des sceaux de l'étymologie.

COURIR LE GUILLEDOU. — Dochez, dans son *Nouveau Dictionnaire de la langue française*, fait venir cette expression de l'anglais *will do*, c'est-à-dire *vouloir faire*. Vouloir faire ses farces, sans doute? L'estimable lexicographe a omis de le dire. Mais cela n'est pas sérieux, passons.

---

1. Ce livret est devenu rare. Je l'ai transcrit tout entier avec le glossaire, dans le IIe volume, p. 381 et suiv. de mon *Histoire des livres populaires*.

L'abbé Corblet (*Glossaire du patois picard*) donne pour racine au mot *guilledou*, *kildro* qui, en langue celtique, signifie vagabond. C'est plus probable.

Ménage le tire de *gildonia* qui veut dire assemblée; selon Papias : GILDONIA, *adunatio*. « Les bourgeois, dit-il, et les hommes des champs, en Allemagne, appellent *gilde* des festins publics qu'ils ont coutume de faire souvent chaque année, et où chacun paye son écot[1]. »

Ménage observe que « comme ces assemblées populaires pouvaient être licencieuses, ou bien qu'au lieu d'aller à ces confréries les jeunes gens alloient à la débauche, il y a bien de l'apparence que ce mot *gildonia* a été pris pour la débauche même. »

Sa première conjecture n'a rien qui me répugne; mais je ne suis pas très-touché de la seconde; je la crois du moins superflue, car si ces assemblées étaient licencieuses, il était ridicule de les négliger pour aller se licencier ailleurs, y ayant plus d'avantage à prendre le plaisir qu'on a sous la main qu'à courir après.

Enfin Estienne Pasquier, confirmé par le Duchat, dit que « *Courir l'aiguillette*, et par corruption, *courir le guilledou*, pourroit bien estre proprement courir les grands corps de gardes, de tout temps pratiquez dans les portes des villes, sous des tours dont les flèches se terminoient en pointe, comme l'*aiguille* d'un clocher. » (*Rabelais*, t. III, p. 176, note 4 de l'édit. de le Duchat.) On ne sauroit rien dire de plus forcé, et il est regrettable que la Curne (v. *Aiguillette*) ait pensé que cette étymologie ne manquait pas de vraisemblance. C'est un des exemples les plus malheureux de la sagacité de Pasquier dans ses recherches étymologiques : c'est par là qu'il

---

1. « Vicani atque agricolæ in Germania *Gilde* vocant convivia « publica quæ collectitia stipe quotannis semel iterumque celebrare « solent. »

faisait la joie et excitait la verve de Garasse, lui suscitant en quelque sorte l'idée de ces parodies grotesques dont le jésuite a rempli ses *Recherches des recherches*, et qui font de ce livre un des plus plaisants qu'on ait écrits depuis deux siècles et demi.

La Curne est d'autant plus généreux à l'égard de Pasquier, qu'il donne lui-même la véritable origine de l'expression *courir l'aiguillette*. « On aura cru, dit-il (*loc. cit.*), qu'une femme n'étoit dite *courir l'aiguillette* qu'en tant qu'elle étoit d'une profession à faire détacher l'*aiguillette*. » C'est cela même. Le Duchat (*loc. cit.*) l'a également remarqué, et si l'on disait *courir l'aiguillette*, en parlant d'une femme de mauvaise vie, on disait *courir le guilledou* d'un homme qui fréquentait cette sorte de femmes.

> La garse qui nasquit de l'excrément de l'onde,
> Pour *courir l'esguillette* en tous les lieux du monde,
> Vénus, la bonne cagne, aux paillards appétits
> Sçachant que ses pigeons avoient eu des petits
> En fit faire un pasté....
>
> (SAINT-AMANT, *le Melon*.)

> Se son mary s'en va hantant
> Aucunes mignonnes fillettes,
> Doit-elle fréquenter pour tant
> Les Cordeliers ou les Billettes ?
> Pourtant s'il a façon doulcette
> Qui se voise ailleurs atteler,
> Peut-elle courir l'*esguillette*
> Et s'en faire aussi harceller !
>
> (COQUILLARD, *les Droits nouveaux*, t. I, p. 163, éd. Jannet.)

> Jupiter au lict il trouva
> Avec dame Junon sa femme,
> Qui souvent luy chante sa gamme ;
> Car souvent moins sage que fou
> Il va courir le *guilledou*.
>
> (SCARRON, *Tiphon*, chap. II.)

On appelait *beste d'amble* (d'*ambulare* qui vient du verbe sanscrit *ab* ou *amb*, aller, mouvoir) une haquenée, un *guilledin*, une *guilledine;* c'est la bête dont l'allure habituelle était entre le pas et le trot.

> Ces nigauds de citadins
> Applaudissent aux badins,
> De cris, de mains et de testes,
> Et se monstrent aussi bestes
> Que leurs brusques *guilledins*.
>
> (SAINT-AMANT, *l'Albion*, p. 465, éd. Jannet.)

> Qui peut sur toute la terre,
> A vous plus claire que verre,
> Grande lézarde, porte-fard,
> *Guilledine* détraquée,
> Vieille pucelle estriquée,
> Se comparer à votre art?
>
> (Sigognes, dans DES ACCORDS; *Dialogues.*
> *L'Ame de Caboche parlant à deux courti-*
> *sannes de T. et de V.*, p. 197, éd. de 1614.)

La *guilledine* et le *guilledin* étaient donc le quadrupède, cheval ou mulet, jument ou mule, destiné à porter l'homme, facile au montoir, et allant ordinairement l'amble. C'était, en un mot, la haquenée qui, du temps de nos pères, était la monture de tout le monde, et dont les ecclésiastiques, les magistrats et les médecins se servirent même longtemps encore après l'invention des carrosses. C'est de l'emploi de cette monture banale qu'est venue l'idée d'appeler la femme folle de son corps, une *haquenée*, et, parce que *haquenée* et *guilledin* signifiaient la même chose, on a dit *courir le guilledin*, et par corruption le *guilledou*, pour dire courir les prostituées. Il est vrai que depuis, la signification de cette injure s'est adoucie, et tel qu'on qualifie aujourd'hui de coureur de guilledou, n'est plus qu'un flâneur, un batteur de pavés, un habitué d'estaminets ou de bals publics.

Guildin, vient de l'anglais *gelding*, qui voulait dire un cheval hongré. *Haquenée* vient de *haque*, *equus semisectus*, cheval demi-coupé, et de *naccus* ou *nacchus*, espèce de harnais dont cet animal était affublé aux jours de cérémonie. « Nous autorisons de nouveau, dit le pape Alexandre III, pour le cheval de cérémonie, l'insigne que quelques-uns appellent vulgairement *naccus*[1]. »

De *haque* et de *nacchus* (on trouve ce mot écrit ainsi dans une lettre d'Innocent III, page 34 de l'édit. de Cologne), s'est formé sans doute *harnacher*, si plutôt *harnacher* ne vient pas de l'irlandais *hardneskia*, armure fermée de toutes parts, cataphracte.

Faire la rustrerie n'est-il pas la même chose, dans ce passage, que *courir le guilledou?*

Saint Ambroise (c'est-à-dire le prieur d'une communauté de ce nom) ne se trompoit point, car il l'avoit assez veu de fois et mesme fréquenté du temps qu'il *faisoit la rusterie.*

(BONAVENTURE DESPÉRIERS, *Nouvelle* L.)

CONTER FLEURETTE. — La *fleurette* ou *florette* était une espèce de monnaie française en usage aux quatorzième et quinzième siècles. On lit dans des *Lettres d'amortissement* données en latin, en 1375 : « Cette vente fut faite au prix de onze deniers, appelés *floreti*, et de bon poids[2]. » (Ducange, v. *Floretus.*) En 1421, la fleurette fut portée à dix-huit deniers, ensuite remise à trois, puis à deux seulement, et enfin retirée du cours. On l'appelait, dit Monstrelet, « la monnoye du roy. » (T. I, chap. CCXLIII.) Ce mot est évidemment un diminutif du mot *florin*. Les premiers florins d'or, selon Villani, dans

---

1. « Insigne quoque festivi equi, quod a quibusdam vulgo voca-« tur *naccum....* confirmamus. » (*Alex. III papæ epist.* 52, *ad Philippum Coloniens. archiepiscopum.*)

2. « Quæ venditio fuit facta pro pretio undecim denariorum « vocatorum *floreti*, boni ponderis. »

l'*Histoire de son temps* (lib. VI, cap. LIV), furent « frappés à Florence en 1252. » Ils portaient d'un côté l'effigie de saint Jean-Baptiste, de l'autre le lis florentin. On ne peut pas dire cependant que le florin tirât son nom de la ville italienne où il fut fabriqué, puisqu'on en avait fabriqué ailleurs bien longtemps auparavant ; mais il pouvait bien le tirer d'une fleur quelconque placée dans l'exergue, comme était placé le lis dans les florins de Florence. Quoi qu'il en soit, le florin, qui partout était une monnaie d'or, a donné son nom à la *fleurette*, qui était une monnaie de cuivre. Aussi bien celle-ci marqua-t-elle l'extrême distance qui la séparait de l'autre, en se qualifiant par un diminutif. Mais elle n'en fut pas moins une monnaie ayant cours légal en France, et l'on pourrait croire que la coutume de payer ses dettes en pareille monnaie a donné lieu au dicton *conter* ou *compter fleurettes*. Je crois qu'il n'en est rien.

Philippe de Commines s'exprime ainsi quelque part : « Ces paroles.... servent à ceux qui.... n'ont accoustumé que de flageoler et *fleureter* à l'oreille, et parlent de choses de peu de valeur. » Ce mot *fleureter*, personne n'en doute, a pour primitif *fleurette*. Mais ici fleurette n'est ni un diminutif de *fleur*, comme le dit Dochez (*Nouv. Dict. de la lang. franç.*, v. *Fleurette*), ni une monnaie, comme celle dont il est parlé dans les *Lettres d'amortissement* et dans Monstrelet ; c'est un mot par lequel on entend des riens, des bagatelles, des sornettes, en latin *nugæ*; il a donc une autre origine. Cette origine, je la trouve dans un mot du grec le plus pur, dans φλυάρια, qui veut dire langage inepte, impudent, frivole, le langage, en un mot, des conteurs de fleurettes. Il ne faut pas abuser du grec, mais encore faut-il en user quelquefois.

CALFATER. — C'est boucher avec de l'étoupe et enduire de goudron et de poix les trous et les fentes d'un navire.

La navire dit Rabelais, ne reçoit son pilote que premièrement ne soit *callafatée* et chargée.

Les Provençaux disent encore comme Rabelais *calafater*, mais avec une *l* de moins.

Les doctes font dériver ce mot de l'arabe *calphata;* les plus doctes de l'hébreu *caphar, bitumine illinere*. Je laisse aux orientalistes le soin d'en décider. Quoi qu'il en soit, les mots *calfat*, d'où l'on a fait *calfater*, procèdent directement du mot grec καλαφάτης. C'est, selon Hadrianus Junius (*Animadv.* lib. V, cap. VI), le nom du charpentier de navire, chargé de boucher avec de l'étoupe ou toute autre matière les fissures de la coque du bâtiment. Toutefois, l'expression grecque étant du Bas-Empire (Apud Sanutum, lib. II, part. 4, cap. 15 et 20), il ne serait pas impossible qu'elle fût un dérivé de l'arabe et une corruption de l'hébreu. Ce n'est même que pour en venir à cette conclusion que j'ai cru devoir rappeler une étymologie indiquée d'ailleurs par Muratori, dans ses *Antiquités italiques* (t. II, col. 1177) et par Raynouard, dans son Glossaire. On a dit aussi *calfreter* et enfin *calfeutrer*.

FINASSER. — Une autre expression grecque de la même époque, φινακίζειν, nous a également fourni notre mot *finasser*. Le grec signifie déguiser, en imposer, ruser; *communi imposturæ nomine pro fuco fallere*, dit encore H. Junius (*loc. cit.*). A moins que *finasser* ne vienne de φοινικίζειν, *a quadam purpurissi significatione*, selon le même Junius. Mais il faut s'en tenir, je crois, à la première étymologie.

CHANTER POUILLES. — Duchez, dans son *Nouveau*

Dictionnaire de la langue française, cite cet exemple : « Guillaume de la Pouille (poëte du moyen âge) a donné naissance au proverbe *Chanter pouilles*. JULES JANIN. » Il serait sage sans doute de s'en tenir à cette docte étymologie, et de se rappeler, avant de poursuivre, Gros-Jean qui en remontre à son curé. Qu'il nous soit permis cependant, avec toute la modestie qui sied à notre inexpérience, et tout le respect dû à une si grande autorité, d'avoir et d'exprimer une opinion différente ; qu'il nous soit permis également de n'être pas d'accord en ce point avec une autre autorité non moins considérable, le très-spirituel, très-savant et très-regrettable Génin. Lui aussi a donné son explication de ce proverbe, mais il s'en faut qu'il y ait montré la même sobriété que le philologue cité par le Dictionnaire de Dochez. Il serait très-amusant, s'il n'était trop long, de rapprocher toutes les fantaisies qu'il se passe, en cherchant à élucider son texte (*Illustration*, t. XXI, p. 26), mais toute cette verve brillante, toute cette érudition qui s'échappe de sa plume et déborde sur le papier, n'empêchent pas que l'obscurité n'enveloppe la question du commencement jusqu'à la fin, et qu'on ne se demande, après avoir lu cette multitude de conjectures plus audacieuses les unes que les autres : de qui se moque-t-on ici ? On croirait, Dieu me pardonne, lire un extrait, et le plus spirituel sans doute, des commentaires du docteur Mathanasius sur le *Chef-d'œuvre d'un inconnu*. Une seule fois Génin touche à la vérité, mais c'est en donnant une conjecture qui n'est pas la sienne ; elle appartient à un de ses correspondants. « On nous écrit, dit-il, que *pouilles* est le féminin de *pou*, qui s'est jadis orthographié *pouil*. » Mais son correspondant aurait dû s'en tenir là. Au contraire, il tombe dans un autre genre de divagation qui, pour être moins savante que celle de Génin, n'est pas plus vraisemblable.

La véritable origine de ce proverbe, Poggio nous l'indique en ces termes (*Opera*, p. 437) :

Une femme appela un jour son mari *pouilleux*. L'autre répondit à cette injure par une décharge de coups de poing. Quand il eut fini, la femme de recommencer à crier *pouilleux*. Le mari furieux lie sa femme avec une corde, et la descend dans un puits, avec menace de la noyer, si elle ne se tait. La femme, ayant de l'eau jusqu'au menton, répétait encore *pouilleux*. Le mari lâche la corde ; la femme fait le plongeon. Mais elle a les bras libres ; elle les élève au-dessus de l'eau, et rapprochant ses pouces ongle sur ongle, elle fait entendre par ce signe à son mari ce que sa bouche ne peut plus lui dire.

Ce conte, en se répandant dans toute l'Europe avec les *Facéties* de Poggio, donna lieu au proverbe dont un illustre érudit a trouvé la source dans Guillaume de la Pouille, et Génin à peu près partout.

CROYEZ CELA ET BUVEZ DE L'EAU. — C'est ce qu'on dit à une personne qui paraît croire ou qui veut faire accroire à une autre quelque chose d'invraisemblable. « La chose est difficile à avaler, dit le docte et judicieux M. Quitard, mais puisque vous voulez bien l'avaler, buvez de l'eau pour la faire passer. » Pour moi, ce serait la mer à boire, et quand encore j'aurais bu la mer, cela ne suffirait pas pour *faire passer* la chose. Je dois dire pourtant que si ce qui est excessivement simple, est absolument vrai, M. Quitard a raison. Mais cette maxime n'est que pour les sots, qui sont sots sans prétentions et nous donnent de bonne foi des bourdes pour des vérités. Or M. Quitard n'est pas de cette confrérie, et si, comme je le pense, il s'est trompé dans son affirmation, c'est faute d'avoir réfléchi et d'avoir cherché. C'est en faisant l'un et l'autre que je me suis arrêté à cette conjecture.

DE L'ÉTYMOLOGIE FRANÇAISE. 11

Quand un homme soupçonné ou entaché d'hérésie était livré au tribunal sanglant de l'inquisition, on l'interpellait sur les dogmes, sur les actes de foi ; on le pressait d'arguments théologiques les plus serrés, les plus retors. Si, après plusieurs épreuves de ce genre, il hésitait sur quelque point, et trahissait par ses hésitations le trouble ou la révolte de sa conscience, on le soumettait à la question. Le bourreau l'étendait sur une espèce de chevalet en bois, fait en forme de gouttière, et propre à recevoir le corps d'un homme. Ce chevalet n'avait pour fond qu'un bâton qui le traversait, et sur lequel le corps, tombant en arrière, se courbait par l'effet du mécanisme, et prenait une position telle que les pieds se trouvaient plus haut que la tête. C'est dans cette position qu'on introduisait dans la bouche du patient un linge fin mouillé qui lui couvrait en même temps les narines. On versait ensuite dans sa bouche de l'eau qui filtrait lentement à travers le linge, et il ne fallait pas moins d'une heure pour que le patient en avalât un litre. Ne trouvant aucun intervalle pour respirer, il devait à chaque seconde, avaler de l'eau, pour donner passage à un peu d'air. Mais le linge mouillé qui s'attachait à sa gorge, et l'eau qui tombait sans cesse goutte à goutte, le faisaient étouffer à mesure, sans toutefois lui ôter la vie. Au bout de quelque temps, et quand par exemple on voyait le linge ensanglanté par suite de la rupture de quelque vaisseau, on le retirait. On interrogeait alors de nouveau le patient; on le sommait de confesser les articles de foi dont la croyance était requise pour qu'il se sauvât, et s'il hésitait encore, comme il arrivait souvent, on l'appliquait une seconde fois à la question.

Et pour montrer que l'eau en toute sorte ne valoit rien, il nous disoit que quand on veut bailler la gehenne à un malfaicteur, le plus grand tourment qu'on luy puisse faire, c'est de luy faire avaller de l'eau avec une serviette, et qu'il vaudroit mieux lui bailler du vin; car on dict : *In vino veritas.*

(G. Bouchet, iie *Sérée*, p. 43, verso, édit. de 1685.)

Je n'ai pas sous les yeux le formulaire qu'on employait alors, mais il se résumait nécessairement en ces termes : *Croyez cela, ou buvez de l'eau.* En usant des mêmes termes aujourd'hui, on en a gâté le sens, en substituant la conjonction copulative à l'alternative ; on en a rendu en même temps l'origine plus obscure. Ne l'ai-je pas un peu dégagée de ses nuages ?

Je suis frit. — Autre expression populaire qui tire son origine de l'Église. Elle signifie, Je suis perdu, ou tout autre chose analogue.

Muchez-vous en quelque lieu ;
S'il vous trouve, *vous êtes frit.*

(*La Farce de frère Guillebost.*)

L'emploi de cette singulière métaphore est un exemple vivant, pour ainsi dire, de l'influence des vieux sermonnaires sur l'imagination et le langage familier des peuples. On sait avec quel luxe d'images tour à tour horribles et dégoûtantes, avec quelle cruelle obstination ils ont peint les tourments de l'enfer. Leur but étant moins de convaincre que de frapper de terreur, ils offrent, dans leurs sermons, un résumé complet des lugubres visions qui, au temps où les supplices les plus affreux étaient au service des vengeances humaines, faisaient partie des croyances de nos aïeux épouvantés [1]. Mais ils se plaisent surtout, et ils y excellent, à peindre la friture des corps et des âmes. Je dis des âmes, parce qu'ils ne font aucune distinction entre cet élément et l'autre, et semblent croire au contraire qu'il est également combustible.

1. *Les Libres Prêcheurs*, par A. Méray, p. 104.

La Fleur des commandements de Dieu (1525, in f°), recueil de sermons prêchés au moyen âge, cite ce fait tiré de Pierre de Cluny, et qui regarde un mauvais prêtre transporté en enfer, pour y voir ce qui l'y attendait.

Ayant été rapporté un instant sur la terre, ce prêtre « racompta les choses qu'il avoit vuës et ouyes, et dist : Vecy deux dyables qui portent une poëlle, afin que je soye *frit* dedans en pardurableté. Et comme il disoit la dicte parolle, une goutte de la dicte *friture* cheut sur sa main qui le dévora jusques aux os et devant les présens, et ce dont il dist : Croyez maintenant que vecy les dyables qui me jetteront dans la poëlle. Et en disant ces parolles, il trespassa. »

Le même recueil (fol. cxv), contient un fragment de l'effroyable légende de Tongdalus. Cet homme étant mort, un ange « le mena veoir les tourmens de l'enfert, et après le rapporta et remist en son corps. » Dans son voyage, il avait vu une vallée très-profonde « et pleine de charbons ardans. Et dessus cette vallée avoit ung couvercle de fer en feu ardant, espès comme six coudées.... Dessoubs le dict couvercle descendoient plusieurs ames, lesquelles y estoient *frites*, comme on frit le lart à la poëlle. »

Figurez-vous ces tableaux mis chaque jour, dans les mêmes termes et pendant des siècles, sous les yeux des populations ignorantes, superstitieuses et crédules, et vous comprendrez pourquoi elles ont retenu ce langage, et comment il est resté le leur propre, quand elles eurent cessé de croire aux faits qu'il exprimait avec une naïveté si sombre et si désespérante.

CASSEUR D'ASSIETTES. — On appelle ainsi un fanfaron qui menace tout le monde et n'effraye personne, qui lance à droite et à gauche des défis, mais contre les absents, qui fait enfin beaucoup de bruit et peu de besogne. Il ne casse même pas les assiettes, comme on le dit, il en fait semblant. C'est aussi l'idée qu'on a que ni les gens ni les assiettes n'ont rien à craindre de lui, qui fait le sel de cette injure. Je regrette seulement qu'elle ne soit pas originale; elle n'est en effet que le texte altéré, sinon la parodie de la forme primitive *casseur d'acier*. Je ne saurais dire si, comme la forme actuelle, celle-là était employée ironiquement; je n'en connais du moins pas d'exemples; mais elle était une image très-forte par laquelle on peignait un brutal qui donnait des coups très-sérieux, et faisait plus de besogne que de bruit. En voici un exemple tiré de la dixième *Nouvelle* de Bonaventure Despériers :

Bref, il en prenoit là où il en trouvoit, et frappoit sous lui comme un *casseur d'acier*.

CHAPITRE II.

Coquecigrues. — C'est au sujet de ce mot qu'on pourrait dire, autant d'hommes, autant de sentiments. Encore ne comptons-nous les femmes ni les enfants. Les uns (je n'invente pas) croient qu'il s'agit de quelques plantes légumineuses aux formes contournées ou gigantesques, telles que concombres, citrouilles, potirons ou calebasses ; les autres, de hochepots empoisonnés, produit de la cuisine de quelque sorcière ; les autres, de quelque espèce de volaille ou de volatile, comme le mot paraît l'indiquer ; de quelque animal monstrueux, tel que la bête du Gévaudan ou le serpent de mer ; de revenants, de loups-garous ; que sais-je ?

> Or, comme un pape il y loge (au ciel) à cette heure ;
> Il vit là-haut cependant qu'on le pleure ;
> Il voit sans yeux ce qu'il a débité,
> Sçait si la lune est un orbe habité
> De farfadets ou de *cocquesigrues*.
>
> (Saint-Amant, *Épistre au baron de Villarnoul.*)

Mais c'est le cas de répéter après Rabelais : « Voilà de plaisants coquesigrues ! »

La vérité est qu'il faut chercher dans les dictionnaires pour savoir ce que ce mot signifie ; mais il n'y faut pas chercher d'où il vient ; tous ont oublié de nous en informer. Je ne sache même pas qu'un seul étymologiste nous ait fourni la moindre lumière à cet égard. Essayons d'y suppléer.

Coquecigrues signifie balivernes, niaiseries, fariboles, contes à dormir debout, choses qui ne valent pas la peine qu'on en parle, des riens, des moins que rien. J'ai cité un passage de Rabelais; en voici d'autres de sources plus modernes :

> Je vais dans ce mail; je trouve mille *coquecigrues*.
> (Mme de Sévigné.)

> J'ai vu élever fort bien les petites filles; on ne leur apprend point à mentir, ni à dissimuler leurs sentiments; point de *coquecigrues*, ni d'idolâtrie.
> (*Id.*)

On appliquait ce mot tantôt aux personnes, tantôt aux choses. Nous disons nous-mêmes encore, en parlant d'un niais ou d'un sot fieffé : C'est un grand *coquecigrue*.

> Ardi, tenez, c'est tout fin dret comme ce grand *cocsigruë* de monsieur du Mény; vous savez bian? qui avet ces grands penaches, quand je demeurois chez mademoiselle de Carnay.
> (Cyrano de Bergerac, *le Pédant joué*, acte II, scène iii.)

Il avait les deux genres; nous les lui avons maintenus. Il n'y a donc plus de doute ni sur le sexe, si l'on peut dire, ni sur la signification de *coquecigrues*.

Reste à trouver son étymologie. Elle est plus savante qu'on ne croirait, car elle est grecque, tout ce qu'il y a de plus grec.

Partageons-le d'abord en deux, *coqueci* et *grues*, et parce que la queue est ce qu'il y a de plus difficile à écorcher, commençons par la queue.

Les Grecs, pour exprimer une chose sans valeur, ou qui n'en avait pas plus que si elle n'existait pas, se servaient du monosyllabe γρύ. On le traduit par *rognure* ou *ordure d'ongle;* un *fétu,* un *rien.* Il est probable que l'espèce de grognement par lequel on exprime qu'on ne veut pas, ou qu'on ne peut pas répondre à une question, est ce qui a donné lieu à l'emploi de ce monosyllabe. Il se compose, en effet, des trois premières lettres de γρύλλη qui signifie grognement de pourceau.

Pour avoir une idée exacte de l'emploi qu'on a fait de ce mot, il faut lire principalement les érudits du seizième siècle qui ont écrit en latin, et qui l'ont fourré partout, dans leurs thèses, dans leurs ouvrages de critique, dans leurs correspondances. Ils ne manquent pas de l'introduire chaque fois qu'ils témoignent du peu de cas qu'ils font d'un livre ou d'un auteur, et, dans leurs querelles, ils triomphent du silence forcé ou calculé de leurs adversaires, et se vantent de leur avoir fermé la bouche, en répétant à satiété : *Ne* γρύ *quidem respondit.* J'en ai vu certainement des centaines d'exemples, et ce n'a pas été je l'avoue, sans avoir eu souvent les nerfs agacés par le retour importun de cette inévitable formule.

Quoi qu'il en soit, γρύ signifiant à lui seul ce que signifient en français *coqueci* et *grues* réunis, il paraît bien que la dernière syllabe de *coquecigrues* est ce même mot γρύ, et l'étymologie de *coqueci* ne saurait y contredire.

Je trouve, en effet, dans le Dictionnaire de Henri Estienne, *cicus,* γρύκοκκος. Or *cicus* ou plus exactement *ciccus,* en latin, est la pellicule qui tient séparés les uns des autres les grains de la grenade. Au figuré, c'était quelque chose de nulle importance, *ut hilum.* (PLAUTE, in *Rud.,* act. II, sc. x) :

> Eluas tu an exungare, *ciccum* non interduim.
> Baigne-toi, oins-toi, je m'en soucie comme de rien.

A *ciccus* correspondait en grec κόκκος, dont il est certainement le dérivé, et qui signifiait la même chose.

Témoin ce vers de Timon le Syllographe, cité dans les *Analectes* de Brunck :

Πτωχὸς μὲν φρένας εἰμί, νόυ δέ μοι οὐκ ἔνι κόκκος,
Je suis pauvre de génie, et mon esprit n'est rien.

De κόκκος est venu κόκκιον, que nous écririons en latin *coccion*. En retranchant la dernière syllabe de *coccion*, on a *cocci*, qui est le pendant de *nauci* et de *flocci*, génitifs adverbialisés, si je puis me servir de ce néologisme, de *naucus* et de *floccus*, et qui se prend au même sens. En ajoutant ce *cocci* à *gru*, on a *coccigru*, d'où *coquecigrues*. *Miror ergo*, se fût écrié Jos. Scaliger (AUSON., *Lect.*, c. XXVII), *minutos istos* καὶ ἀκανθολόγους *interpretes hoc non vidisse.* Mais il n'y a pas de quoi sonner de la trompette.

Je m'étonne toutefois que Henri Estienne n'ait pas deviné cette étymologie, lui qui dans son grec nous donne presque le mot de *coquecigrue*, quoique à rebours. Ajoutons qu'il y a une faute d'impression dans la manière dont ce grec est écrit; il fallait séparer γρὺ de κόκκος par une virgule, car ce sont deux mots qui veulent dire la même chose, et par lesquels Henri Estienne a traduit *cicus*.

Ne quittons pas ce mot de *ciccus* sans remarquer que les Espagnols en ont peut-être fait leur adjectif *chico*, petit.

Quant à notre dicton : Il ou elle ne vaut pas une *chique*, il a, je pense, une autre source. Au quatorzième siècle, on appelait *chique*, en Dauphiné, une pièce de monnaie de cette province, qui était la plus petite et avait le moins de valeur[1]. Or, les pièces de ce genre,

---

1. « Suma gallinarum, viginti gallinæ et tertiæ partis (tertia « pars?) dimidiæ gallinæ valent ad existimationem octo denario- « rum pro gallina, tredecim solidos, sex denarios, obolum cum « *chiqua.* » (*Pactum inter Humbertum Delphinum et episcopum Gratianopolit.*, ann. 1343.)

quoique nommées autrement, sont encore aujourd'hui l'objet de comparaison le plus fréquemment employé, pour marquer son mépris à l'égard d'une personne ou d'une chose.

Poser sur champ. — Je me suis demandé longtemps pourquoi on exprimait et on écrivait ainsi l'action de poser sur le côté une pierre, une planche, une caisse, ou tout autre objet ayant des surfaces inégales. Cette expression, selon moi, ne fait naître aucune idée exacte de la position donnée à l'objet; elle en fait naître au contraire une idée absolument fausse. En effet, les personnes (et c'est le plus grand nombre) à qui les termes employés dans les professions manuelles ne sont pas familiers, se figurent, dès qu'on leur parle d'un objet posé sur champ, que c'est sur le plat qu'on veut dire, le mot de *champ* impliquant à leur yeux une idée d'étendue plus en rapport avec la partie sur laquelle on suppose que cet objet doit reposer. Combien d'expressions ont été ainsi détournées de leur sens primitif, soit parce que la plupart ont persisté à l'entendre à rebours, soit parce qu'on en a corrompu l'orthographe !

C'est ce qui est arrivé pour l'expression dont il s'agit.

On disait autrefois *achanter* pour *appuyer sur le côté*. Or, *achanter*, qu'on prononçait *accanter*, vient du mot islandais *kant*, pris dans le sens de *côté* ; car ce mot avait d'autres significations, telles, par exemple, que morceau, bord, extrémité, coin ou partie d'un objet quelconque. De ce même mot, qu'on écrivait aussi *chant* comme dans *achanter*, on a fait *chantel, cantel* et *cantiel*. Lance *achantée* ou *en cantel* était la lance appuyée sur le côté, inclinée, c'est-à-dire en arrêt. De là *canter*, puis *décanter*, verser, en inclinant le vase, une liqueur qui a déposé.

L'écu *achanté* ou *en cantel* était l'écu placé *ad latus suum*, de côté, sur le côté.

> Li bers monta fiers et mautalentis,
> L'escu au col, en *cantel* l'a assis.
>
> (*Garin le Loherain.*, I, 168.)

> L'un renc et l'autre se séelle,
> Lances, cele assemblée, *achantent*,
> Unes rompent, autres esclattent.
>
> (G. Guiart.)

Et dans les *Prophéties* de Merlin, traduites en français, en 1498, par Robert de Borron : « Li rois tint l'escu en *cantel* et l'espée à la main. » Enfin Philippe Mouskes, cité par Ducange (v. *Cantellus*), dit :

> La lance et l'escu en *cantiel*,

ce qui veut dire la lance en *arrêt* sur le *flanc* ou le *côté* droit, et l'écu sur le *côté* gauche. M. Paulin Pâris, dans le passage cité de *Garin*, a ainsi traduit ce mot, et il a bien fait. Car si, comme d'autres l'ont cru, tenir un écu *en cantiel*, voulait dire le tenir *devant soi*, comment eût-il été possible de mettre la lance en arrêt? Ou l'écu eût dérangé la lance, ou la lance l'écu. Il fallait donc nécessairement que celui-ci cédât quelque chose à celle-là, c'est-à-dire qu'il s'effaçât sur le *côté*. Autrement, il eût caché le point de mire au cavalier, ou il l'eût empêché pour le moins de diriger sa lance contre lui.

Chantel, cantel, cantiel sont autant de formes diverses du mot *cant* ou *chant* et ont la même signification.

D'où je conclus que mettre *sur champ* un objet quelconque, c'était le mettre sur *chant* ou sur *cant*, et que c'est de la prononciation qu'est née la faute d'orthographe.

Je ne doute pas que, *être sur champ*, ne soit employé

au figuré par Coquillart, et qu'il ne signifie *être sur le flanc*, ou être ruiné, dans le passage qui suit :

> Quand noz mignons chaulx et testus
> Jouent au clic ou à la roynette,
> Ilz empruntent franc dix escus,
> Dessuz la clef de leur bougette,
> Et baillent, quand ilz sont *sur champs*
> Leur boîte à l'hostesse garder,
> Et dient qu'il y a cent francz
> Ou il n'y a pas ung denier.
> (*Droits nouveaulx*, de Dolo.)

Cette étymologie m'amène à examiner ce qu'il faut entendre par une autre expression qui a mis à la torture non-seulement tous les étymologistes, mais quantité de gens fatigués de dire sans cesse la même chose, sans savoir jamais ce qu'elle signifie. Cette expression, c'est :

Pain a chanter ou enchanté. — Génin a écrit là-dessus un de ses chapitres les plus spirituels, et, j'ose le dire, les moins décisifs. Un de ses correspondants lui mande que la guerre est allumée dans son ménage, qu'on y lit avec assiduité les *Problèmes philologiques*, mais que les explications qui y sont données de certaines difficultés soulèvent entre sa femme, sa belle-mère et lui, les discussions les plus vives et les plus passionnées; que sa femme, notamment, lui ayant soutenu l'autre jour qu'il faut dire *pain à chanter*, il avait répondu que ce mot ne signifiait rien, puisque les ténors et les sopranos ne se nourrissent pas de pain azyme, et qu'on doit dire pain *enchanté*, c'est-à-dire *consacré*, comme il convient à une substance qui est la nourriture spirituelle et corporelle des chrétiens; qu'il pensait, par cette interprétation lumineuse, avoir pris sa revanche des humiliations qu'il avait subies, lorsque sa femme et sa belle-mère devinaient avant et mieux que lui la solution des problèmes proposés dans l'*Illustration;* qu'il priait l'auteur de ces problèmes de venir à son secours, et de rétablir son autorité ébranlée en constatant à cette occasion *sa victoire grammaticale*, et en démontrant à ses femmes leur bévue.

Victime infortunée, lui répond Génin, et encore plus imprudente, votre confiance vous a perdu! Vous venez, sans vous en douter, de vous lancer, la tête la première, dans l'abîme... Quoi! vous n'avez pas compris que le pain d'hostie est du *pain à chanter* (*messe* sous-entendu)?... Je finis, en vous recommandant à la clémence et à la magnanimité de ces dames.

(*Illustration*, t. XXI, p. 142.)

A la bonne heure : mais, pour en dire ici mon sentiment, je crois que demandeur, défendeur et juge, tout le monde ici est dans l'erreur. Le pain dit d'hostie ne sert pas plus à chanter la messe qu'il ne sert à chanter l'opéra. Le prêtre lui-même ne chante pas en le consacrant, les fidèles ne chantent pas en le recevant. Je préférerais encore à celle-là l'explication du mari. Car, s'il est vrai, comme le dit Génin, qu'elle sente le fagot d'une lieue, il est également vrai que les paroles du prêtre, en consacrant l'hostie, étaient aux yeux des païens, lorsqu'il y avait encore des païens, une véritable incantation, et que, d'ailleurs, ce ne serait pas le premier exemple de termes tirés des usages païens, appliqués aux mystères du culte chrétien. Il faut donc chercher une autre solution.

Lorsque les boulangers vendent du pain au poids, ils ont coutume de parfaire le poids demandé, en ajoutant un morceau de pain qu'on appelle *chanteau*. La racine de ce mot est la même que pour *achanter* ou poser sur champ; c'est *cant*, pris non dans le sens de côté, mais dans celui d'extrémité, de bord ou de fraction d'un tout quelconque. Ainsi, on dirait, et le peuple dit encore aujourd'hui un *bout* de pain pour un morceau de pain.

De *cant*, les Anglais ont fait *cantell*, et nous, *chantel* ou *chanteau* (car l'un et l'autre se disent). *Échantillon* en est le dérivé. *Cantell of bredde*, selon Palsgrave, *chanteau de pain*[1]. On disait *cantellus*, en basse latinité. Ducange cite cet exemple : *Ipsa dedit dicto Petro Tort unum magnum* cantellum *de placenta*. « Elle donna audit Pierre Tort un grand *chanteau* de gâteau. » *Cantellus* est l'équivalent de *quadra*, qui, dans Martial et Sénèque, veut dire un quartier, un morceau de pain, et, dans Horace, le pain lui-même.

Dans la primitive Église, prêtre et fidèles communiaient ensemble sous les deux espèces, le pain et le vin. Mais les *absthèmes*, c'est-à-dire ceux qui ne pouvaient souffrir le goût du vin, recevaient la communion sous la seule espèce du pain. Cette exception devint l'usage à partir du douzième siècle. Le danger de l'effusion, la répugnance qu'on éprouvait à poser ses lèvres là où tout le monde les avait posées, firent supprimer le calice aux simples fidèles. Ceux-ci ne gardèrent plus, comme dit saint Paul, que la *fraction du pain*, communion aussi efficace, selon Origène et Eusèbe, que l'autre. Le pain qu'on y employait était du pain ordinaire. Les hosties ne furent introduites dans l'Église qu'au douzième siècle. Le pain était coupé en petits morceaux ou chanteaux pour être distribué aux communiants ; les plus gros chanteaux étaient pour les prêtres et les diacres officiants. C'est ainsi, du moins, qu'on en use encore dans la distribution du pain bénit. On réserve plusieurs chanteaux pour le curé, le bedeau, les chantres, les enfants de chœur et les dignitaires de la fabrique. On en envoie un à la personne désignée pour rendre le pain bénit le dimanche suivant.

---

1. *Canteau* dans la langue des troubadours, *cantel* dans celle des trouvères.

Pour en revenir au pain de communion, il est assez naturel qu'on lui ait donné le nom de *pain au* ou *en chanteau*, ou *en chantel*, de la forme sous laquelle il était réparti, et qu'à la longue et par corruption on ait dit *pain enchanté*. J'ajoute qu'on disait *escantelé* pour brisé, mis en pièces, et *enchantelé* avait la même signification :

> Ses helmez n'estoit pas entiers,
> Ançois estoit esquartelés.
> Et ses escuz *escantelés*
> En pluisor lius estoit perciez,
> D'un eur en autre dépeciez.
>
> (Gilles de Chin, v. 370-374.)

> L'escu par les énarmes devant lui *enchantèle*.
> (Chans. des Sax., I, 176.)

Du pain *enchantelé* à du pain *enchanté*, il n'y a pas si loin.

Garot. — Il va tomber un *garot*, c'est-à-dire une averse. *Garos, garéot, garoz, garrau, garreau, garriau, gauros, guarot*; Roquefort donne toutes ces variétés de lecture ; il aurait pu y ajouter *carriax, quarrel, quarriau*. Ce mot exprime une espèce de trait fort gros qu'on lançait dans les villes assiégées au moyen d'une baliste ou d'une catapulte. Roquefort dit « au moyen d'un bélier ; » ce qui est absurde, le bélier, comme chacun sait, étant un instrument destiné à battre les murs. On a dit depuis *carreau*.

> A tant tendent de tous côtez
> Aus arbalétes d'évaler,
> Et puis laissent *quarriaus* aller.
>
> (Guillaume Guiart, à l'année 1214.)

> Et font geter leurs espringales,
> Ca et la sonnent li clairain,

> Li *garrot* empené d'airain
> Lessent leur liens de ce me vent,
> Plustost que tempeste ne vent....
> Li engint tout seul demourèrent
> Qui pierres et *garros* getoient.
>
> (Guillaume Guiart, à l'année 1304.)

> Et l'assembleur de nuages
> Jura le Styx et promit
> De former d'autres orages :
> Ils seroient sûrs ; on sourit ;
> On lui dit qu'il étoit père,
> Et qu'il laissât pour le mieux
> A quelqu'un des autres dieux
> D'autres tonnerres à faire.
> Vulcain entreprit l'affaire.
> Ce Dieu remplit ses fourneaux
> De deux sortes de *carreaux* :
> L'un jamais ne se fourvoye,
> Et c'est celui que toujours
> L'Olympe en corps nous envoye ;
> L'autre s'écarte en son cours ;
> Ce n'est qu'aux monts qu'il en coûte ;
> Bien souvent même il se perd ;
> Et ce dernier en sa route
> Nous vient du seul Jupiter.
>
> (La Fontaine, *Jupiter et les tonnerres*,
> fable xx, livre VIII.)

Cette physique singulière, témoignage du bon cœur de l'aimable fabuliste, prouve au moins ce qu'on entendait alors par *carreaux;* c'était le tonnerre et la foudre. Joignez-y ces effroyables averses de pluie, de grêle et de neige, qui tombent tout à coup, durent peu, noient néanmoins bêtes et gens, les tuent ou les engloutissent. *Il tombe des carreaux*, pouvait-on dire alors ; nous disons aujourd'hui *il tombe des hallebardes* (les Lillois disent, il pleut *à glaves*, c'est-à-dire *glaives*), expression bien plus énergique, et sur laquelle il ne sera pas aisé de renchérir. Toutefois elle n'a pas encore fait, elle ne fera pas sans doute oublier l'autre. On dit toujours, et on dira longtemps *garot*, quoique n'entendant par là qu'une ondée subite et passagère, une grosse pluie d'orage qui lave à fond les rues, et les gens qui ne seraient jamais lavés sans cela.

Ce ne sont pas des *garrots* de ce genre que lancent les yeux des coquettes; ils ne noient pas; ils assassinent; témoin Saint-Amant :

> Les *garrots* de tes regards
> Doux-hagars,
> Dans ton cœur leurs pointes fichent
> Plus avant las! que dans ton
> Pelotton
> Tes espingles ne se nichent.
>
> (*Le Poëte crotté*.)

Un *garrot* dans cet autre exemple paraît être un vent violent plutôt qu'une averse :

> Un grand seigneur s'en allant à l'estable de ce marchand, marchande un des plus beaux chevaux qui y fust. Le courratier va dire alors :.... il (ce cheval) est fort comme une tour, il va comme un *garrot*, il despêche comme un moulin.
>
> (G. BOUCHET, XIe *Sérée*, p. 235, verso, édit. 1585.)

Cet article ne serait pas complet, si je n'ajoutais que *garrot* signifiait aussi la pièce de bois servant à bander l'arbalète d'où partait le trait appelé *matras :*

> Car, en depeschant nos matines, dit Eudémon, et anniversaires au cueur, ensemble je foys des chordes d'arbaleste, je polys des matras et *garrotz*, je foys des retz et des poches à prendre les connins.
>
> (RABELAIS, I, chap. XL.)

Il signifiait aussi un bâton court que l'on passait dans une corde pour la serrer en tournant; d'où *garrotter*. C'est ainsi qu'en Espagne on étrangle les criminels.

Au petit saing ; sans mettre nays au sein. — Je trouve ces deux locutions dans la *Légende de maistre Pierre Faifeu*, ch. xi :

> Là y avoit damoyselles et dames,
> Qui bien lamoeent, voire de corps et d'âme,
> Il fut chaery de chascun et chascune,
> Sans estre hay là de personne aulchune,
> Pour abréger, l'une ne fut restive,
> Mais des aultres elle fut plus hastive
> Luy demander qu'il leur fist ung festin,
> Pour son retour ou de soir ou matin.
> De le nier il ne fut si meschant,
> A lendemain le glorieux marchant
> Leur assigna heure *au petit saing*,
> Et s'en alla, *sans mettre nays au sein*.

Je me suis demandé d'abord s'il ne s'agissait pas ici à cause de la circonstance du festin, de l'enseigne de quelque cabaret où Faifeu devait régaler ces dames, comme qui dirait, *Au petit saint*. Quantité de cabarets ont encore niché en haut de la porte d'entrée, à l'ombre du bouchon traditionnel, un petit saint de bois ou de plâtre, qui eût choisi sans doute un autre pied-à-terre, si on l'eût consulté. Mais les dames et damoiselles qui cajolaient Faifeu n'étaient pas de celles qu'on mène au cabaret. Il s'agit donc d'autre chose que d'une enseigne.

Il s'agit en effet de l'heure et non du lieu du rendez-vous. *Saing*, comme l'écrit messire Charles Bourdigné, *seint*, *sain*, *sint*, et *sing*, comme il est écrit ailleurs, est le son de la cloche, la cloche elle-même.

> Et la Roine mult grant joie li fist,
> Li *seint* sonèrent tout contreval Paris....
> De la cité est issu Anseïs,
> Sonent les cloches et *seint* parmi la cit.
> (Roman de *Garin le Loherain*.)

Les clercs et les prévoirs a fez trestout mander.
A grant procession sont au devant alé,
Et ont fait les *sains* de la ville soner.
(Roman de *Parisse la duchesse.*)

Un ancien proverbe disait : « Tu n'en as pas fait les *sings* sonner; » c'est-à-dire : « Tu as fait la sottise, mais tu ne l'as pas crié sur les toits. »

Au petit saing est donc au coup de la cloche. Là-dessus, Faifeu part, *sans mettre le nays au sein*, c'est-à-dire, aussitôt, sans hésiter, sans s'amuser à la moutarde, sans faire comme les enfants qui, une fois en possession du sein de leur nourrice, ne le veulent plus quitter.

Mais, avant de signifier le son des cloches, *sing* n'a-t-il pas signifié autre chose? Se serait-on trompé jusqu'ici en croyant que c'est une onomatopée, comme *tocsin*, *drelin*, et *tic-tac*? Enfin la langue celtique n'aurait-elle pas à faire valoir un droit de création et de propriété? L'habitude qu'on a encore de chanter les heures de la nuit, en Allemagne, en Hollande, en Belgique, en Suisse, et, si je ne me trompe, en France aussi quelque part, semble indiquer en effet qu'avant l'invention des cloches, invention comparativement moderne, on chantait les heures, celle principalement où les citoyens étaient tenus de rentrer dans la ville, au moment de la fermeture des portes, celle ensuite, où ils devaient couvrir leur feu. Ce ne serait pas la seule coutume de nos ancêtres, les Celtes, qui aurait survécu, et qui vivrait encore à côté d'autres coutumes rappelant le même objet. De là l'existence du mot *sing* et de ses dérivés dans tous les dialectes néo-celtiques, quel que soit d'ailleurs le changement subi par la voyelle. C'est ainsi, remarque M. Pierquin de Gembloux [1] que les Anglais disent encore indifféremment *sing* et *song*, pour signifier *chant*, *chanson*. De là le mot

1. *Histoire littéraire des patois*, p. 127.

allemand *singen* et ses nombreux composés, le goth *sangws*, le lithuanien *zwanas*, le russe *zwon*, etc., venant tous du sanscrit *svanas*, son, d'où le grec ἀνίος, le latin *sonus*, et très-probablement les composés *singultans*, *singultus*, *singultim*, *singultio*, ainsi que le français *sanglot*, *sangloter*. Il y a de plus, surtout dans les poëtes, de nombreux exemples du mot *sonner*, pris pour chanter. En voici un qui me tombe sous la main, du mot *sonneur* dit pour *chanteur* :

>Comme on void un essein d'avettes
>Sur un amas de fleurettes
>D'un labeur pécunieux
>Moissonner la douce ambroisie
>Que la niepce d'Oritie
>Verse au grand banquet des dieux ;
>Ainsi la docte cervelle
>Qui se vire à tire d'œlle
>Dedans l'Édem des neuf Sœurs,
>Peut cueillir dedans ce livre
>Cette liqueur que délivre
>Apollon à ses *sonneurs*.
>   (*Sérées* de G. Bouchet. *Au lecteur.* T. II. Rouen, 1634.)

Civé. — Je trouve dans la même *Légende* de Pierre Faifeu les vers suivants (ch. xxii) :

>Or y avoit un gros seigneur notable
>Au pays Anjou, tenant fort bonne table,
>Et jeune estoit, aimant tout passe-temps,
>Et gens joyeux ; dont ainsi que j'entens,
>Faifeu l'alloit bien fort souvent esbattre,
>Et pour certain, sans faire long *civé*,
>A la maison il estoit fort privé.

Cive, *civet*, *civot*, *civette*, *chive*, et *civette* tout cela est la même chose, et veut dire *ciboule*, *ciboulette ;* en latin *cæpa*, *cæpula ;* en basse latiné *cibulus*.

Le *cive* ou *cyve*, avant d'être un ragoût de lièvre, de lapin et même de veau, car on en faisait avec toutes sortes de viandes[1], paraît avoir été une sauce :

        BONNE COMPAGNIE.
Vos saulces sont elles bien bien faictes,
Escuyer ?
            L'ESCUYER.
Madame Honorée,
Véez en cy de trop plus parfaictes
Que *cyve* ne galimaffrée.
          (*La Condamnation de Bancquet*, 1859, p. 310.)

La sauce a donné son nom au mets. Pour l'édification des gourmands (s'il en est par hasard qui me lisent), je donnerai la façon d'un civet, au quinzième et au dix-neuvième siècle :

Pour faire du *cyve*, mettez des connins haslez en la broche ou sur le gril, et despecez par piéces, et mettez souffrir en ung pot; et puis prenez du suin de lard et du bouillon de beuf; pour en faire le bouillon, prenez du foye, si en povez finer, et puis mettez tremper en bouillon de beuf, et puis mettez couler le pain et le foye, et puis mettez dedans la pot, et puis prenez cannelle, gingembre, menues espices, et puis les deffaictes de verjus, et puis les mettrez bouillir tout ensemble et du sel, ainsi qu'il appartient.

        (*Le Livre de Taillevent*, cité dans *la Condamnation de Bancquet*, p. 310.)

Ayez un lièvre; coupez du lard maigre par petits morceaux, et faites-les revenir dans du beurre ; ôtez le lard, et faites revenir de la même manière le lièvre dépecé. Remettez le lard, saupoudrez le tout de farine; mouillez avec moitié consommé, moitié vin rouge; ajoutez sel, poivre, *ciboule*, bouquet garni, et, au moment de servir, liez la sauce avec le sang du lièvre que vous aurez recueilli, en le dépeçant.

        (*Le Trésor de la cuisinière*, par Mlle Jeannette.)

---

1. Voyez *le Livre de Taillevent*.

Ainsi, au dix-neuvième siècle, on ne fait plus de civet avec le lapin, on n'en fait plus que de la gibelotte, et *Bonne compagnie* n'en voudrait pas.

Cela dit, je me demande ce que signifient ces mots du poëte, *sans faire un long civé.* Faifeu, chez son ami, mettait-il la main aux fourneaux? S'arrogeait-il, à la cuisine, les droits de Mlle Jeannette, et prétendait-il lui prouver qu'un civet *court* peut aussi bien obtenir les suffrages des amateurs qu'un civet *long*? Cela n'est guère présumable. D'ailleurs, Faifeu, naturellement goulu, prenait à peine le temps de mâcher les morceaux : comment aurait-il eu la patience de les faire cuire et de les assaisonner, même en abrégeant l'opération?

Il y a donc sous ce mot autre chose que du lièvre ou de la ciboule. Le poëte a hâte d'en venir au fait; il évite avec soin d'entrer dans le détail des *privautés* dont jouissait Faifeu chez le seigneur; il nous laisse à cet égard à nos propres conjectures. Ses privautés étaient *ou* ceci, *ou* cela, *ou* autre chose, et tous les *ou*, c'est-à-dire les *sive* qu'il vous plaira. *Sans faire un long sivé* équivaut à *pour le faire court.* Je doute qu'on puisse l'expliquer autrement. Il est vrai qu'il faut admettre que le *c* a été mis là pour une *s*, par la faute de l'imprimeur: pourquoi non? Cela étant, il ne serait pas difficile de trouver des exemples de la conjonction *sive*, substituée en français à la conjonction *ou*. En voici un, entre autres:

« Le Rouzier des dames, *sive* le Pèlerin d'amours, nouvellement composé par messire Bertrand Desmarins de Masan. »

Tel est le titre d'une pièce insérée dans le tome V, page 162, des *Anciennes Poésies françaises*, édition Jannet.

CHAPITRE III.

Faire la cane. — Cela signifie se dérober à propos, faire le plongeon à l'approche du danger. C'est un art que les canes possèdent d'instinct, et que les courtisans, les hommes d'État acquièrent bientôt avec un peu de pratique. Cette expression se rencontre souvent dans les écrivains des seizième et dix-septième siècles, principalement dans les poëtes comiques et burlesques :

> La nef du fort Ilionée
> De grands coups de vent ruinée,
> Celle du fidelle Achaïès,
> D'Abas et du vieil Alétès
> Tournoient comme des girouettes,
> *Faisoient* en mer cent pirouettes,
> Qui pis est, *la cane* souvent.
>
> (*Virgile travesti*, liv. I.)

Dans la note de la page 90 de son *Dictionnaire d'argot*, M. Francisque Michel me paraît avoir glissé un peu légèrement sur un point resté obscur à ses yeux, et que personne plus que lui n'était obligé d'éclaircir.

On trouve, dit-il, *faire la cane* dans le passage suivant ; — mais il est évident qu'il n'y a là qu'un jeu de mots, sans signification aucune : — « Si quelqu'un te fait mine de ne luy pas « plaire, fais le boisseau à même fin ; ou si quelque autre te

« fait signe de demeurer, *fais le cane* que tu n'en feras
« rien. »
>   (La Deffense des outrages faites au sieur Gué-
>   ridon, et l'empeschement de ses voyages, etc.
>   Paris, chez Estienne Perrin, 1614, in-8°,
>   p. 19, 20.)

Il y a d'autres exemples de ce mauvais jeu de mots ; ajoutons celui-ci :

> Pour abréger, après quelques autres arguments allégués et déduits, l'abbé voyant que cet Italien faisoit profession d'homme entendu, avec une *mine qui valoit mieux que le boisseau*, lui va dire : « Venez çà ! voudriez-vous entreprendre cette charge de le faire parler. »
>
> (BONAV. DESPÉRIERS, *Nouvelle* XC.)

Il s'en faut que ce jeu de mots n'ait aucune signification ; il en a une au contraire, et très-nette. D'où je conclus que M. Francisque Michel, abandonné dans cette circonstance par sa sagacité habituelle, a présumé le jeu de mots plutôt qu'il ne l'a compris, sans quoi il se fût bien gardé de dire que celui-ci n'a pas de sens, et il eût entrepris de nous en donner l'explication.

Si quelqu'un te fait mine de ne pas luy plaire, semble vouloir dire en bon français : *Si quelqu'un te fait entendre* par un signe quelconque, etc. On se tromperait de le croire. *Mine* est ici une mesure de capacité pour les choses sèches, comme le grain, le sel, etc.

> Mès bien vous saurai conseiller
> Comment Renart iers abetez,
> Se loiaument me promettez
> A donner une *mine* d'orge.
>
> (Roman du *Renart*, v. 1710 et suiv.)

Le *boisseau* (ce mot ne laisse pas d'équivoque) est une mesure du même genre et pour le même usage, et son rapport à la *mine* est ainsi établi dans des *Lettres de rémission* de l'an 1202, folio 39 : *Unum* boissellum *salis cujus tres faciunt dimidiam eminam* : ce qui est traduit immédiatement au folio 40 en ces termes : « Un *boissel* de sel dont les trois font demie *mine*. »

Il y a donc, dans la première proposition de la phrase citée par M. Francisque Michel, une opposition marquée entre *mine* et *boisseau*, et cette opposition est la même entre *signe* et *cane*, qui sont ici deux mesures de capacité pour les liquides.

Signe est une corruption du mot *sigle*, monnaie qui, chez les Grecs et les Latins, valait la quatrième partie de l'once, la moitié du statère, et pesait deux drachmes. Nos ancêtres, Francs et Germains, donnèrent ce nom de *sicla*, *sigla* ou *segla* à une mesure pour les liquides.

Que les serfs de l'Église rendent légitimement quinze *sicles* de cervoise, et un cochon valant la tierce part d'un sou[1].

Je ne trouve rien d'ailleurs qui indique la capacité relative de cette mesure ; mais elle devait être assez considérable, s'il est vrai, comme il est indiqué au chapitre II des *Capitulaires* de Charlemagne (an. 797) édités par Holstenius, qu'un sigle de miel valait un sou et demi : *Mel vero pro solido bortrensi*[2] *siglæ 1, et medio donant*. Or, soit qu'il s'agisse ici du sou d'or valant sous Pépin quarante deniers, ou du sou d'argent qui en valait douze sous Charlemagne, c'était encore assez cher.

La *cane*, mesure spécialement attribuée au vin, était plus considérable que le *sigle*, puisqu'elle valait trois sous huit deniers : « Pour une *cane* de vin offerte à la

---

1. « Servi Ecclesiæ tributa sua legitime reddant 15 *siclas* de cer- « visa, porcum valentem tremisse uno. » (*Loi des Allemands*, titre XXII.) — Voyez les *Chartæ alamanicæ* de Goldast, num. 42, 49, 59, 67 et 69.

2. Pays, dit-on, des bords du Rhin.

femme de Pierre Peullon, le jour de ses noces, trois sous huit deniers [1].

Je crois donc que tout l'esprit qu'a dépensé Génin pour trouver l'étymologie de *canon*, appliqué à une petite mesure de vin, est en pure perte, et que *canon* est un diminutif de *cane*, aussi bien que *canette*, appliqué à la bière.

Ajoutons que ces noms divers étaient également les noms de mesures de longueur. Consultez Ducange. Encore aujourd'hui, en Sicile, la *canna* est une mesure d'à peu près deux mètres. C'est ce que m'apprend une lettre de Palerme, insérée dans *la Patrie* du 21 juin 1860. En vertu d'une ordonnance d'Orsini, ministre de la guerre, nommé par Garibaldi, « chaque commune est obligée d'envoyer à Palerme soixante *cannes* de toile pour chemises (la *canne* vaut près de deux mètres); c'est donc environ trois cent mille mètres de toile qu'on demande à l'île. »

Pour en revenir à la phrase qui est l'objet de cette remarque, elle est une manière de s'exprimer proverbiale, quoique grotesque, et équivaut à celle-ci : « Il m'a donné pois, je lui ai rendu fèves. »

> A la pauvrette il ne fit nulle grâce
> Du talion, rendant à son époux
> *Fève pour pois* et pain blanc pour fouace.
>
> (La Fontaine.)

L'Italien dit : *Vi rendero agresto per prugnole*, ou bien *pan per focaccia*.

Seulement, l'auteur de *la Deffense des outrages faites au sieur Guéridon* a cru que le *boisseau* était plus fort que la *mine*, c'est-à-dire qu'il a pris le pois pour la fève, et a rendu celui-là pour celle-ci. Une preuve qu'il

---

1. « Pro una *cana* vini præsentata uxori Petri Peullon, qua die « nupciavit, III sol. VIII den. » (*Comput ms. eccl. S. Wulfr.*, ann. 1357 fol. 8, rect., cité dans du Cange.)

ne savait pas le rapport de la cane au boisseau, c'est qu'il ignorait jusqu'au genre de la cane, puisqu'il le fait masculin.

Caner, en argot, veut dire mourir. C'est en effet le plongeon de la vie dans la mort. Mais en langage populaire, il exprime l'action d'hésiter, de fuir en courant, et en regardant à droite et à gauche, comme les chiens qui craignent les coups de bâton. Aussi est-il permis de croire que ce mot vient de *canis*. On lit dans *le Moyen de parvenir*, n° LXVII, Élégie : « Il y va douanant comme un badin, et trotte de côté, comme un chien qui vient de vespres. » On a dit plus justement : « Comme un chien qui va à vêpres. » Il y avait naguère encore, sous le portail de quelques églises, un employé de la fabrique armé d'un fouet, pour en frapper les chiens qui essayaient de pénétrer dans le saint lieu. On appelait ce fonctionnaire *chasse-chien* ou *cache-quien*, comme on disait dans la Flandre française.

> Min pèr' ché, si j'in veux croire
> Tous les minchant's gins,
> Un certain nommé Magloire,
> D'l'églige, eul l'*cach'quien*.
>
> (DESROUSSEAUX, Pasquille de *Jacques l'balou*.)

Les chiens fuyaient, mais à contre cœur, en trottant de côté, en revenant sur leurs pas, et comme hésitant s'ils n'affronteraient pas de nouveau les coups, afin de rejoindre leurs maîtres dans l'église. Je l'ai vu fort souvent dans mon enfance.

BOUSINGOT. — Épithète injurieuse qu'on adressait aux républicains en 1830 et 1832. On appelle ainsi un chapeau de marin. Est-ce parce que les républicains portaient des chapeaux de cette forme, qu'on leur a donné ce nom ? C'est assez probable. Quant à l'étymologie de *tousingot*, je la crois anglaise et argotique, et voici sur quoi je me fonde.

Les matelots anglais qui parlent un argot aussi bien que les pickpockets de Londres, appellent un cabaret *bowsing ken*, c'est-à-dire maison où l'on boit. *Bowse*, en leur langage, signifie boisson, et *bien bowse*, bonne boisson. Ces expressions et beaucoup d'autres aussi argotiques, se trouvent dans une comédie de Richard Brome, intitulée : *A joviall crew of the merry beggars*, représentée en 1641, et réimprimée dans : *A select collection of old plays*, tom. X, page 275-371. Ivrogne se dit encore en pur anglais *bouser*, et ivre, *bousy*.

Quand les marins débarquent en un pays étranger, ce n'est pas habituellement le beau langage qu'ils s'en approprient, ni la bonne compagnie qu'ils fréquentent. Ils vont d'abord au cabaret et dans les mauvais lieux. C'est à cet usage que se conforment nos matelots, toutes les fois qu'ils débarquent sur les côtes d'Angleterre ou sur les quais de la Tamise. Ils savent tous à peu près la manière d'exprimer dans la langue indigène ce qu'ils se proposent de faire en débarquant, et il n'est pas impossible qu'ils s'y conviennent par cette formule : *Let us go to the bowsing ken*, allons au cabaret ; mais, selon la coutume de ceux qui balbutient une langue étrangère, ils abrégent sans doute ainsi cette formule : *Go bowsing* ou *bowsing go*. Pourquoi et comment ces deux mots qui expriment une action, sont-ils devenus le nom d'un chapeau de marin ; c'est une de ces bizarreries dont les langues offrent mille exemples, et qui se comprennent assez, sans qu'il soit nécessaire de les expliquer. C'est ainsi que *pont-neuf* a été appliqué à une espèce de chanson, *dame-jeanne* à une cruche, *brûle-tout* à une machine qui sert à brûler les bouts de bougie, *gagne-petit* à un rémouleur, tous mots qui ont été ou détournés de leur sens primitif, ou appliqués à un objet avec lequel ils n'ont qu'un rapport éloigné ou indirecte, et qui pourraient l'être à tout autre objet par la même raison.

Quoi qu'il en soit, de *bowsing* est venu *bousin*, lieu où l'on fait la débauche. Voilà, je pense, la véritable étymologie de ce mot, et non pas *buisine*, ni même *bouzins*, comme on le veut, sous prétexte que *buisine* et *bouzins* viennent de *buccina*, et qu'on fait du bruit avec les trompettes. Il est vrai que *bousin* est pris aussi dans le sens de *tapage* ; mais sa signification primitive est *cabaret*, et ce n'est que par métonymie qu'il est devenu synonyme de bruit.

PAF. — Expression populaire qui s'applique à un homme ivre. C'est encore un emprunt fait à l'argot anglais, et par les mêmes sans doute qui en ont tiré le mot *bousingot*. Seulement, ils l'ont retourné, comme étant ainsi d'une prononciation plus facile pour une bouche française. En effet, le mot anglais est *fap*. On le trouve dans les *Merry Wives of Windsor*, de Shakspeare, act. I, sc. I. Dans l'argot d'aujourd'hui appelé le *slang*, on dit pour être ivre, *to be in his altitudes*, être dans ses sublimités. C'est de la poésie. Après tout, *paf* n'est-il qu'une syncope du mot *épaffe*, saisi, épouvanté, en patois lillois, le saisissement causé par l'ivresse ayant beaucoup de rapport avec celui que produit la frayeur.

SACRÉ CHIEN, SACRÉ MÂTIN. — Formes de jurements ou jurons qui signifient la même chose. Qui dit *chien* dit *mâtin*, et *vice versa*. D'où vient ce singulier jurement? Pourquoi cette malédiction sur le plus fidèle compagnon de l'homme, sur l'animal dont l'histoire est remplie de traits touchants ou sublimes, depuis le chien qui, selon la tradition hébraïque, reçut bon accueil de l'ange qui guidait Tobie, jusqu'à la chienne qui nourrit de son lait Cyrus, exposé aux tigres des bois par son aïeul, jusqu'au mâtin de Montargis et au multiple Munito?

Les Romains jouaient avec deux sortes de dés, les *tali* et les *tesseræ* (MART. XIV, ep. 15). Les *tali* n'avaient que quatre faces, l'as, *unio*; le trois, *ternio*; le quatre, *quaternio*; le six, *senio*. Ils étaient oblongs. Au contraire, les *tesseræ* avaient la forme d'un cube, et deux faces de plus, le deux, *binio* et le cinq, *quinio*. Le coup le plus heureux était le *senio*, et le plus malheureux l'*unio*, ou l'as, nommé aussi *canis* et *canicula*, sans qu'on sache d'où lui viennent ces noms :

J'avais raison : le comble de mes vœux était de savoir ce qu'apportait un heureux coup de six, ce que raflait un as fatal [1].

Le *senio* s'appelait aussi *Venus, jactus venereus* ou *basilicus*, le coup de Vénus ou le coup royal :

Je prends les dés, dit le parasite Curculion; j'invoque ma bonne nourrice; j'amène le roi Hercule [2].

Hercule, le dieu des bonnes trouvailles, était le patron des parasites.

Ce préambule n'est peut-être pas le chemin le plus court pour arriver au but où je tends, mais c'est celui qui est familier aux chercheurs d'étymologies, le chemin des écoliers. L'important est qu'après l'avoir parcouru, j'arrive à cette conclusion que si le joueur amenait le *chien*, il avait perdu sa mise, que, selon toute probabilité, il se vengeait de sa mauvaise chance, d'abord en envoyant au diable son cornet, ensuite en chargeant de malédictions l'animal qui avait causé son malheur; que

1. Jure etenim id summum quid dexter *senio* ferret
Scire erat in votis, damnosa *canicula* quantum
Raderet.
(PERSE, sat. III.)

2. Talos arripio, invoco almam meam nutricem, Herculem
Jacto *basilicum*.
(PLAUTE, *Curcul.*)

cet usage s'est transmis de joueur en joueur jusqu'à nous, sauf qu'au lieu de maudire, nous *sacrons;* que tout le monde se mêlant de *sacrer*, on a fini par confondre tous les genres; qu'ainsi on en est venu peu à peu à décharger sur la tête du plus inoffensif des quadrupèdes domestiques l'injure qui ne s'adressait autrefois qu'au plus petit des nombres entiers.

Ici mon chemin se bifurque. Je quitte la voie que je viens de suivre et qui se continue vers la droite, pour m'élancer vers la gauche. Une autre perspective s'ouvre devant moi. Je vois que si l'on jurait *contre* le chien, on jura aussi *par* le chien. Cette coutume florissait chez nos barbares aïeux, qui l'avaient héritée des Hongrois. Dans les lettres de l'archevêque de Juvavia (1194), publiées en 1611 par Gewold, à la suite du *Chronicon Reicherspergense*, on lit :

> Que nosdits serfs étaient accusés d'avoir avec les Hongrois violé la foi catholique, et avoir fait avec eux la paix, en jurant par *le chien*, par le loup et par d'autres objets criminels et empruntés aux païens [1].

Les Hongrois étaient un peu païens à cette époque, et leur serment par le chien était une tradition grecque [2].

---

[1]. « Quod nos præfati schlavi criminabantur cum Ungaris fidem « catholicam violasse, et per *canem*, seu lapum (leg. *lupum*) « aliasque nefandissimas et ethnicas res sacramenta et pacem « egisse. »

[2]. Il est vrai de dire que dans ce serment ils ajoutèrent certaines formalités que, à leur tour, les Grecs du Bas-Empire leur empruntèrent. Joinville rapporte que le prince de Comans ayant fait alliance avec l'empereur de Constantinople contre Jean Ducas Vatace, empereur grec, siégeant à Nicée, les *riches hommes*, de part et d'autre, se tirèrent du sang, le mêlèrent et le burent. « Ensuite, ajoute l'historien, ils firent passer un chien entre nos gens et la leur, et descopèrent le chien de leurs espées, et nostre gent aussi, et distrent que ainsi fussent-ils décopés, si ils failloient l'un et l'autre. »

Les Grecs, en effet, juraient par cet animal, sans parler des dieux, des demi-dieux, des fractions de dieux, des temples, des autels, des ruisseaux, des fontaines, des fleuves, du soleil, de la lune, des étoiles, du ciel et de l'enfer, des morts et des vivants, des parents, des amis, des arbres et des légumes, tels que le platane, le câprier et le chou (C. Rhodig., *Antiq. lect.*, lib. XXVII, cap. xxviii). Oui, le chou, *vertuchou !* C'était le serment particulier des Ioniens ; nous le leur avons emprunté, à ce qu'il semble, quoiqu'il me soit impossible de dire par où il a passé pour arriver jusqu'à nous.

Cette mauvaise habitude des Grecs de jurer par tant de choses, et de choses si frivoles ou si ridicules, eut pour effet de rendre les serments méprisables à leurs propres yeux, et de porter à les violer sans scrupules. C'est pourquoi ils ne se justifièrent jamais du reproche de mauvaise foi et de perfidie, et la *græca fides* passa en proverbe avec la même défaveur que la *fides punica*. Seuls, entre tous les Grecs, les Athéniens se firent remarquer par leur probité : ἀττικὸς μάρτυς, αττικὴ πίστις, s'emploie pour *foi sincère, témoignage irrécusable.* Et pourtant, combien de fois leur vertu ne céda-t-elle pas au spécieux prétexte de l'intérêt public ? Consultez Plutarque, dans la *Vie d'Aristide*. Mais ceci n'a point de rapport à l'étymologie. Revenons à nos moutons.

Mâtin, mâtine ; mâtin de chien, mâtine de chienne, sont des interjections que la colère, l'impatience, ou simplement le dépit, arrachent aux plus endurants. On n'oserait dire toutefois qu'elles soient la marque d'une éducation distinguée :

> Une fois, en la dépriant,
> Je mis mon doigt sur sa tetine :
> « Ha ! que vous estes ennuyant,
> Se me dict la *chienne mastine ;*

Voire, voicy bien le signe
Que vous m'aysmez par déshonneur. »

>(*Sermon joyeulx d'un dépuceleur de nourrices*, dans le t. VI, p. 201, des *Anciennes Poésies françaises*, édit. Jannet, et dans *Momus redivivus*, de Mercier de Compiègne, 1796, 2 vol. in-18.)

Artus Désiré, l'un des plus mutins, comme dit Bayle, et des plus impudents écrivains du seizième siècle, distinguait plusieurs sortes d'hérétiques. « Je trouve, dit-il, qu'au temps qui court, il y a trois manières d'hérétiques, dont les uns le sont par volonté libidineuse et avaricieuse.... » D'autres « le sont par la friandise de liberté.... » D'autres sont « des vipères infectes et dangereuses. » Il se plaignait surtout de ce que les femmes lisaient l'Écriture :

>Mais maintenant nous voyons des *mastines*,
>Qu'au lieu d'avoir des heures et matines,
>Dessus leur ventre abominable et vil
>Portent la sainte et sacrée Évangile.

>(Artus Désiré, *Défensoire de la foi chrestienne, contenant en soy le Miroèr des francs taupins, autrement nommez luthériens*, dans l'épître dédicatoire, édit. de Paris, 1551, et au chapitre xviii, intitulé : *Des femmes théologiennes.*)

Faire la nique, faire la figue. — Selon Roquefort, *nique* ne vient pas de *nictari*, mais de *nicere*. C'est une distinction frivole, car l'un et l'autre signifient la même chose, et ne s'appliquent pas seulement à certains mouvements des yeux, mais d'autres membres encore. *Emoriere ocyus*, dit Plaute, *si manus niceris*. *Nictare*, dit Festus, *et oculorum et aliorum membrorum nisu aliquid sæpe conari dictum est ab antiquis*. Il se dit même des effets de la voix : *Nare sagaci sensit*, selon

Ennius, cité par Festus, *voce sua* nictit. Ennius parle du chien de chasse.

De *nictari, nictare* ou de *nicere*, il n'importe lequel, nous avons formé *nique*, d'où *faire la nique*. Mais nous ne disons *faire la nique* qu'en mauvaise part. On la faisait autrefois en haussant le menton. C'est Monet qui le dit dans son Dictionnaire. Cela, je pense, ne devait être compris qu'en France ; mais le geste autrement expressif qui se fait aujourd'hui avec la main, en posant le pouce sur le bout du nez, et en agitant les autres doigts comme un éventail ou en aile, se comprend dans toutes les langues, si j'ose le dire, et dans tous les pays. On me dira qu'il n'est familier qu'aux polissons ; mais ce n'est pas là une médiocre autorité en matière d'étymologie.

Le maître prit une fourche, pour plauder son serviteur qui, n'en étant pas d'accord, s'enfuit et se jeta en la rivière qu'il passa à la nage ; puis étant de là l'eau, *le pouce contre la joue, la main en aile, fit la guinemine à son maître.*

(*Le Moyen de parvenir*, xix. *Métaphrase*.)

La plupart se bornent à un clignement d'yeux, par lequel ils témoignent qu'ils se moquent. Il est vrai qu'ils prennent pour prétexte leur myopie, et qu'ils portent un lorgnon ; mais si nombreux sont ceux qui abritent leurs moqueries derrière cet objectif, qu'il semble bien en effet que la moitié du monde se moque de l'autre.

Nous disions autrefois *faire le nicquet :*

Perrin Cohen fist au suppliant, en soi mocquant de lui, le *nicquet.*

(*Lettres de rémission* de 1458.)

Les Romains avaient plusieurs manières de *faire la nique*. Citons les principales :

Premièrement, on fléchissait l'index et on lui imprimait un mouvement de va-et-vient derrière le personnage dont on se moquait, à la manière de la cigogne, lorsqu'elle frappe du bec. Secondement, on appliquait ses pouces sur les tempes, en levant et en abaissant ses mains tour à tour : on simulait ainsi la mobilité des oreilles de l'âne, et l'on disait aux gens qu'ils n'étaient que des ânes. Troisièmement enfin, on leur tirait la langue, genre de moquerie qui se pratique encore aujourd'hui, et dont nos malins aïeux revendiquent à bon droit l'invention. Voyez dans Aulu Gelle (liv. IX, ch. XIII) le combat de Manlius Torquatus contre un Gaulois qui défiait les Romains : *Gallus irridere cœpit atque linguam exertare.* Perse exprime ainsi ces trois manières de *faire la nique :*

O Janus, nulle cigogne jamais ne te pinça par derrière; nulle main souple ne te fit les oreilles d'âne; on ne te tira point une langue aussi longue que celle d'un chien altéré de la Pouille [1].

Présenter le doigt du milieu est une manière de faire la nique encore usitée par le peuple en Espagne. A Rome, le même geste était une injure des plus graves, ce doigt étant réputé impur, et l'action de le présenter aux gens indiquait leurs habitudes infâmes [2].

On disait aussi, et plus qu'on ne le dit maintenant, *faire la figue* pour *faire la nique.* Le père Jacob, dans les Additions au Dictionnaire de Ménage, dit que cette expression vient de l'italien *far la fica,* et a son origine dans le châtiment ignominieux que l'empereur Frédéric

---

1. O Jane, a tergo quem nulla ciconia pinsit,
Nec manus auriculas imitata est mobilis albas,
Nec linguæ quantum sitiat canis Apula tantum.
(Sat. I.)

2. Rideto multum qui te, Sextille, cinædum
Dixerit, et digitum porrigito medium.
(Martial, II, 28.)

infligea aux Milanais, pour avoir chassé de leur ville l'impératrice, montée sur une mule, le visage tourné vers la queue. Frédéric, ajoute-t-il, fit mettre une figue au fondement de la mule, et força quelques Milanais à arracher publiquement cette figue, puis à la remettre à sa place avec les dents, sans l'aide de leurs mains. Aussi, la plus grande injure qu'on puisse faire aux Milanais est de leur *faire la figue;* ce qui a lieu en leur montrant le bout du pouce serré entre les deux doigts voisins. C'est ce qu'on fait chez nous aux petits enfants, quand on leur a, soi-disant, pris le nez.

Sans révoquer en doute la vérité de cette anecdote, il est permis de croire que la conclusion qu'on en tire touchant l'origine de *faire la figue* est contestable, et que cette origine remonte beaucoup plus haut. Martial nous mettra sur la voie. C'est dans l'épigramme soixante-six du livre premier.

> Quand je dis *ficus*, tu en ris, comme d'un mot barbare, et tu veux, Cécilianus, que je dise *ficos*. Nous appellerons *ficus* les fruits du figuier, et ceux que tu portes, *ficos* [1].

Cette épigramme roule sur le double sens du mot *ficus*, signifiant tout à la fois une *figue*, fruit du figuier; et un *fic*, ou verrue, fruit de la débauche. Dans la première signification, ce mot était féminin, faisait *ficûs* au génitif, et appartenait à la quatrième déclinaison, tandis qu'il était de la seconde dans son autre acception, faisait *fici* au génitif, et était masculin.

Cela dit, pour bien faire comprendre le jeu de mots du poëte, ajoutons qu'en lisant son épigramme au délicat Cécilianus, il eût pu, arrivé au dernier vers, joindre

---

1. Cum dixi *ficus*, rides quasi barbara verba,
   Et dici *ficos*, Cæciliane, jubes.
   Dicemus *ficus* quas scimus in arbore nasci :
   Dicemus *ficos*, Cæciliane, tuos.

l'action aux paroles, et faire le geste si redouté des Milanais. Car ce geste était connu des Romains : *mediumque ostenderet unguem*, dit Juvénal. En effet, quand le bout du pouce est passé entre l'*index* et le *medius*, on n'aperçoit que la moitié de l'ongle. L'aventure de Milan a pu donner le change sur l'origine de cette moquerie, mais le geste par lequel on l'exprime, et qui a été conservé, prouve assez, comme je l'ai dit, qu'elle est plus ancienne, quoiqu'elle ne soit pas plus propre.

D'ailleurs, les Italiens disent actuellement *far le fiche* et non plus *far la fica*, qu'on trouve dans le *Tesoretto* de Brunetto Latini, page 84 :

> Credes i far la croce,
> Me el ti *far la fica*.

En basse latinité, *ficham facere*. Dom Carpentier cite cet exemple :

Il est ordonné que si quelqu'un *a fait la figue* à notre Seigneur Dieu, à la Vierge, sa mère ou à quelques saints vénérés par l'Église, il en soit puni chaque fois, et condamné à cinq livres [1].

Ainsi il en coûtait cinq livres d'amende pour se moquer de Dieu, ou de la Vierge, ou des saints, c'est-à-dire pour leur *faire la figue*.

> .... Papefigue se nomme
> L'île et province où les gens autrefois
> *Firent la figue* au portrait du saint Père.
> Punis en sont : rien chez eux ne prospère ;
> Ainsi nous l'a conté maître François.
>
> (LA FONTAINE, *le Diable de Papefiguière*.)

[1]. « Ordinatum est quod si aliqua persona contra Dominum Deum « nostrum, vel Dominam sanctam Mariam ejus matrem, vel ali- « quem ex sanctis per Ecclesiam veneratis *ficham* fecerit, pro qua- « libet vice puniatur et condemnetur in libris quinque. » (*Stat. Pallavicinia*, lib. II, cap. XII, édit. 1582.)

Voici un autre exemple où le mot *ficus* est substitué à *ficha*, et où l'on voit que l'on faisait la figue avec les deux mains :

Le dit de Remat, avec ses deux mains, a *fait la figue* au dit Sermes, en se moquant de lui, et en lui disant : *Je t'en fau la figua, et t'en despiege* [1].

Voyez aussi le Lexique roman de Renouard, au mot *Figa*.

Le même dom Carpentier croit que l'expression *fi, fi,* par laquelle on exprime le dégoût où le mépris qu'inspire une personne vient de *ficus* ou *figue;* c'est très-probable. Mais ce qui est certain, c'est que les expressions *je m'en fiche,* pour *je m'en moque, va te faire fiche,* en viennent également. Il n'y faut donc pas voir un adoucissement d'un mot plus grossier, ou un effet de la politesse du langage, si tant est qu'il y ait lieu d'être poli, quand on envoie promener les gens.

TUER LE VER. — On entend par là boire un verre de vin le matin à jeun. C'est, disent les ouvriers de Paris, un remède infaillible pour tuer le ver qui, à cette heure là, leur pique l'estomac. Mais comme ils se l'appliquent tous les jours, il faut croire que ce remède est inefficace, ou que le ver est immortel. Ils ont beau doubler et tripler la dose, le résultat est le même, et chaque jour le ver, comme le phénix de ses cendres, renaît de cette immersion.

Quand Gargantua s'éveillait, il secouait un peu les oreilles et demandait à boire.

Ponocrates luy remonstroyt que c'estoit maulvaise diète ainsi boire après dormir. C'est, respondoyt Gargantua, la vraye vie

[1]. « Dictus de Remato cum ambabus suis manibus *fecit ficus* « dicto Sermes, eum despectando, dicendo sibi : *Je t'en fau la* « *figua, et t'en despiege.* » (*Litter. remiss.,* ann. 1449.)

des Pères. Car, de ma nature, je dors sallé, et le dormir m'ha valu autant de jambons.

(Liv. I, chap. XXII.)

Dormir sallé, voilà le ver. *Veiller sallé* en est un autre ; on le tuait le soir. Jehan le Houx, parlant du vin, dit :

> Les vers il fait mourir,
> J'en prends pour m'en guarir,
> Et nettoyer mon ventre.
> Au soir, estant couché,
> Suis malade et tranché,
> Si quelque vin n'y entre.

(Vaux de Vire de J<small>EHAN LE</small> H<small>OUX</small>. La Panacée universelle.)

On est donc, matin et soir, à batailler contre cet ennemi domestique. Ce qui n'empêche pas, dans le courant de la journée, d'escarmoucher encore contre lui. Plusieurs y sont vaincus et périssent de l'arme même qu'ils emploient pour se défendre.

La piqûre du ver faisait sur Jehan d'Yvry, autre poëte, un effet très-différent ; elle l'excitait au travail.

> Par ung matin, au sault du lict,
> Après que le *ver m'eust piqué*,
> Pensant que trop dormir me plaist,....
> Je me levay tout topicqué,
> Puis à composer m'applicqué,
> Sans chausser pourpoint ne endosse.

(Les Secrets et loix de mariage, dans le t. III, p. 168, des Anc. Poés. franç., édit. Jannet.)

En digne nourrisson des Muses, Jehan d'Yvry ne buvait-il que de l'eau ?

Chez d'autres, l'effet de cette piqûre était terrible ; ils en devenaient fous. Pathelin, amenant le pelletier au prêtre pour le confesser :

> Pour bien vous dire tout au large
> Son cas et sa condition,

> Il est d'une complection
> Aucunes fois bien fantasticque;
> Et souvent quand *le ver le pique*,
> Devient tout comme insensé.
>
> *(Le Nouveau Pathelin.)*

Cette folie était le *mal Saint-Avertin*, ou l'*avertin*. Elle avait plusieurs degrés. La première indiquait un simple vice de caractère, comme, par exemple, celui qui se manifeste chez les personnes gâtées dans leur enfance, et qui s'emportent jusqu'à la fureur à la moindre contrariété :

> Comme on traitoit le mariage
> D'une maligne et d'un malin,
> Un des parents dit : C'est dommage,
> Ils se battront soir et matin.
> Lors dit un d'entre eux le plus sage ;
> Il les faut mettre ensemble, afin
> Qu'à tout le moins leur *avertin*
> Ne puisse troubler qu'un ménage.
>
> (Des Accords, *les Touches*, p. 24, édit. de 1614.)

Le dernier degré paraît avoir été l'épilepsie. Je crois du moins qu'on ne peut l'entendre autrement dans ces deux exemples tirés de du Cange, au mot *Adversatus* :

Symonnet Harpin.... besgue, fol, lunatique, malade et chéant souvent du mal d'*avertin*.

(*Lettres de rémission* de 1382.)

Icelluy jeune enfant estoit entachié d'une maladie d'*avertin* de teste, nommée goute, dont il chéoit voulentiers par intervalles.

(*Autres* de 1425.)

Mais ce n'est pas le ver de l'estomac qui produisait ces phénomènes, non plus que la folie du pelletier; on croyait que c'était un ver dont le siège était le cerveau, on l'appelait *vercoquin* et *vermoquant*.

Tout le monde, selon la remarque d'un savant qui ne

dit pas son nom [1], connaît le *tournis* ou la *folie des moutons*, remarquable maladie dans laquelle ceux-ci, emportés involontairement, tournent sans cesse sur eux-mêmes.

« Tous les agriculteurs savent aussi que cette maladie est occasionnée par des vers gros comme une tête d'épingle, qui se développent sur une vésicule remplie d'eau, et que celle-ci envahit le cerveau, le comprime et produit fatalement et irrésistiblement la mort de l'animal.

« D'un autre côté, on sait que les chiens sont fréquemment affectés de ces longs vers aplatis qu'on appelle vulgairement *vers solitaires*, mais à tort, puisque souvent le même animal en possède un assez grand nombre dans son intestin.

« Jusqu'à notre époque, on avait supposé que le ver de la tête du mouton et celui de l'intestin du chien, dont l'aspect diffère si prodigieusement, représentaient deux animaux extrêmement distincts, et les naturalistes s'épuisaient en stériles conjectures pour expliquer comment le premier de ces vers envahissait un organe aussi amplement protégé que le cerveau.

« Tout récemment, des naturalistes allemands ont émis à ce sujet une théorie aussi curieuse qu'extraordinaire. Ils pensent que les deux animaux ne constituent qu'une seule et même espèce, qui, à l'aide d'une miraculeuse migration, passe d'un être sur l'autre; tue le mouton pour aller grandir et se reproduire sur le chien, et ensuite revenir à une autre victime.

« Selon ces savants, voici comment s'opère cette merveilleuse transmigration :

« Le ténia ou ver solitaire du chien, après s'être développé dans l'intestin de celui-ci, est expulsé au dehors, et ses anneaux, tous distendus d'œufs, tombent sur l'herbe mêlés aux excréments de l'animal.

1. *Nouvelliste de Rouen*. 29 août 1861.

« Bientôt après, le mouton, en broutant cette même herbe, avale avec elle les œufs de ténia qui la souillent et introduit dans son organisme un germe de mort.

« Mais tout est prodigieux dans l'extraordinaire migration de ces germes redoutables. Les œufs du ténia avalés éclosent dans l'estomac ou l'intestin du mouton. Lorsque le petit naît, ce petit, qui est d'une telle petitesse que l'œil l'aperçoit à peine, est muni de six crochets ou espèces de pioches qui lui servent à fouiller, à perforer les plus résistants tissus. A l'aide de ces crochets, il perce d'abord l'intestin ; puis après un voyage vraiment incroyable, c'est-à-dire, après avoir traversé tous les organes du mouton, il parvient vers sa tête où, instinctivement, il sait que se trouve l'organe dont il doit se nourrir ; enfin, après avoir triomphé de difficultés infinies, *il parvient même, en poursuivant sa perforation, à s'introduire dans le cerveau, malgré la boîte osseuse dont cet organe est de toutes parts protégé.*

« Là, ces jeunes parasites s'arrêtent, forment la vésicule qui comprime l'organe fondamental de la vie, et, en quelques semaines, tuent toutes les bêtes ovines qui en sont affectées.

« Soit qu'on les laisse périr par le seul effet de la maladie, soit, ce qui arrive plus fréquemment, qu'on les vende à la boucherie, c'est, dit-on, en mangeant la tête de ces moutons malades que le chien avale les jeunes vers qu'elle contient, et c'est dans son repas que se trouve la source de cette progéniture de ténias qui envahit bientôt son canal digestif.

« Ainsi, la vie de ce ver se compose d'un cycle continu, allant perpétuellement du chien au mouton et du mouton au chien. »

Selon Riolan, cité par de Brieux (*Origines de quelques coutumes anciennes*, page 33) et que je traduis, « il existe dans le cerveau certaine particule ou apophyse, appelée à cause de sa ressemblance à un ver, excroissance vermiforme. Plusieurs estiment qu'elle devient quelquefois un ver pour tout de bon, d'autres que ce ver est engendré de la corruption de l'organe. Quoi qu'il en soit, il est certain qu'il naît dans le cerveau un ver pareil à celui qui donne aux chevaux le vertige. On l'appelle *vercoquin;* d'où ce dicton, en parlant d'un homme léger, étourdi : *Il a bien des vercoquins à la tête.* » De Brieux conclut de là que *vercoquin* aurait été dit pour *verequin* (*vermis equinus*) ou *versequin*.

Cette conjecture n'est pas à dédaigner; j'avoue pourtant qu'elle ne me satisfait point, et voici ma raison :

Que le ver existe ou qu'il n'existe pas, il est évident que le peuple est persuadé de son existence. Or, quand le peuple a une croyance, il donne bientôt une forme particulière à ce qui en est l'objet. Ici, cela lui était d'autant plus facile que le nom par lequel on distinguait cette maladie lui en indiquait aussi la forme. Seulement, il y a ver et ver, et le peuple ne pouvant admettre que celui qui vivait dans l'étroite enceinte du cerveau fût, par exemple, un ver de la grosseur de ceux de terre, il se l'est figuré tout petit et tel que le règne animal lui en offre partout des myriades. Ainsi, en gascon, on appelle *cuco*, l'artison, petit ver qui ronge le bois et la laine, et les Provençaux donnent le nom de *cuquet* au ver de fromage. *Ver cuco* ou *ver cuquet* serait donc l'étymologie de *vercoquin*.

J'exposerai avec plus de réserve mes conjectures sur l'étymologie de *vermoquant* dont le sens est le même que celui de *vercoquin ;*

> Mélancolie et *vermoquant*
> Rompent la teste tous les coups.
>
> (ROBERT GAGUIN, *Le Passe-temps d'oysiveté.*)

On appelait autrefois et on appelle encore aujourd'hui vulgairement *moucheron* et *mouchon* le lumignon de la chandelle, qui se forme à l'extrémité de la mèche, quand on la laisse brûler trop longtemps sans la moucher. Ce lumignon, au fur et à mesure qu'il s'élève, tendant toujours à s'isoler de la flamme, brille et s'obscurcit tour à tour, selon que la flamme monte ou s'abaisse ; alors il ressemble tout à fait au ver luisant, dont les feux éclatent et s'éteignent tour à tour, selon que le doigt de l'homme le presse plus ou moins.

S'il en est ainsi, dira-t-on, c'est donc *verluisant* qu'il fallait appeler ce lumignon, et non *vermoquant* ; la logique indique en effet cette conclusion. Sans doute, mais le caprice et le hasard n'ont pas moins de part que la logique à la formation des mots ; les exemples en abondent. Ici de plus, le raisonnement semble être intervenu ; on dirait qu'on ait eu le dessein de concilier la ressemblance avec la réalité, qui est le mouchon, et qu'on ait joint *ver* à *mouchon* pour mieux rappeler l'un et l'autre. *Vermouchon* serait ensuite devenu *vermouquon*, puis *vermoquant*, comme *vercuquet* et *vercuco* sont devenus *vercoquin*.

Je donne, je le répète, cette conjecture avec la plus grande circonspection. Si elle est vraie, il faut croire qu'à la longue le *vermoquant* aura été pris par la suite pour un ver aussi effectif que le *vercoquin*, puisque l'emploi de l'un et l'autre et leur signification sont identiques. C'est ce que prouve suffisamment le passage de Robert Gaguin, cité plus haut.

TIRER LES VERS DU NEZ. — On a cru que ce dicton était une suite et comme une confirmation du précédent, et l'on a dit, à commencer par Nicot, qu'il est de l'invention des charlatans. Ceux-ci, ajoute-t-on, voyant quelqu'un atteint de folie, disaient qu'il avait un ver dans la tête, et offraient de l'en tirer. Cette assertion n'a pas l'ombre de vraisemblance. Elle en a beaucoup, au contraire, s'il s'agit d'un malade et non pas d'un fou ;

car il y a certains malades qui, soit par honte, soit autrement, ont une peine infinie à déclarer au médecin leur mal et ce qui peut l'avoir causé. C'est pourquoi le médecin est obligé de les soumettre à un interrogatoire où il emploie tour à tour les prières et les menaces, et qui a pour objet de leur arracher la vérité. C'est ce qu'on appelle *tirer les vers du nez*, comme le faisait ce médecin de la soixante et une *Nouvelle* de Bonaventure Despériers, non pas, il est vrai, aux malades, mais à ceux qu'ils chargeaient de lui acheter des remèdes :

Et si d'aventure, quelquefois son maistre l'apothicaire n'y estoit pas, il (le médecin) *tiroit le ver du nez* à ces Rouergois, en disant par une admiration : « Bien malade ! »

Telle est donc la signification de ce dicton, et il ne s'applique pas seulement aux malades, mais à tous ceux dont on veut obtenir des aveux ou des révélations. Il équivalait à cet autre, *faire chanter*.

Le lendemain, le lieutenant criminel.... lui dit qu'il ne s'agissoit pas de déguiser plus longtemps la vérité..., mais qu'il alloit le *faire chanter* bien autrement qu'il n'avoit fait..., qu'on alloit lui donner la question.

(*L'Art de plumer la poulle sans crier*,
XIVᵉ *aventure*.)

Un juge, un confesseur, non moins intéressé qu'un médecin à connaître la vérité, ne font, à l'égard de leurs justiciables et de leurs pénitents trop discrets, autre chose que de chercher des expédients pour leur délier la la langue et leur *tirer les vers du nez*.

Le savant M. Quitard, dans son *Dictionnaire des proverbes*, au mot *Ver*, a été bien près de deviner l'origine de ce dicton ; il a du moins montré une rare sagacité dans la découverte du mot *vers*, et on ne peut que se ranger à son avis.

Le mot *vers*, dit-il, est ici un terme qui nous est resté de la langue romane, où il s'employait dans l'acception de *vrai*, comme l'attestent les deux exemples suivants, dont le premier est pris du roman du *Rou*, et le second d'une pièce du troubadour Armand de Marueil :

> Mez *veirz* est ke li vilain dit,
> ou, Mais ce que dit le vilain est *vrai*.
> Aisso saben tug que es *vers*,
> ou, Nous savons tous que ceci est *vrai*.

On aura dit primitivement, ajoute-t-il, *li vers*, et, dans la suite, on aura traduit *li vers* par *les vers*, en attribuant à l'article un sens pluriel qu'il n'avait point en ce cas.

Cette explication, je le répète, est la bonne, et je crois qu'il est inutile d'en chercher une autre.

Il n'en est pas de même de l'explication qu'il donne des mots *tirer du nez*. Selon lui, *tirer du nez* équivaut à *émoucher*, c'est-à-dire tirer par adresse, etc., etc., d'une traduction du latin de quelques auteurs du moyen âge (M. Quitard aurait dû les nommer), *emungere aliquem vero*.

Quelque ingénieuse que soit cette conjecture, je ne saurais m'y rendre. L'origine de cette expression repose sur un fait historique, et non pas sur une espèce de jeu de mots, et je crois être en état de le prouver.

Se prendre le bout du nez, dans le droit normand, était une peine imposée à quelqu'un, en expiation d'un mensonge ou d'une calomnie qu'il s'était permise à l'égard d'un autre. C'est ce qui résulte du passage suivant que j'extrais de la *Coutume de Normandie*, f° LXXXVI, édition de 1483 :

> Saucun est attaint par sa confession ou autrement davoir dit injure criminale a ung autre, il y a double amende ; car premierement il le doit amender a justice par le chatel, et a partie par soy desdire, *en se prenant par le bout du nes*, et dire : « De ce que je tay appellé larron ou omicide, je ay menti, car ce crime n'est pas en toy, et de ma bouche donc je lay dit, je

suis mensongier. » Et ce doit estre fait en assise, en ples, ou en église, a jour solennel.

Ou je me trompe fort, ou cet homme, en confessant la vérité par ce geste bizarre, *se tirait* bien *les vers* du nez, c'est-à-dire la vérité ou le *vrai*, comme l'a fort bien remarqué M. Quitard.

METTRE À PIED. — C'est suspendre quelqu'un de son emploi, pour un temps déterminé. A Rome, le censeur ôtait son cheval au chevalier qui tenait une conduite indigne de son rang, et il le *mettait à pied*. Le moyen âge a conservé cet usage, mais en y déployant un appareil d'autant plus terrible que les fautes commises par les personnes ainsi dégradées, étaient plus graves. En effet, on ne privait pas seulement de son cheval le chevalier félon, parricide ou incestueux, on le dépouillait de tous les insignes de sa profession, et cela de la manière la plus ignominieuse. Cette opération avait lieu dans les églises, publiquement, et par la main des évêques ou autres grands dignitaires ecclésiastiques. Le chevalier ainsi puni était censé avoir vécu, car on récitait sur lui l'office des morts, et on le chassait en le maudissant. Mais il ne lui était pas permis de s'en aller autrement qu'à pied ; l'usage même de la voiture lui était défendu. C'est ce qui est rigoureusement prescrit par les canons XXVI et XXX du concile de Worms, de l'année 868, et par le canon XVI du concile de Mayence de l'année 888.

Qui met-on à pied aujourd'hui ? Les cochers de fiacre qui ont été insolents, les employés qui sont inexacts, et généralement tous les pauvres diables qui ont trop de promptitude à faire valoir leurs droits et pas assez à remplir leurs devoirs. Cette mise à pied n'est que temporaire ; elle devient définitive en certaines circonstances et est alors une destitution.

CHAPITRE IV.

Escargot. — « Sorte de limaçon. De *scarabeus, scabus, scarabi, scarabicus, scarabicottus, scarcottus,* escargot. »

Il n'est pas besoin, je pense, d'indiquer l'auteur d'où j'ai tiré cette étrange étymologie. A cette longue kyrielle de barbarismes qui se poussent comme des avalanches, qui n'a reconnu Ménage?

C'est en lisant ce beau chef-d'œuvre que l'idée m'est venue de chercher l'étymologie d'*escargot*.

Ménage a l'air de prendre cet animal pour un scarabée, puisqu'il fait venir son nom de *scarabeus*. Quand le colimaçon aura des ailes, à la bonne heure; mais tant qu'il portera une maison sur le dos, il sera, selon la définition scientifique, une hélice terrestre à coquille, c'est-à-dire un escargot.

On appelait *escargaite* et *eschargaite*, la troupe qui faisait la garde avancée, la grand'garde d'une place, d'un camp, etc. :

> Ne sonent mot quant embatu
> Se sont sur iaus en une fraite
> U il faisoient l'*eschargaite*
> A iv[cc] Turs tous armez.

(Gilles de Chin., v. 2370.)

Escargaiter ou *eschargaiter* exprimait l'action que faisait cette troupe :

> Ce qui lors commence à crier
> Merci, non pas à trop haut cri,
> A ma voix basse à l'assaut cri
> Vers cil qui secorre me durent,
> Tant que les guettes m'aparçurent,
> Qui l'ost durent *eschargaitier*.
>
> (Le roman de *la Rose*, v. 15274 et suiv.)

On retrouve la forme et le sens de ces mots dans l'allemand *schaarwacht*, d'où ils viennent sans doute.

Eschaugaitier est déjà dans Villehardouin (édit. Buchon, petit in-8°, p. 60) :

Ensi se herbergièrent la nuit devant la tor (de Galathas) et en la juerie que l'on appelle le Stanor, où il avoit mult bone ville et mult riche. Bien se fisent la nuit *eschaugaitier*.

Mais *escargaiter* s'est maintenu presque identiquement dans le wallon *scarwaiter*, qui se dit d'une personne qui guette, qui espionne ; comme dans ces vers d'une chanson du pays de Charleroy :

> *Scarwaitant* par-ci par-là
> Après Jacq ou Nicola.

L'*escargaite* était aussi le guetteur isolé ou la sentinelle, comme le croit M. Diez, et comme semble l'indiquer clairement le passage du roman du *Renard* (II, p. 327) ;

> Sor chascune tor une gaite
> A mise par *eschargaitier*.

Enfin, le nom d'*escargaite* a été donné à la loge ou guérite où se tient la sentinelle, et il garde cette signification sous la forme définitive d'*échauguette*, depuis le seizième siècle. Cette loge était une petite tourelle construite au sommet des châteaux et des forteresses. Il en existe encore quelques-unes.

Escargaite, voilà l'auteur d'*escargot*.

A d'autres, va-t-on me dire.

L'escargot ne réunit-il pas toutes les conditions nécessaires pour être un observateur excellent? Il est à la fois la guérite et la vedette. De plus, il est armé de deux télescopes qu'il gouverne dans tous les sens avec une incroyable facilité, et qui, à tort ou à droit, ont toujours passé dans le peuple pour être doués d'une finesse particulière.

J'ai sous la main un almanach qui a pour titre : « *Le grand calendrier et compost des bergers, composé par le berger de la Grand'Montagne, fort utile et profitable à gens de tous estats; réformé selon le calendrier de N. S.-P. le pape Grégoire XIII; nouvellement reveu et corrigé, et mis en meilleur ordre que toutes les précédentes impressions*. A Lyon, chez Louys Oudin, en rüe Turpin, au Quarré verd, à la Licorne gerbée, in-4. » C'est une réimpression du *Compost* de 1410, faite en 1633. Le texte primitif a donc aujourd'hui quatre cent cinquante-deux ans.

A la page cent cinq de cet almanach, on voit une gravure représentant, à droite, un château fort, flanqué d'un bastion, et sur ce bastion et en haut de la tourelle ou *escargaite* qui le surmonte, un escargot; à gauche, des soldats armés, au milieu desquels est une femme qui brandit une quenouille, menacent l'escargot, tandis que l'animal se dresse sur sa coque de toute sa hauteur, et montre les cornes à l'ennemi qu'il brave avec intrépidité. On lit en haut de la gravure cette inscription : « Le débat des gens d'armes et une femme contre un lymasson. » Au-dessous sont les vers suivants :

LA FEMME A HARDY COURAGE.

Vuide ce lieu, très-orde beste,
Qui des vignes les bourgeons mange,

Soit arbre, ou soit buisson,
Tu as mangé jusques aux branches.
De ma quenoüille si tu t'avances,
Je te donrray tel horion,
Qu'on l'entendra d'icy à Nantes.

LES GENS D'ARMES.

Lymasson, pour tes grands cornes
Le chasteau ne lairrons d'assaillir,
Et si pouvons te ferons fuyr
De ce beau lieu où tu reposes.
Oncques Lombard ne te mangea
A telle sauce que nous ferons;
Nous te mettrons dans un beau plat
Au poyvre et aux oignons.
Serres tes cornes, nous te prions,
Et nous laisse entrer dedans,
Autrement nous t'assaudrons
De nos bastons qui sont tranchans.

LE LYMASSON.

Je suis de terrible façon,
Et si ne suis qu'un Lymasson.
Ma maison porte sur mon dos,
Et si ne suis de cher ny d'os.
J'ai deux cornes dessus ma teste,
Comme un bœuf qui est grosse beste;
De ma maison je suis armé,
Et de mes cornes embastonné;
Si ces gens d'armes là s'approchent,
Ils en auront sur leurs caboches;
Mais je pense en bonne foy
Qu'ils tremblent de grand peur de moy.

La position qu'occupe l'escargot sur la tour, le langage des soldats qui le somment de les laisser entrer dans le château, la réponse de la bête qui s'y refuse, et menace d'appeler la garnison à la rescousse contre les assaillants, enfin l'organisation particulière de l'escargot qui l'oblige à adhérer fortement aux objets sur lesquels il rampe, et à y rester immobile jusqu'à ce qu'il en soit chassé par la force ou par le besoin, tout indique qu'on a fait jadis du colimaçon l'emblème de la sentinelle de guerre, et que le nom d'*escargaite,* devenu par corruption *escargot,* lui en est resté.

Dans le tome premier (p. 146) de mon *Histoire des Livres populaires,* j'ai donné cette gravure et le texte qui l'accompagne, en confessant que je n'y comprenais rien. C'est qu'alors je n'avais pas remarqué la belle généalogie que Ménage fait à l'escargot, ni par conséquent ressenti la louable émulation qui a donné lieu à cet article.

Parmi ceux qui me font l'honneur de me lire, n'en est-il pas au moins un qui se rappelle avoir chanté dans son enfance, en tenant un escargot, ce singulier couplet :

> Escargot,
> Virago,
> Montre-moi tes cornes ;
> Si tu ne me les montres pas,
> Je le dirai à ton maître,
> Qu'il te coupe la tête
> Entre deux écuelles ;
> Escargot,
> Virago, etc.

Il me semble que l'expression *virago* justifie le caractère fier qu'on prête au colimaçon dans le dialogue précédent. Quoi de plus mou, de plus faible, de plus inoffensif que ce petit être, si ce n'est une femme ? Quoi de plus fier, de plus terrible à l'occasion qu'une virago ? Mais peut-être qu'ici *virago* n'est qu'un dérivé de *virer,* qui veut dire tourner, et une allusion aux anneaux de la coque de l'escargot, qui *virent* en effet.

Puisqu'à propos de civet, j'ai fait une excursion dans la cuisine, qu'on m'en permette une seconde à propos d'escargots. Les anciens mangeaient l'escargot, comme remède, et pour réparer ou prévenir les indigestions ; les modernes le mangent pour s'en donner. J'ai ouï dire en effet que, chez les amateurs de ces cochilites, la satiété ne se déclare jamais, qu'ils ne s'effrayent ni du nombre ni de la grosseur, et ne reculent que devant les coquilles.

Au premier siècle de notre ère, l'escargot est un topique; au quatorzième, c'est un mets rare; au dix-neuvième, c'en est un vulgaire, surtout dans les pays vignobles, et même à Paris. Comme topique, il subissait une préparation qui est déjà presque une recette culinaire:

Un des meilleurs remèdes de l'estomac, dit Pline l'ancien, est de manger des escargots. Il faut leur faire jeter un bouillon en les laissant intacts, puis les faire griller sur les charbons, sans y rien ajouter, ensuite les prendre avec du vin et du garum. On fait aussi la recommandation de les prendre en nombre impair [1].

Sans cette fâcheuse recommandation, conforme d'ailleurs au préjugé qui admettait l'influence des nombres dans les méthodes curatives, on penserait que Pline a plutôt donné la composition d'un mets que celle d'un remède. Il dit même *cibus* et non pas *remedium stomacho*; mais son nombre impair trahit le remède, et, sinon sa foi dans l'empirisme, du moins son respect pour lui.

Je ne sais pas si ce n'est que douze ou treize cents ans après que le remède est devenu décidément un mets; toujours est-il qu'alors l'escargot était offert comme tel sur les tables, et qu'un suppôt de Comus, dans une œuvre didactique rendue immortelle par les soins de la Société des bibliophiles français, lui consacrait l'article suivant :

Limassons que l'en dit *escargots* convient prendre à matin. Prenez les limassons jeunes, petits, et qui ont coquilles noires, des vignes ou des seurs (sureaux), puis les lavez en tant d'eaue

---

1. Liv. XXX. chap. xv Traduction de M. Littré.

qu'ils ne gettent plus d'escume : puis les lavez une fois en sel et vinaigre et mettez cuire en eaue. Puis il vous convient traire iceulx limassons de la coquerette au bout d'une épingle ou aguille, et puis leur devez oster leur queue, qui est noire, car c'est leur merde; et puis laver, mettre cuire et boulir en eaue, et puis les traire et mettre en un plat ou escuelle, à mangier au pain.

(*Le Ménagier de Paris*, t. II, p. 223, de l'édition de la Société des bibliophiles français.)

Cette description n'est peut-être pas très-propre à mettre en appétit; cependant elle n'est pas sans grâce et a de la naïveté. Je l'aime mieux que cette autre de M. A. R. de Périgord, où la science paraît avoir dit son dernier mot :

ESCARGOTS. *Entrée.* Jetez les escargots dans de l'eau bouillante mêlée de cendres de bois, et laissez-les bouillir jusqu'à ce qu'il soit facile de les ôter de leur coquille. Retirez-les alors de leurs coquilles et lavez-les longuement dans de l'eau fraîche en changeant l'eau à plusieurs reprises. Faites-les sauter dans du beurre, saupoudrez-les de farine et mouillez avec moitié vin blanc et moitié consommé. Ajoutez sel, poivre, bouquet garni, champignons et laissez cuire le tout pendant une heure. Liez la sauce avec des jaunes d'œufs, après l'avoir retirée du feu, et dressez.

On peut aussi, en opérant de la même manière, laisser les escargots dans leur coquille. Il faut alors redoubler de soin pour les bien nettoyer. Cette dernière méthode est la moins usitée.

(*Le Trésor de la cuisinière*, par M. A. B., de Périgord. Paris, Garnier frères (S. D.).

Il paraît du reste qu'il en est des escargots comme du poisson médiocre; c'est la sauce qui en fait tout le prix. Exemple.

On lit dans un journal de Saint-Étienne :

Le chef de cuisine d'un des cafés les plus populaires et les plus populeux de la place de l'Hôtel-de-Ville avait préparé ces jours-ci un plat d'escargots nageant dans une certaine sauce méridionale dont l'odeur provoquait tous les estomacs du voisinage.

Au moment de servir et quand le garçon déjà se disposait à placer le plat sur la table, le chef arrive orgueilleux de son œuvre, et s'adressant aux convives :

« Ne touchez pas à la sauce, messieurs, dit-il d'un ton sinistre.

— S'il vous plaît? exclamèrent quatre langues affamées.

— Si vous touchez la sauce avec vos doigts, je ne réponds pas de vos mains, insista le Vatel avec opiniâtreté.

— Mais pourquoi? pourquoi? exclame le quatuor anxieux des gourmets.

— Pourquoi ! C'est que sous prétexte de vous lécher les doigts, vous vous dévoreriez les mains jusqu'au poignet. »

(*Nouvelliste de Rouen*, 18 mars 1862.)

RIRE JAUNE. — On connaît la signification de cette expression proverbiale, pour peu qu'on soit bilieux, et qu'on ait observé son visage, sous l'impression de quelque trouble de l'esprit qu'on aura voulu dissimuler agréablement. En effet, *rire jaune* se dit d'un homme qui s'efforce de rire, quand il a quelque motif d'être vexé, de s'indigner, de se mettre en colère, mais qui par prudence, par peur ou par bienséance, concentre sa bile, et feint une gaieté qu'il ne ressent pas. La bile lui monte alors à la figure, et selon qu'il est plus ou moins affecté, lui donne cette teinte jaune qui fait un si plaisant contraste avec la dilatation musculaire occasionnée par le rire.

Tels même, qui au fond de l'âme sont ulcérés, ne se refusent pas en pareil cas la plaisanterie, et il n'est pas rare qu'ils s'en fassent eux-mêmes l'objet. Mais il faut pour cela beaucoup d'esprit, un grand usage du monde, et une certaine dose d'effronterie. Celle-ci toutefois n'est pas indispensable. Cicéron n'était point un effronté, mais il était extrêmement spirituel, et avait cette expérience des hommes qui s'acquiert au maniement des grandes affaires ou au spectacle des révolutions. Combien de fois, dans le cours de sa vie si pleine et si agitée, n'eut-il pas à dissimuler les souffrances de son orgueil et de son patriotisme ? Aussi, non-seulement lui est-il arrivé plus d'une fois de *rire jaune*, mais encore il nous a transmis l'expression par laquelle il rendait l'état de son esprit dans ces circonstances critiques. Cette expression, que je crois avoir été proverbiale, à Rome, comme elle est chez nous, est *ridere in stomacho*.

Racontant à Célius (*Ep. Fam.*, II, 16) les motifs de son indignation, à l'aspect de la ruine de la constitution romaine, la race des hommes qui sont à l'affût des faveurs de César, et citant entre autres Curtius qui comptait sur le manteau de double pourpre, c'est-à-dire le manteau augural, il dit : « Mais le teinturier (entendant César) le fait attendre ; » *Sed eum infector moratur*. Et il ajoute : *Hoc adspersi, ut scires me in stomacho solere ridere*.

Nos pères, j'imagine, avaient quelque connaissance de cette formule, quoiqu'ils ne paraissent pas l'avoir exprimée comme on l'exprime aujourd'hui. Mais chez eux, la couleur jaune était mal notée, et l'emblème du mensonge. Guillaume de Machault, dans le *Remède de la Fortune* :

> Le noir se monstre en la coulour
> Signifiance de dolour ;
> Blanc, joie ; vers, nouvelleté ;
> Et le *jaune*, c'est fausseté.

Le *rouge* trahit les impressions que le *jaune* dissimule. C'est lui qui dépose contre les femmes, les enfants, et contre ceux particulièrement qui, au milieu de leurs erreurs et de leurs fautes, gardent un fond d'honnêteté et de pudeur. Mais tout le monde ne sait pas la cause de cet attribut compromettant. Les médecins du corps l'expliquent à leur façon : voici un grand et éloquent médecin des âmes qui l'explique à la sienne.

Grégoire de Nazianze, prêchant un jour contre la coquetterie des femmes, leur reprochait avec véhémence de se teindre la figure, afin d'en rehausser l'éclat, et de s'attirer les compliments des hommes. De là, selon lui, à l'adultère la distance était courte.

Écoutez, dit-il, un apologue ; il se rapporte au désordre que je signale et qui fait votre honte. Si grande était jadis la confusion parmi les hommes, que les meilleurs n'y étaient aucunement distingués des plus mauvais. Un très-grand nombre d'honnêtes gens passaient pour injustes et pour criminels, tandis que quantité de sots et de pervers étaient hautement estimés. La gloire était aux plus infimes, aux plus abjects, le mépris aux plus excellents. Mais Dieu s'apercevant enfin que la condition des méchants sur la terre était la meilleure, en fut indigné, et dit : « Il n'est pas juste que le partage soit égal entre les bons et les mauvais, c'est pourquoi je leur mettrai un signe qui les fera distinguer les uns des autres, sans qu'il soit possible de s'y tromper. » Ayant ainsi parlé, il ordonna que le sang paraîtrait à travers la peau sur le visage des bons, toutes les fois qu'ils seraient sur le point de commettre quelque acte honteux. Il voulut que le rouge, effet de ce sang injecté, se montrât plus éclatant chez les femmes, parce qu'elles ont le cœur plus sensible et la peau plus transparente. Mais il condensa le sang chez les méchants et le tint immobile à l'intérieur ; d'où il advint qu'ils n'ont honte de rien et ne rougissent jamais.

Cette explication naïve de la cause qui fait rougir, nous dispense sans difficulté d'en chercher une autre.

LA MAIN ME DÉMANGE. — Autre emprunt fait aux Latins. Ce mot se dit d'un homme qui a une violente démangeaison d'en rosser un autre. Seulement, en prenant cette expression à sa source, nous l'avons transportée de l'homme qui reçoit les coups à celui qui les donne.

Dans le *Miles gloriosus* de Plaute (Act. I, sc. iv), Palæstrion affirme avoir vu un jeune étranger embrasser la courtisane Philocomasis. A une imputation si invraisemblable, la vertu de la courtisane se révolte. Elle s'en défend avec indignation, et nie le fait, en alléguant un alibi qui fait croire à l'esclave qu'il pourrait bien s'être trompé. Alors la peur des coups de trique le galope, et il s'écrie en proie à un pressentiment douloureux :

Je crains d'avoir fait quelque sottise, tant le dos me démange.

Timeo quid rerum gesserim, ita dorsus totus prurit.

En effet, le mouvement que fait un homme, quand il appréhende et qu'il attend des coups, est de remuer le dos, comme s'il le démangeait. Cette image me parait plus naturelle que l'autre.

GRANDE BÊTE; GRAND IMBÉCILE. — Ce n'est point parce que la personne est grande qu'on lui adresse cette injure : elle serait petite qu'on ne lui ferait pas grâce de l'épithète; c'est parce que, comme on croit que la bêtise est presque toujours l'apanage des hommes grands, on croirait aussi que l'injure serait incomplète, si l'on en retranchait, si l'on changeait seulement l'adjectif qui est censé lui donner sa plus grande force.

Ce préjugé, à l'égard de ce qu'on appelle encore aujourd'hui les *beaux hommes*, n'est pas nouveau; il florissait dès la plus haute antiquité. La défaveur n'atteignait pas seulement leur esprit, mais aussi leur corps. On voulait par exemple que, dans le choix des soldats, il fût tenu plus de compte des forces que de la structure (VÉGÈCE, I, ch. 5); on les voulait de taille moyenne, trapus même et bien membrés, toutes choses qui, avec un air martial, annonçaient, dit Tacite, une plus grande somme d'énergie morale. (*Mœurs des Germains.*)

Pyrrhus ne partageait pas ce préjugé, lui qui disait à ses recruteurs de lui chercher des hommes grands; se réservant le soin de les rendre braves. (Frontin, *Stratag.*, IV, ch. 1.) La taille, selon lui, n'impliquait donc pas la bravoure. On sait la passion du père du grand Frédéric pour les *hauts* grenadiers.

Mais ce ne sont là que des exceptions; la règle subsiste, et vous ne sauriez faire que, à première vue, on n'augure pas mal de l'intelligence d'un tambour-major en militaire ou en bourgeois.

En revanche, ce qu'on refusait aux grands on l'accordait aux petits, nonobstant certains airs avantageux qu'ils affectent et dont on est choqué. La force intellectuelle étant, disait-on, plus condensée dans les petits hommes, et n'ayant à régir que des membres relativement médiocres, elle tire tous les avantages possibles de la douceur de son emploi, et profite des loisirs qu'il lui laisse pour se développer, croître et s'agrandir à l'aise. Je donne cette réflexion philosophique pour ce qu'elle vaut. Elle peut être vraie; mais je n'en suis pas garant.

Illustrons cette matière par deux anecdotes.

Un ambassadeur français à Londres, ayant été admis à présenter au roi Jacques Ier ses lettres de créance, fit voir pendant cette cérémonie qu'il avait plus de légèreté que d'esprit. Jacques demanda au chancelier Bacon ce qu'il pensait du personnage. Bacon répondit que c'était un homme grand et bien fait.

« Mais, reprit le roi, quelle opinion avez-vous de sa tête?

— Sire, les gens de grande taille ressemblent quelquefois aux maisons de quatre ou cinq étages, dont l'appartement le plus haut est ordinairement le plus mal meublé. »

Bacon n'a que le mérite de l'application de cette remarque ingénieuse. L'invention en appartient à une femme illustre de l'antiquité ; mais ma mémoire ne me fournit pas son nom.

Lors de la guerre de l'indépendance, dans l'Amérique du Nord, un chef des Illinois fit une harangue à M. de Boisbriant, officier français de petite taille, mais d'une grande distinction d'esprit et de manières. Il lui dit, entre autres choses : « Nos guerriers pensent comme moi que c'est la force de ton esprit qui a empêché ton corps de croître. Aussi le grand Être t'a bien dédommagé de la petitesse de ton corps, en t'accordant la grandeur de l'âme avec des sentiments héroïques pour protéger contre leurs ennemis les hommes illinois. »

Ce sauvage avait une forte teinture de civilisation, et il aurait connu ce proverbe : *Dans les petits pots les bons onguents,* que je n'en serais pas surpris.

Grand dépendeur d'andouilles. — Cette locution ne regarde ni vous, ni moi, qui n'avons que cinq pieds de haut, et quelque petite fraction. Avec une taille aussi médiocre, on ne saurait atteindre, ni décrocher les andouilles suspendues d'ordinaire aux plafonds des gens de campagne, où elles se fument et se macèrent en compagnie des jambons. Il faut avoir au moins six pieds pour opérer ce décrochement avec le seul secours de ses mains, et encore y a-t-il peu de gens de cette taille qui le fissent sans se dresser sur la pointe des pieds. Les *dépendeurs d'andouilles* sont donc nécessairement grands et très-grands.

Les hommes grands, je viens de le dire, ne sont pas en faveur parmi le peuple ; il juge de leur esprit en sens inverse de leur taille. Ainsi, je le répète, lorsqu'il qualifie quelqu'un de sot, il ne manque guère d'y joindre l'épithète de *grand*, pris dans le sens de long. Un nain lui paraît alors un géant qui n'aurait qu'à étendre le bras pour dépendre une andouille, fût-elle raccourcie de moitié. C'est pour cela que, dans son langage, *grand dépendeur d'andouilles* est synonyme de sot, de niais, d'imbécile fieffé, puisqu'en fait de taille, il n'y en a pas de supérieure à celle de l'individu qui se met, sans intermédiaire, en contact avec les plus hauts plafonds. J'en excepte toutefois ce tambour-major qui était obligé de baisser la tête en passant sous la porte Saint-Denis.

Il y a, en quelques provinces, mais notamment en Bourgogne, ce dicton :

> Grand Niquedouille
> Qui décroche les andouilles.

Je l'ai dit bien des fois ce dicton, sachant par instinct qu'un *niquedouille* signifiait un nigaud, mais ne m'étant jamais demandé pourquoi. A présent que je me fais cette question, je serais tenté de prier quelqu'un d'y répondre à ma place, tant je m'y trouve embarrassé.

Niquedouille, comme *coquecigrue*, est, selon toute apparence, un mot composé. Décomposons-le, ou plutôt faisons-en deux tronçons, *nique* et *douille*.

Nique ne souffre pas de difficulté. C'est un mot encore en usage dans le patois du Maine, où il veut dire niais, et qui s'est écrit autrefois *niche*, comme dans ce vers du *Chevalier au Barisel* :

> Il n'espargnoit sage ne *niche*.

Depuis, on a dit *nice*; on l'a même dit en même temps.

La moitié du mot de *niquedouille* signifie donc à elle seule autant que le mot tout entier. Pourquoi donc y avoir joint celui de *douille?* S'agit-il d'une *douille*, partie creuse et cylindrique d'un instrument quelconque, et qui sert à recevoir cet appendice qu'on appelle *manche?* Cela n'est pas probable. Les mots ne s'emmanchent pas comme les baïonnettes ou les piques, bien qu'ils fassent souvent des blessures plus profondes. *Douille* alors veut dire autre chose ; n'en doutez pas.

Du temps de saint Bernard, on disait *doule, douule* et *dovle* pour *douhle*.

> Il porfairont en lor terre *douule* bienaureteit por la *dovule* (lisez *dovle*) confusion et la *doule* honte k'il soffrirent.
>
> (*Serm.* de S. Bernard, f° 128.)

Ce n'est que plus tard qu'on a prononcé sinon écrit *douille*, mouillant la diphthongue *ou*, comme on a fait pour *verroul* et *genou*, qu'on prononçait, qu'on écrivait aussi *verrouil* et *genouil*. S'il en est ainsi effectivement, comme je le crois, *niquedouille* équivaudrait à *double sot*. Or, c'est une traduction que l'on fait encore tous les jours.

Après cette explication du mot *niquedouille*, je reviens à mes andouilles. Il est question, dans Bévoalde de Verville, non pas de *dépendeurs*, mais de *dépouilleurs d'andouilles* :

> Or, bien que nous fassions ici mine de rire, si le disons-nous à la honte de ces *despouilleurs d'andouilles*, pour les nettoyer, et qui nous voudroient reprendre, encore que toute leur vie soit confitte d'actions impudentes.
>
> (*Le Moyen de parvenir*, chap. xxxviii.)

Je ne m'explique pas cette variante. L'auteur parle des cordeliers ; mais l'obscurité habituelle de son langage, qui défie partout les plus sagaces, m'empêche ici de saisir le sens du trait dirigé contre ces religieux.

CHAPITRE V.

Se moquer du tiers et du quart. — N'avoir ni part ni quart. — Ne faire ni mise ni recette. — On parlait d'étymologies. Un monsieur les foulait aux pieds, et traitait de haut en bas les gens qui se mêlent d'en trouver à tout. C'est en vain que par des signes non équivoques, on lui faisait entendre qu'il pourrait y avoir là quelqu'un du métier, dont les oreilles seraient offensées, il poursuivait sa philippique, et enchérissait toujours.

« Je suis las, disait-il, de l'importance qu'on attache aux étymologies, et ne puis souffrir qu'on ne mette aucune différence entre ces misères et l'érudition.

— Pardon, me hasardai-je à lui dire, je ne sache pas qu'on ait jamais été si téméraire. Cependant, pour n'être pas toute l'érudition, la science étymologique n'en est pas moins une branche, et même considérable.

— Branche ou non, je ne donnerais pas cela (et il fit craquer son ongle) de tous vos étymologistes. Passe encore s'ils y mettaient la sauce, mais rien n'est plus fade que leurs ragoûts. Je ne connais pas de plus mauvais cuisiniers. Je n'excepte que Génin. Celui-ci, je l'avoue, était un maître queux; il avait le génie de la sauce.

— Cela est vrai. Toutefois (que son ombre me le pardonne!) sa sauce a deux défauts : elle est parfois trop abondante, et vaut souvent mieux que le poisson.

— Une question, s'il vous plaît. Vous, monsieur, qu semblez prendre la défense des étymologies, est-ce que par hasard vous y auriez perdu votre temps?

— Quelquefois.

— Veuillez donc bien me dire ce que vous pensez de celle-ci. On demandait d'où vient cette locution, *Se moquer du tiers et du quart*. Je dis qu'elle venait du mépris que montra la noblesse pour les gens du tiers, lorsqu'ils siégèrent avec elle aux derniers états généraux. « *Tiers* « ou *quart*, c'est tout un pour nous, disaient les sei- « gneurs; nous nous moquons de l'un comme de l'autre. » Est-ce cela, monsieur?

— Peut-être bien. Mais le tiers fit partie de nos assemblées nationales, dès le temps de Louis le Gros. Si donc il a donné lieu à ce jeu de mots, ce doit être à une époque beaucoup plus éloignée que celle que vous indiquez. Votre solution ne pourrait donc être la meilleure; elle mérite pourtant qu'on y réfléchisse.

— Réfléchissez, réfléchissez, monsieur, et si vous trouvez mieux, je l'irai dire à Rome. »

Tant d'assurance me réjouit, mais ne m'intimida point. Je réfléchis, je cherchai, et je vis d'abord que notre conteur rajeunissait de plus de cent ans le proverbe en question. La preuve en est dans la Fontaine. Il disait en 1667 :

> Rome donc eut naguère un maître dans cet art
> Qui du Tien et du Mien tire son origine[1],
> Homme qui hors de là faisait le goguenard.
>   Tout passait par son étamine;
>   Aux dépens du *tiers et du quart*
> Il se divertissait....
>   (*Le Roi Candaule et le Maître en droit.*)

1. L'art du légiste.

De plus il n'y a pas ici de doute possible sur le sens du *tiers* et du *quart*. C'est *chacun*, c'est *tous* indistinctement que le poëte a voulu dire. On ne le dit pas autrement aujourd'hui. Mais le disait-on, ou plutôt l'entendait-on de même autrefois? J'ose en douter.

Il y a, dans notre langue, quantité de locutions proverbiales qui ont leur origine dans une taxe, un impôt, une redevance quelconque. Celle-là est de ce nombre. Comme ces impôts, ces taxes pesaient surtout sur le peuple, il y rapportait tous les maux qu'il souffrait d'ailleurs; il y comparait ce qu'il haïssait et ce qui le gênait le plus, et, en créant des métaphores, il créait aussi des proverbes.

La féodalité inventa tant de sortes d'impôts, que de leurs noms seuls on ferait un dictionnaire. Il y avait, entre autres, le *tertium*, qui était ou la troisième partie de la dîme, ou le droit de mutation dû au seigneur par le vassal qui vendait son bien, ou le droit d'enlever les gerbes dans sa censive, ce qu'on appelait le *champart*, ou le droit sur la vente des coupes de bois et de la vendange, nommé *tiers et danger*, etc. Il y avait de plus la *quarta*, ici prestation en nature prélevée sur le blé, le foin, les fruits, etc.; là, taxe exigée d'un mort, avant d'être mis en terre (*primitus deportari et ibi recipere ultimum vale*), et au profit du *chambrier*, espèce d'officier monastique. Il y avait aussi le *quarto* ou le *quartum*, autre prestation en nature, affectée aux produits de la vigne principalement, tantôt forcée, tantôt consentie librement, tantôt convertie en une mesure de vin (d'où, je pense, le nom de *quartaut*), tantôt en argent [1]. Enfin, il y avait le *quint*, appelé aussi *quint-relief*. C'était la cinquième partie du prix d'une terre vendue, partie qui était payée, selon les localités, soit par l'acheteur,

---

1. Voy. du Cange, nouvelle édition, aux mots *Tertium, Quarta, Quarto* et *Quartum*.

soit par le vendeur, soit par les deux à la fois et par moitié.

Je trouve dans un relevé fort curieux des biens ecclésiastiques, en France, au commencement du dix-huitième siècle, ce passage :

> Sont fournis lesdits ecclésiastiques de deux cent cinquante-neuf mille métairies, et sept mille arpens de vignes qui sont par eux baillées à ferme, sans comprendre trois mille arpens où ils prennent le *tiers et le quart*.
>
> (*Description de la carte cénomanique*, etc. Deuxième édition. Au Mans, chez la veuve Jérôme Pichon, 1715.)

Je conjecture de tout ceci que si les hommes qui avaient du bien au soleil et qui, par conséquent, étant soumis à ces impôts, avaient, hélas! peu de disposition à s'en moquer, il n'en était pas de même des gueux, qui, n'ayant rien, ne payaient aucun impôt, se moquaient du *tiers comme du quart*, et rappelaient aux officiers du fisc que « là où il n'y a rien, le roi perd ses droits. »

Villon vient à l'appui de cette conjecture. Condamné à mort, il attend dans son cachot l'heure de l'exécution. Il s'adresse alors à tous ses anciens amis, *danseurs, saulteurs, galans, coureurs*, tous, comme lui, *francs de faulx or*, aussi bien que *d'aloy*; il les somme de le délivrer, et leur crie :

> Le lesserez-là, le povre Villon?
> Venez le veoir en ce piteux arroy,
> Nobles hommes, *francs de quart et de diz*,
> Qui ne tenez d'empereur ni de roy,
> Mais seulement du Dieu de paradiz.
> . . . .
> Le lesserez-là, le povre Villon?
>
> (*Codicille, Épistre en forme de ballade.*)

Il est clair que ces « nobles hommes, francs de quart et de diz, » devaient avoir peu de respect pour l'un ou pour l'autre, et qu'ils s'en moquaient aussi bien que de tous autres impôts.

N'avoir ni part ni quart est aussi d'origine fiscale.

Mais il connut bientost que ses voyages estoient inutiles, et on disoit publiquement que le mariage ne s'accorderoit jamais, ou que les jésuites n'y auroient *ni part ni quart*.

(*Récit des persécutions soulevées contre les pères de la Compagnie de Jésus*, etc., par le P. Fr. Garasse. Manuscrit inédit[1].)

J'ai dit ce que c'était que le *quart*. La *part*, en latin *pars*, était la somme qui était payée au prêtre, ou à son chapelain, pour dire la messe, sans que les moines eussent *part* à cette somme. C'était aussi une redevance en argent due au pape et à la chambre apostolique par les ecclésiastiques ou par les églises [2].

Ne faire ni mise ni recette est comme qui dirait ne rien dépenser et ne rien recevoir, placer de l'argent et n'en tirer aucun revenu : « La *mise* en excède la recepte (Nicot); » enfin, au figuré, ne pas compter sur quelqu'un, sur quelque chose, s'en moquer.

Ce brave seigneur cognust aussitost la matte, et me dit que je ne misse point en peine; que de ce pas il dépeschoit un de ses substituts à Saint-Germain, pour avertir le roy des ruses de M. de Liancourt.... Et quant à Royer, que *je n'en fisse ni mise ni recette*, d'autant que c'estoit un homme couché bien avant dans les régîtres, et en bien noirs caractères.

(*Récit des persécutions*, etc. Manuscrit cité ci-dessus.)

---

1. Publié depuis chez Amyot, in-12, 1861.
2. « Presbyter primus missam cantabit, et capellanus ejus post « eum, et sine *parte* monachorum beneficium accipient. » (Du Cange, au mot *Pars*.)
 « Duo millia florenorum auri de *parte* seu de *partibus* ad nos et « præfatam cameram pro communi servitio contingentibus.... re- « mittimus et donamus. » (Bulle d'Urbain V, de 1467, dans le t. VI, col. 385, de la *Gallia christiana*.)

> Il ne m'en chaut où je demeure,
> Car je me trouve bien partout ;
> Soit que sois couchée ou debout,
> Je n'en fais *mise ni recette*.
>
> (*Chamberière à louer*, dans le tome VI. p. 97, des
> Anciennes Poésies françoises, édit. Jannet.)

Enfin, la *misaille*, ou gageure, est un mot encore usité dans certains cantons de la Champagne et de la Comté :

> Jehan Nicolas qui avoit fait avec le suppliant certaine *misaille*, par laquelle ledit suppliant avoit de lui gaigné une quarte de vin.
> (*Lettres de rémission* de 1395.)

GODELUREAU. — Molière (Act. IV, sc. 1, de *l'École des femmes*) :

> J'ai peine, je l'avoue, à demeurer en place,
> Et de mille soucis mon esprit s'embarrasse,
> Pour pouvoir mettre un ordre et dedans et dehors,
> Qui du *godelureau* rompe tous les efforts.

« De *godellus*, dit Ménage, nous avons fait *Godeau*, qui est un nom de famille. » En effet, c'était celui de l'évêque de Grasse. *Gode*, *Godin*, *Gaudin*, *Godon* et *Gaud*, autres noms de famille, ont également, selon Ménage, cette origine. Il a oublié *Godinot*, *Godiche* et *Godichon*. Il ajoute : « De *godellus*, on a fait *godellurus*, et de *godellurus*, *godellurellus*, dont *godelureau*. » Tout cela est aussi ingénieux que faux.

Roquefort définit ainsi *godelureau* : « Fainéant qui s'amuse à faire le joli cœur auprès des femmes. » Cette définition convient, en effet, au sens que Molière donne à ce mot dans le passage cité, et dans cet autre : « De beaux *godelureaux*, pour donner envie de leur peau ! » (*L'Avare*.) Reste encore à tirer l'étymologie de ce mot.

Et d'abord, il n'y a pas de difficulté sur le sens de

godc. C'est la troisième personne du verbe *goder* (venant de *gaudere*, se réjouir), laquelle fit aussi *got :*

> La damoiselle bien le *got.*
> (Roman de *Florance et Blanche-Flore.*
> v. 2481.)

Quant à *lureau*, omis par Roquefort, il a pour racine *leure* ou *loirre :* au propre, « instrument de fauconnier, selon Nicot, fait en façon de deux ailes d'oiseau, accouplées d'un cuir rouge pendu à une laisse, avec un crochet de corne au bout, pour affaiter et introduire l'oiseau de *leurre* qui est neuf, pour lui apprendre à venir sur le *leurre*, et de là sur le poing, lorsqu'on l'appelle. »

> Puisqu'ils prennent, c'est chose faite,
> Car si cum li *loirres* afaite
> Pot venir au soir et au main
> Le gentil espervier à main,
> Ainsinc sunt afaitié par dons
> A donner graces et pardons
> Li portiers as fins amoureus.
> (Roman de *la Rose*, v. 7557 et suiv.)

De là, on a dit au figuré *leure*, pour appât, plaisir qui tente et qui séduit, tromperie, caresse feinte. *Leuré*, au dix-huitième siècle, signifiait par antiphrase fin, rusé, déniaisé à force d'avoir été la dupe des autres. Le Roux, dans son *Dictionnaire comique*, cite cet exemple :

> Un auteur qui a passé deux ou trois fois par les mains des libraires de Hollande, devient *leurré* à l'égard des autres libraires narquois.

Un *lureau* était donc proprement un bon compagnon, qui avait son couvert mis partout ailleurs que chez lui, vivait de repues franches, trompait les femmes, volait les marchands, un fripon enfin, maître en l'art de la pince et du croc, tel qu'était Villon, tel que fut Faifeu :

> Avoir des gens qui portassent corbeilles.
> Barriz, flascons, pincernes ou bouteilles,
> Faire semblant de voulloir tout tuer,
> Sans rien frapper, mais les destituer
> Tant seulement des bribes et lorreaux,
> Pour le soupper des compaignons *lureaux*.
> (*Légende de maistre Pierre Faifeu*, ch. xiii)

De *lureau*, on a fait *leuron*, puis *luron*.

Plusieurs jeunes *leurons* amoureux fréquentant la chasse des masques, apprennent à deviser et bien parler, et avoir la bouche fraische, deviennent serviteurs des dames, se façonnent et acquièrent de l'esprit.
(Martial, de Paris, *Arrêts d'amour.*

> Qui dit un bon vigneron,
> Semble dire un bon *luron*,
> Un joyeux, un bon vivant,
>   Tour à tour buvant,
>   Tour à tour aimant,
> Du vin au sexe passant,
> Et dévot à saint Vincent.
> (*Chanson de saint Vincent, patron des vignerons.*)

Mais *leuron* et *luron*, comme on le voit ici, se sont fort éloignés du sens de leur primitif. Il en est de même de *godelureau*. C'est toujours un jeune homme qui fait l'agréable auprès des femmes ; mais il n'est pas nécessairement un viveur, ni un escroc. Aussi aimerais-je mieux un très-vieux mot qui a quelques rapports de forme avec celui-là, et qui correspond assez bien à l'idée qu'on se fait d'un galantin : ce mot est *cuidériaulx*.

> Lors dit l'un : il vous faut dépaindre
> De vostre cuer, et tout estaindre
> L'ennortement des *cuidériaulx*.
> (Eustache Deschamps, *la Fiction des oiseaulx*.
> t. II, p. 40 ; Reims, 1849.)

Le poëte entend par là les présomptueux et les fats. C'est aussi le sens que Nicot donne à ce même mot un peu modifié : « *Cuidereau*, dit-il, *audaculus, gloriosus.* »

ESBROUFFE. — Cette expression, dont l'argot s'est emparé, signifie éclat, démonstration pompeuse à propos de rien, annonce bruyante d'une marchandise qui vaut plus ou moins. Elle est fort usitée dans les boutiques, magasins et comptoirs.

« Pourquoi ne suis-je pas encore *annoncé*?
— Le dépôt n'est pas fait.
— Qu'importe?
— Il vaut mieux que j'attende jusque-là pour faire mon *esbrouffe*. » (*Dialogue entre un auteur et son éditeur*, inédit.)

M. Francisque Michel, dans son *Dictionnaire d'argot*, fait venir ce mot de l'italien *sbruffo* qu'il a trouvé, dit-il, dans Veneroni, rendu par *bouffement*. Veneroni se trompe ; c'est *sbuffo*, qui veut dire ce dernier mot. *Sbruffo* signifie autre chose, à savoir l'action de rejeter une gorgée d'eau ou de vin qu'on a dans la bouche. Il n'est pas certain d'ailleurs qu'*esbrouffe* ait une origine italienne; le contraire en tout cas est également probable.

S'esbrouffer se dit d'un homme qui, frappé tout à coup de quelque vision étrange, désagréable, répugnante, ou entendant quelque parole qui sonne mal à son oreille, exprime la sensation qu'il éprouve par des gestes exagérés, renverse sa tête en arrière, souffle, trépigne, comme un jeune poulain effarouché. Ce mot vient en droiture d'*esbouffer*, au propre se répandre avec excès, avec bruit, lequel a pour auteurs *esbruier, esbrouir*, et pour ancêtre *bruire*.

Lequel frappa tellement ledit pot sur la table, qu'il fut

rompu, dont la servoise qui dedans estoit, voula et *esbouffa* sur le suppliant.

(*Lettres de rémission* de 1389.)

Il est naturel qu'au figuré on ait dit d'un homme qui mettait à nu ses sensations, impatiences, terreurs, désirs ou colère, en s'agitant, se répandant et s'espaçant avec bruit, qu'il *s'esbrouffait*.

Bruire a le même sens aujourd'hui qu'il avait il y a six cents ans :

> Vers une rivière m'adresce
> Que j'oi près d'ilecques *bruire*,
> Car ne me soi aillors déduire
> Plus bel que sus cele rivière.

(Roman de *la Rose*, v. 104 et suiv.)

On disait *brugier*, selon Cotgrave, en parlant des hommes ou des animaux pris d'une terreur subite.

De *bruire* se sont formés *esbruier* et *esbrouir*.

> Lesquelx buefz de ce *s'esbruièrent* et fuirent.

(*Lettres de rémission* de 1404.)

> Le suppliant bouta le feu en la grange.... d'icellui de Mazeu, qui se *esbrouit*, telement que ladite grange fut bruslée.

(*Id.* de 1447.)

S'ébrouer se dit d'un cheval plein de feu et de santé qui, à la vue de quelque objet qui l'effraye, et lorsqu'on veut le retenir, fait frémir ses naseaux avec une sorte de ronflement. Les palefreniers disent qu'il *s'esbrouffe*. Ce mot ne nous viendrait-il pas de l'écurie ?

C'est toujours un bon signe lorsqu'un cheval *s'ébroue*, soit au repos, soit dans l'action, soit quand on veut modérer son train. Virgile l'avait déjà indiqué dans les *Géorgiques*, parmi les signes d'un jeune poulain :

> Primus equi labor est animos atque arma videre
> Bellantum, lituosque pati, tractuque gementem

Ferre rotam, et stabulo frenos audire sonantes,
Etc., etc., etc.

Cette description est au troisième livre ; lisez-la, elle est magnifique.

LAVER LA TÊTE A QUELQU'UN. — On sait assez que lorsqu'on menace quelqu'un de lui *laver la tête*, ce n'est pas en vue de la lui rendre plus propre. On s'exprime ainsi au sens figuré. Voici pourquoi, selon Nicot : « Celui qui lave la tête à un autre, la lui frotte, tourne et retourne, et rebourse les cheveux, comme s'il le pelaudoit ; par ainsi, *laver la tête à quelqu'un*, c'est le traiter à la rigueur. »

Je crois cette interprétation plus ingénieuse que vraie. Certes, parmi les mille moyens de châtier les gens, que suggèrent le ressentiment et la vengeance, il peut se faire qu'on emploie l'immersion de l'eau sur la tête, quand par hasard on en a un seau ou un pot sous la main. Mais cette heureuse occasion se présente trop rarement pour mériter l'honneur d'avoir donné lieu au dicton dont il s'agit. Ce qu'il est seulement permis de conclure de ce lavage, c'est qu'il promet à celui qui en est menacé, un châtiment violent, et que, comme tous les châtiments, il a pour objet de lui faire expier quelque sottise. Cet objet nous indique l'origine du dicton.

C'est un legs de l'antiquité païenne. Quand un Grec ou un Romain s'était rendu coupable de quelque méfait, il allait, de soi-même, ou sur l'ordre des prêtres, se *laver la tête*, pour obtenir des dieux son pardon. L'eau de la mer, au témoignage d'Euripide, y était la plus efficace. A défaut de cette eau, celle des fleuves, des fontaines (OVID., *Fabl. V*, v. 435) était suffisante. Les tartufes de Rome qui demandaient avec mystère aux dieux ce qu'ils n'eussent pas osé avouer tout haut (PERSE, *Sat. II*), se lavaient deux et trois fois la tête dans le Tibre, pour se purifier de leurs fautes passées, et se punir en quelque sorte de l'indiscrétion ou de l'injustice de leurs vœux actuels. Les bonnes dévotes ou les superstitieuses étaient plus raffinées. Pour une simple peccadille et à la voix des prêtres fanatiques de la mère des dieux, elles allaient casser la glace du Tibre, et s'y plongeaient trois fois la tête (Juvénal, *Sat. VI*). On ne dit pas si elles rapportaient de ces ablutions de bons rhumes de cerveau; mais cela est probable.

Au reste, presque tous les peuples ont, d'une manière ou d'une autre, fait usage de l'eau comme moyen d'expiation ou de purification. L'eau bénite, que le prêtre catholique, avant de monter à l'autel, lance sur la tête des assistants, n'a pas d'autre but.

Seigneur, dit le Psalmiste, vous me purifierez avec l'hysope, et je serai pur; vous me laverez, et je deviendrai plus blanc que la neige.

Je conclus que c'est là et non ailleurs que notre dicton a pris naissance. Ne soyez point surpris si on l'entend aujourd'hui et surtout si on le met en pratique d'une manière un peu différente; il a cela de commun avec beaucoup d'autres, par exemple avec le suivant.

Se faire tirer l'oreille. — C'est résister à une prière, à une obligation, à un devoir, par entêtement, par humeur, par orgueil, par paresse ou par simple caprice. Les raisons ne manquent jamais à qui est dans la disposition de ne céder à aucune. Mais allons au fait.

L'action de tirer l'oreille à quelqu'un avait pour but de lui rafraîchir la mémoire. On l'exerçait primitivement envers ceux dont on invoquait le témoignage sur un fait, une transaction dont ils avaient été témoins, afin que plus tard ils ne l'oubliassent pas; car « au bout de l'oreille, dit Pline l'Ancien (XI, ch. CII), est le siége de la mémoire, et quand nous en appelons au témoignage de quelqu'un, nous lui touchons le bout de l'oreille. » Il ne s'agissait alors, on le voit, que de toucher l'oreille ; dans la suite on a osé davantage; on l'a tirée tout de bon. C'est ainsi que se perfectionnent les institutions. Lipse, dans ses *Questions épistolaires* (IV, ép. 26), parle d'une certaine pierre gravée où l'on voyait une tête et une main qui tirait l'oreille à cette tête, avec l'inscription en grec : Souviens-toi.

Un article d'une loi romaine intitulée de *Antestatione*, ou du témoignage, consacrait cette coutume bizarre. « Si tu veux, y est-il dit, qu'il se rende à ton appel, atteste-le ; s'il ne s'y rend pas, prends-le par l'oreille. » La loi ripuaire et une infinité d'autres chez les nations établies au delà et en deçà du Rhin, ont reçu des Romains cette même coutume, et l'ont maintenue en l'exagérant. Ainsi, on ne tirait pas seulement l'oreille aux témoins, on leur tirait les cheveux et on leur donnait des claques par-dessus le marché. Pour les cheveux, le fait est rapporté dans une charte de l'an 1122, citée par du Cange (au mot *Capillus*); pour les claques, on les trouve dans ce passage de la loi ripuaire, titre LX, § 1 :

> Si quelqu'un a acheté un bien...., il viendra au lieu de la livraison avec six témoins, si le bien est de peu de valeur, avec douze, s'il est d'importance. Là, en présence de ces témoins, il payera le prix convenu, prendra possession, et *tirera les oreilles* et *donnera des claques* aux témoins les plus petits, afin que dans la suite ils rendent témoignage.

Ces diverses pratiques avaient du bon. Si les témoins eussent jamais pu oublier les faits, il n'était pas possible qu'ils oubliassent les coups, et ceux-ci étaient trop étroitement liés à ceux-là pour ne pas prévenir toute défaillance de la mémoire. J'approuverais donc entièrement ce système de mnémonique, si (et voilà où je voulais en venir) nous ne lui étions redevables, selon toutes les probabilités, de l'usage de tirer les oreilles aux écoliers qui ont oublié ou qui n'ont pas appris leur leçon. Remarquez en effet que ce n'est pas aux *grands témoins* qu'on tirait les oreilles, mais aux *petits, parvulis*, comme le dit la loi ripuaire, c'est-à-dire aux enfants; car les témoins, dans cette circonstance, étaient de tout âge et apparemment de tout sexe. Les successeurs d'Orbilius, au moyen âge, ayant trouvé un instrument aussi nouveau que peu coûteux d'émulation, en firent l'auxiliaire de la férule et du fouet; en quoi ils s'estimèrent d'autant plus excusables que le procédé leur était en quelque sorte indiqué par la loi même. Il a flori jusqu'à nos jours, et il n'est pas encore banni de toutes nos écoles de village. Mais ce dernier vestige d'une méthode dont nos mœurs répudient la brutalité, disparaîtra bientôt comme ont disparu la férule et le fouet. Sans doute que les oreilles des enfants ne s'en allongeront pas moins; mais ce sera d'elles-mêmes et naturellement.

D'après ce qui précède, il est aisé, je pense, de se rendre compte comment du sens propre de *tirer l'oreille* on est arrivé au sens figuré, et comment d'une personne difficile à céder, on a pu dire qu'elle *se fait tirer l'oreille*. Ç'a été l'œuvre des siècles; mais il ne faut laisser périmer aucuns droits, même ceux des mots.

PRENDRE LA CLEF DES CHAMPS. — On dit de quelqu'un qui se sauve, qui prend la fuite : *Il a pris la clef des champs;* on le dit d'un prisonnier qui s'échappe, d'un collégien qui fait l'école buissonnière, d'un citadin qui se réfugie à la campagne, et de beaucoup d'autres que le besoin de s'affranchir d'une servitude quelconque, pousse hors de chez eux. La métaphore est violente, mais elle prouve que la disette de mots, dans notre langue, n'est pas un obstacle à l'émission des idées.

Qui sait pourtant si quelque espèce particulière de clef n'a pas donné lieu à cette locution, et si, par exemple, il n'y a pas eu des clefs pour l'extérieur, et des clefs pour l'intérieur? Ce qu'il y a de certain, c'est qu'on a commencé par se servir de clefs exclusivement à l'extérieur, et qu'on se servait à l'intérieur de barres transversales ou de verroux, pour fermer les portes. Cet usage est même encore en vigueur dans les campagnes. Les clefs n'avaient pour objet que de soulever les barres, tirer ou pousser les verrous, et il fallait pour cela qu'elles fussent introduites du dehors. Saumaise, dans ses *Exercitations* sur Solin (t. II, p. 655 et suiv.), explique fort au long ces différents mécanismes.

Le dehors, dans les villes, c'est la rue; dans les villages, ce sont les champs. C'était en allant aux champs, ou en venant des champs, que le villageois ouvrait et fermait sa porte; à cette fin il *prenait la clef*. Les Grecs appelaient cette clef βαλανάγρα, de deux autres mots βάλανος et άγρα, l'un qui signifiait fermoir, verrou, l'autre, chasse. Βαλανάγρα était donc quelque chose comme chasse-verrou. Mais parce qu'il est peu probable qu'άγρα, qui veut dire *chasse*, dans le sens de poursuite des animaux sauvages, ait été joint à βάλανος pour exprimer *chasse-verrou*, je n'ai pas le courage d'insister là-dessus pour donner de la force à ma conjecture. Que serait-ce pourtant si, au lieu d'άγρα, αγρὸς était le supplétif de βάλανος? Or, αγρὸς veut dire champ. Nous aurions donc le fermoire des champs, *la clef des champs*. Je n'avance cela qu'avec timidité et même avec une grande défiance; mais la rencontre est singulière, et j'ai cru devoir la signaler.

Autre particularité. *Peigne* ou *pigne*, dans le langage des voleurs, signifie clef, et *faire un peigne* ou *le peigne*, est prendre la fuite, *prendre la clef des champs.*

Retirez-vous, de par Dieu ; c'est luy-mesme ; retirez-vous tost ; *faictes le pigne.*

(LARIVEY, *le Morfondu*, act. I, sc. IV.)

Il n'y a là sans doute qu'une analogie de sens et un égal emploi, quoique sous une forme différente, du mot clef, pour exprimer la même action ; mais cette analogie est digne de remarque.

D'ailleurs, *faire le peigne* pourrait encore s'expliquer ainsi : on appelait autrefois *peigne* la navette qui passe et fuit, pour ainsi dire, entre les fils destinés à former la toile. *Faire le peigne* serait alors fuir, *filer* comme la navette ; outre que *filer*, dans le sens de décamper, n'est autre chose qu'une métaphore empruntée aux fils à travers lesquels court cet instrument. D'un autre côté, *peigne* était aussi le nom qu'on donnait aux rais des roues, c'est-à-dire aux bâtons qui partent du moyeu pour se rattacher aux jantes. *Faire le peigne*, dans ce cas, serait faire *la roue*, ou *comme la roue*, en un mot *rouler*, expression familière au peuple pour dire partir.

METTRE LA CLEF SOUS LA PORTE. — Manière un peu leste de prendre congé de son propriétaire sans lui dire adieu. Un marchand en déconfiture use de la même politesse envers ses créanciers. Elle est de rigueur après qu'on a fait sortir clandestinement ses meubles ou transporté ailleurs ses marchandises. C'est ce que le code pénal appelle brutalement faire banqueroute.

Les recueils de proverbes, anciens et nouveaux, ne donnent ni n'expliquent cette locution. Je la crois, ou plutôt j'en crois la forme moderne ; je dirai pourquoi tout à l'heure. En attendant, je cherche la raison de cette formalité qui consiste à mettre la clef sous la porte de son appartement ou de sa boutique quand on se soustrait à l'obligation de payer ; je la cherche, dis-je, et je ne la trouve pas. Il serait plus simple de laisser la clef dans la serrure, on atteindrait le même but : car je n'imagine pas qu'on la jette sous la porte pour empêcher les voleurs d'entrer. Il n'y a pas grand'chose à prendre là où l'on a tout emporté, et là où il n'y a rien, le voleur, comme le roi, perd ses droits.

Cette formule est donc corrompue. Selon moi, elle est l'altération de celle-ci : *Mettre les clefs sur la fosse*, qui voulait dire : renoncer à la succession de quelqu'un, parce que cette succession était endettée. Fleury de Bellingen (*Étymologie des proverbes*, page 94) va nous dire cela plus au long, dans son vieux langage :

> Tout ainsi que le mary, en recevant sa femme en sa maison, luy en met les clefs entre les mains, luy donnant à cognoistre par cette concession qu'il la recognoist pour compaigne au maniement de son bien et conduite de sa famille, que la loi salique appelle *partem conlaborationis*, portion ou participation de soins du ménage ; de mesme, quand après sa mort, il se trouve si engagé, obéré et chargé de debtes, que son bien, ses acquets et conquets ne sont pas capables de le dégager et satisfaire aux créanciers, ç'a esté longtemps la coustume que sa vefve, renonçant à la communauté des biens, jette les clefs sur la fosse avec son demy-ceinct : d'où est venu l'ancien proverbe, *jeter les clefs sur la fosse*, pour dire, renoncer à la communauté et succession.

Et en d'autres termes, faire banqueroute.

Ne quittons pas la clef sans lui donner encore un tour.

LA CLEF A LA MAIN. — C'est un terme de bâtiment. Le dialogue suivant entre un propriétaire qui bâtit et son architecte en est l'explication la plus naturelle.

LE PROPRIÉTAIRE. Je voudrais faire élever ma maison de deux étages.

L'ARCHITECTE. Rien n'est plus facile. Je vais vous faire un devis.

LE PROPRIÉTAIRE. La belle garantie ! Avec vous, la dépense

effective surpasse presque toujours de la moitié ou du tiers la dépense présumée.

L'Architecte. Ce n'est pas ma faute. Cela tient aux variations de la main d'œuvre, aux exigences des ouvriers, au plus ou moins d'abondance des matériaux, à leur qualité, et à mille autres causes....

Le Propriétaire. Ta ta ta. Je connais cette chanson, et, pour n'être pas nouveau, l'air n'en est pas plus beau. Tenez, mon cher, entre nous, un architecte de vos amis m'offre d'élever mes deux étages pour vingt-cinq mille francs, *la clef à la main*.

L'Architecte. Oui-da. Et vous acceptez?

Le Propriétaire. Pas encore. Mais je balance.

L'Architecte. Eh bien, moi je vous propose de bâtir vos deux étages pour vingt-deux mille francs, *la clef à la main*.

Le Propriétaire. C'est dit; touchez là et allons rédiger nos conventions.

Ou je me trompe, ou la *clef à la main* veut dire : La maison est faite et parfaite ; en voici les clefs. Elle est prête à recevoir ses maîtres, sans qu'il leur en coûte ni un clou ni un sou de plus.

CHAPITRE VI.

DIGRESSION SUR LE PATOIS.

J'aime les patois, mais ce n'est pas par la raison qui les fait aimer de tant d'autres, le patriotisme de clocher. Je ne parle pas des patois autochthones, si l'on peut les appeler ainsi, comme le breton et le basque ; ce sont de véritables langues, et il faut les étudier non pas seulement sous le rapport restreint de l'étymologie, mais aussi pour elles-mêmes, afin d'en connaître le génie et la littérature : j'entends ces divers langages qu'on ne saurait appeler dialectes, qui se parlent dans tous les coins de la France, varient pour le moins de canton à canton, et sont à la fois l'asile où s'est réfugiée en partie l'ancienne langue française, et le dépôt où se gardent les éléments de la nouvelle. J'ai choisi le patois bourguignon, si riche en *vieux français*, et si fidèle gardien de cette forme vénérable que, le plus souvent encore, il la reproduit à peine altérée, et qu'à cet égard il doit intéresser quiconque parle et écrit le français. Les délicieux noëls de Lamonnoye n'ont pas peu contribué à faire à ce patois une réputation de pauvreté ; car ils ont donné lieu de croire que tout le patois bourguignon était là, tandis qu'ils ne représentent que le patois de Dijon et des environs, dont ils sont d'ailleurs la forme la plus parfaite.

Mais le patois bourguignon était autrement riche, autrement étendu. Non-seulement il se parlait dans la Bourgogne proprement dite, mais encore dans la Franche-Comté, une partie du Nivernais, de la Champagne, de la Lorraine, et dans une certaine partie des possessions, au nord de la France, des anciens ducs de Bourgogne.

M. Mignard a écrit une *Histoire de l'idiome bourguignon*, pleine de recherches intéressantes et curieuses; mais comme il paraît s'être fait une loi d'être court, il a omis bien des choses où j'essayerai de le suppléer,

Suyau; Sullô et Sublô, selon Lamonnoye :

> Y le dirai ai tai meire,
> Peti drôlai de Charlô ;
> Si dedan ton pauteneire
> Tu ne sarre ton *sublô*.
> (*Ajutorion. II. Noei d'ein autre auteu.*)

> C'àt ein anfan ? me di-tu vrai ?
> Tan men! Vélai note fai.
> Tu sai bé, quant ein anfan crie,
> Que por an époizé lé cri,
> Ai ne fau qu'ène chaterie,
> Vou qu'ein *sublô*, vou qu'ein trebi.
> (*Dialôgue de Simon et Luca.*)

C'est le nom d'un petit instrument fait avec du bois de saule, autrement dit un sifflet. Quand les arbres sont en pleine séve, on coupe dans une branche de saule un morceau de la longueur de quatre ou cinq centimètres, et de la grosseur du doigt; on en taille l'extrémité en forme d'anche ; on en bat ensuite vivement, mais sans violence, l'écorce, avec le manche du couteau, et en chantant ce refrain :

> Séve, séve, séve,
> Sur le pont de Séve,

> Sévillon, sévillon,
> Sur le pont de Châtillon.

L'écorce se détache aussitôt, sans dommage, sans déchirures, circonstance que l'enfant ne manque pas d'attribuer à la vertu de l'incantation. On a ainsi un *suyau de saus*.

De *suyau* on a fait *suyer*, ou plutôt de *suyer*, *suyau*. Or, on trouve dans Monet le mot *suier* ou *suyer* qui signifie sureau. Sureau est en latin *sambuca*, et avec la *sambuca*, on faisait une espèce de flûte : *Est enim genus ligni fragilis unde et tibiæ componuntur*. (ISIDOR., lib. II Orig., cap. xx.) La terminaison du mot *suyer*, qui est celle d'un verbe, jointe à l'idée de l'usage auquel cet arbre ainsi que le *saus* étaient consacrés, a donné lieu à une méprise qui se rencontre à chaque instant dans les langues, et qui consiste à prendre la cause pour l'effet. Ainsi, les habitants de la Bourgogne ont appelé *suyer* l'action de souffler dans un sifflet ou tout autre instrument analogue, et *suyau* cet instrument.

Quant au mot *saus*, il est pur roman, on l'écrivait *sauze* ou *sauzes* et *sautz* [1], et, chose singulière, il est presque identique dans sa forme au mot *sauc* et *saucs*, qui signifie sureau dans ce même dialecte.

> Brota'l *sauzes* e'l *saucs*.
> (MARCABRUS, *al Departir*.)

Pousse le saule et le sureau.

> Fuelh e flor paron de pomier,
> E son, al fruchar, *sautz* e *sauc*.
> (*Id*.)

Feuilles et fleurs paraissent de pommier, et ce sont, au produire des fruits, saules et sureaux.
(Voy. RAYNOUARD.)

---

1. Je trouve aussi *sauch* pour *salix*, saule, et *sehus* pour *sambucus*, sureau, dans le Glossaire roman-latin du quatorzième siècle, publié par M. E. Gachet.

Flaïot de saus était dit au commencement du quatorzième siècle pour sifflet de saule ; c'est un dérivé de *flarc*, Cet instrument faisait partie d'un concert ainsi décrit par un témoin auriculaire :

> Car je vi là tout à un cerne
> Viéle, rubebe, guiterne,
> Leu, monarche, micarion,
> Citole et le psaltérion,
> Harpes, tambour, trompes, naquaires,
> Orgues, cornets, plus de X paires....
> *Flaïot de saus*, fistule, pipe,
> *Muse d'ausay*, trompe petite,
> Buisnies, éles, monocorde,
> Où il n'a qu'une seule corde,
> Et *muse de blez* tout ensemble.
> Et certainement il me semble
> Qu'onques mais tele mélodie
> Ne fut veue ne oye.
>
> (G. DE MACHAULT, *le Remède de fortune*, p. 87, édit. de Reims, 1849, in-8°.)

Je le crois bien ; c'était un vrai charivari. Outre le sifflet de saule, on y voit figurer deux instruments qui n'étaient pas faits pour céder à celui-là : ce sont la *muse d'ausay* et la *muse de blez*.

La *muse d'ausay* ou *d'aussay* est la muse d'osier. C'était à peu près la même chose que le sifflet de saule, l'écorce d'osier se détachant de son bois avec la même facilité que celle du saule. Quant à la *muse de blez*, qu'on écrivait *muse d'eblet*, *muse de blef*, c'est un sifflet fait avec un chalumeau de blé, et dont le son rappelle parfaitement celui de la cornemuse. Comme cet instrument est très-connu en Bourgogne et que j'en ai fabriqué et joué cent fois moi-même dans mon enfance, j'en donnerai la description.

On prend un chalumeau de paille, quand il a toute sa croissance et qu'il est encore vert. Cette condition est indispensable, la paille ayant alors plus d'élasticité. On coupe un fragment de ce chalumeau, dans l'endroit où il est le plus gros et de manière qu'un des nœuds ou jointures qui font renflement de distance en distance sur toute la longueur de la paille, forme la tête dudit fragment. A partir de cette tête et à la hauteur d'un demi-pouce, on pratique une entaille dont cette tête est la base. Puis on introduit dans sa bouche le chalumeau du côté de l'entaille, en ayant soin de l'y faire entrer tout entière. On souffle alors avec force; l'entaille, qui fait soupape, se soulève, et le vent, en passant par le chalumeau, et en ressortant par le bout qui est en dehors de la bouche, produit un son. C'est, je le répète, celui de la cornemuse, sauf qu'il est beaucoup plus faible. Telle est la muse de blé. Elle est encore ce qu'elle était il y a près de dix siècles; seulement on ne la reçoit plus dans les concerts. Des Accords l'appelle un hautbois :

> Migrelin avec ses doigts
> Fit certain jour un *haut-bois*
> D'un petit festu d'aveine;
> Mais il eut si courte haleine
> Que dans iceluy soufflant,
> Il s'eslève un petit vent
> Qui de l'autre bout s'entonne,
> Et repousse sa personne
> Arrière, environ dix pas,
> De sorte qu'il cheut en bas.
>
> (*Les Touches.*)

On fabriquait une autre espèce d'instrument avec le sureau, à savoir, des bilboquets :

De te donner une pirouette de bois, un *bilboquet de sureau*, une poupée de plâtre, un chifflet de terre et un demy-seinct de plomb, rien de tout cela, car tu n'es plus un enfant.

(*Les Estrennes de Gros-Guillaume à Perrine, présentées aux dames de Paris et aux amateurs de la vertu;* t. IV, p. 231, des *Variétés littéraires*, édit. Jannet.)

L'invention du bilboquet date du temps de Henri III, et l'on sait par l'Estoille (juillet 1585) que ce prince en jouait avec autant d'adresse que de passion. Mais le sureau est un bois bien mou pour un joujou qui se fabrique aujourd'hui avec le plus dur des bois indigènes, le buis. Quoi qu'il en soit, la mort d'Henri III ne fut pas suivie de celle de son jeu favori. En 1626, le duc de Nemours régla *un ballet des bilboquets*[1] pour les fêtes du Louvre, et j'ai connu un amateur qui, disait-il, ne s'ennuierait même pas en prison, pourvu qu'on lui laissât son bilboquet.

TAPERELLE. — Cette digression sur le bilboquet me rappelle un autre usage qu'on fait du sureau, vraisemblablement dans tous les pays où il croît, et où il y a des enfants. On en extrait la moelle et on en façonne de petites canonnières, dont les boulets sont des tampons d'étoupe. On met à chaque extrémité un de ces tampons, et quand on pousse l'un avec un petit bâtonnet, l'autre s'échappe en faisant explosion. En Bourgogne, on appelle cette petite pièce d'artillerie *taperelle*. Le mot est charmant et mériterait d'être introduit dans le dictionnaire de l'Académie. Il est un diminutif de *tapereau* qui, en Bourgogne également, signifie un pétard. C'est une onomatopée des plus expressives, dont la racine est *taper*, pris dans le sens d'éclater, faire du bruit, c'est-à-dire dans le sens neutre. Car *taper*, verbe actif, signifie frapper, donner des tapes. *Tapereau* a produit un autre diminutif qui est *taperilleau* ou *taperillot*. Celui-ci, par sa désinence, est plus conforme à l'orthographe bourguignonne. Des groseilles à *taperillot*, sont des groseilles à maquereau, parce qu'après avoir sucé et mangé la pulpe de ce fruit, les enfants soufflent dans la peau pour la faire

---

1. *Mémoires* de Marolles, t. I, p. 134.

gonfler, et l'écrasent ensuite sur le dos de la main. Alors elle *tape* et.... rassurez-vous, ne tue personne.

Rabelais n'a pas nommé ce petit instrument; mais il en a indiqué fort bien l'emploi, dans cette comparaison :

Comme quant les petitz garçons tirent d'ung canon de sulz (sureau), avec belles rabbes.

(*Pantagruel*, liv. II, chap. xix.)

La *rave* est en effet la matière dont on fabriquait primitivement les projectiles. Mais, malgré le progrès des lumières, on n'y a point encore renoncé en Bourgogne. Seulement on en a restreint l'usage à la taperelle formée d'un tuyau de plume. On la charge, en enfonçant, comme on ferait avec un emporte-pièce, les deux extrémités du tuyau dans un rond de rave de l'épaisseur d'un centimètre environ. Le fragment de rave ainsi enlevé, demeure, et ferme le tuyau de part et d'autre. On pousse alors à l'un des bouts avec le bâtonnet ou manche, et l'explosion a lieu.

Dans le haut Maine, la taperelle est appelée *canne pétoire*.

PIROUELLE. — On appelle ainsi, dans tous les pays bourguignons, un bouton de bois plat, que traverse de part en part une petite tige également en bois, et qu'on fait tourner comme on fait un toton. *Peuroueille*, en patois messin, est en effet un bouton plat percé au milieu. C'est un jeu cher aux gamins, mais funeste à leurs culottes. C'est là en effet qu'ils trouvent la matière première de l'objet qui sert à leur amusement, à savoir, le bouton. Ils le retirent avec précaution de son enveloppe de drap, comptant bien que cette enveloppe, passée dans la boutonnière, suffira pour soutenir le vêtement. La plupart du temps cet espoir est déçu. Les culottes tombent sur les talons; les mamans, qui en devinent la cause, les remontent d'une main diligente, et rencontrant ce que vous savez, y appliquent deux ou trois claques qui vengent l'outrage fait aux mœurs et aux boutons.

Ce mot n'est qu'une modification de *pirouette*, ou *pyrouette*, comme il est écrit dans Rabelais, liv. I, ch. xx. On trouve dans du Cange (v. *Pirolus*), que les Italiens appellent une espèce de toupie, *pirolo*. La pirouelle est en effet une petite toupie. Les Italiens disent maintenant, *trottolo*.

Au seizième siècle, la *pirouette*, en Poitou, était aussi le nom de la boule qui accompagne les neuf quilles :

Vous sçavez en quel beau lieu c'est que Croutelles, et le plaisir qu'autrefois ceux de Poictiers y ont print, et quels artisans il y avoit, et la subtilité et mignardise de leur tournerie, qui sera neuf quilles avec la *pirouëtte*, l'une et l'autre d'ivoire, le tout ne pesant pas un grain de bled.

(G. Bouchet, xve *Sérée*, p. 104 du t. II. 1634.)

Coque ou Coke, en picard Choque. — Les Bourguignons ont maintenu le véritable sens de ce mot, qui est souche, racine, *stipes*. Les Picards l'ont détourné et entendent par là, une bûche de Noël. Mais bûche et souche ne sont pas la même chose, si ce n'est lorsqu'il s'agit de qualifier un homme auquel on n'ose dire qu'il est un imbécile. Toutefois, la bonne orthographe, l'orthographe française de ce mot, est la picarde. On disait en basse latinité *ceoca* ou *cocha*. On lit dans une charte de Philippe, comte de Flandre et de Vermandois, en 1180 : *Radices, et quas vulgus* ceocas *vocat omnes solus abbas habebit*. Toutes les souches étaient le profit de l'abbé. Les hommes de *Monsieur* Saint-Mathieu, c'est-à-dire, je suppose, le clergé de quelque église de ce nom, avaient outre les souches, les branches de bois mort et le *scot*, comme on le voit par cet autre passage : *Postea homines domini Mathiæ habent* cocham *et le scot, et ramum caducum*, etc. (*Regestum castri Lidi in Andibus*, f° 49.) Le *scot* était quelque redevance en argent. Voy. du Cange (*Scottum*).

PIQUEROMME. — Mot par lequel on exprime un jeu bourguignon, et dont la place est marquée naturellement dans un glossaire bourguignon. C'est une abréviation du mot *piquerommier* qu'on donnait à ce jeu au quatorzième siècle. Il en est ainsi parlé dans des *Lettres de rémission* de 1379 :

Comme pluseurs enfans s'esbatoient de bastons, un petit pointus à l'un des bouz, au jeu que aucunz appellent *piquerommier*.

Le *piqueromme* se joue ainsi :

Les joueurs, munis d'un bâton pointu de la longueur d'un pied et demi environ et de la grosseur d'un manche à balai, font choix d'une place où ils creusent chacun un petit trou qu'on appelle *pot*. Ces pots sont disposés en rond, et suffisamment écartés les uns des autres. Au centre est le siége du jeu. Là, chaque joueur lance son bâton avec force sur le sol, de manière à l'y faire pénétrer le plus possible, et dans le dessein d'ébranler et de faire tomber celui qui n'est pas planté assez solidement. Quand un des bâtons est renversé, le joueur le plus robuste le saisit et le lance au loin de toute la force de son bras. Pendant que le joueur à qui il appartient va le chercher, en courant, les autres fouillent son pot à l'envi avec leurs bâtons et en détachent le plus de terre qu'ils peuvent, qu'ils emportent et qu'ils mettent en réserve auprès de leurs pots. A la fin du jeu, celui dont le bâton a été déraciné le plus souvent, et dont, par conséquent, le pot est le plus ravagé, a perdu la partie, et il est tenu de porter sur son dos et à la distance marquée par le jet de son bâton, toute la terre que les autres ont rassemblée.

Je cherche en vain l'origine de ce jeu singulier. J'y verrais volontiers la tradition de quelque usage barbare, comme il s'en est établi au moyen âge, à la suite de ces incursions de brigands que l'histoire aujourd'hui décore du nom de guerres. Quelque peuplade ayant conquis le pays d'une peuplade voisine, en aura chassé les indigènes, en leur mettant sur le dos une charge de terre, pour leur ôter le droit de dire qu'on la leur volait, car ils l'emportaient avec eux.

Rabelais, dans la nomenclature des jeux de Gargantua (liv. I, ch. XXII), désigne celui-là sous le nom de *picquarome*. Le Duchat estime que c'est une espèce de *cheval fondu*, et que l'enfant qui servait de cheval, disait à l'autre monté sur son dos, de *piquer à Rome*. C'est une erreur, et le Duchat l'a reproduite dans ses Additions à Ménage. Il paraît néanmoins qu'en Sologne, où l'on joue encore ce jeu, on dit du bâton renversé puis lancé au loin, qu'on l'envoie à Rome. C'est une autre erreur; elle résulte de l'altération qui s'est faite au seizième siècle, dans la seconde voyelle de ce mot, laquelle, au quatorzième, et comme le prouve la citation ci-dessus, était un *e*.

TRUOTTE. — Autre jeu de Gargantua que Rabelais (*loc. cit.*) nomme la *truye*. Les peuples de la Bourgogne en ont fait *truotte*, non par un goût particulier pour les diminutifs, mais parce qu'ils aiment les vocables en *ot*, que tous les verbes à l'imparfait se terminent ainsi, et que les noms propres ayant cette désinence y sont innombrables. La *truotte* se joue dans les prés et surtout sur une vaste pelouse située sur la lisière d'un bois; car c'est au bois qu'on trouve les instruments nécessaires pour l'exécuter. Les joueurs, armés chacun d'un long bâton dont l'extrémité inférieure est une crosse, chassent devant eux un morceau de bois de la grosseur et de la forme d'une bonde de tonneau, et s'efforcent de l'éloigner du trou où l'un d'eux a pour corvée de le faire entrer. Cette introduction deviendrait même impossible, y ayant tant de joueurs qui chassent la bonde contre un seul qui la ramène, si celui-ci, dans le temps qu'elle roule, n'avait la ressource de toucher avec son bâton, et de *prendre* celui qui l'a mise en mouvement. Presque tous les joueurs sont ainsi *pris*, chacun à son tour. Ils le redoutent beaucoup. C'est pourquoi il arrive un moment où ils osent à peine chasser la bonde et où ils ne la chassent que mollement, pour avoir le temps de fuir. L'autre en profite pour se rapprocher du trou peu à peu. Tous les bâtons se réunissent alors autour de ce point, et font ce qu'on appelle le *fourgon*. La lutte est acharnée ; les bâtons se choquent, s'enchevêtrent, se retirent et reviennent tour à tour ; on les croirait doués de sentiment. Mais il faut que tout finisse, même la truotte. De guerre lasse, les joueurs se refroidissent, les bras se lassent, les bâtons se mettent en retraite, et la bonde entre dans le trou.

Pour en venir à l'étymologie de *truotte*, peut-être vient-elle simplement de *trudere*, pousser avec force. Elle se rattacherait alors à cet instrument de guerre appelé *truic* et *truye* qui servait à lancer des pierres contre les assiégeants, pour les empêcher d'escalader les murs. Dans la chronique de Bertrand du Guesclin :

> C'étoit pour convoier
> Un engin con nommoit *truie* en cest héritier.

Et dans Froissart :

Ils envoyèrent quérir à la Riolle un grand engin qu'on appelle *truie*, lequel engin étoit de telle ordonnance, que il jettoit pierres de faix : et ce pouvoient bien cent hommes d'armes ordonner dedans, et en approchant assaillir la ville.

Mais il est plus probable, si même il n'est certain,

que le nom de truoie ou petite truye (on trouve truyelle dans les *Recherches italiennes et françoises* d'Oudin) a été donné à ce jeu, à cause de l'analogie qu'il y a entre les allures de la truie et le mouvement de va-et-vient de la bonde. C'est le propre de la truie de ne jamais marcher droit, d'avancer et de reculer tour à tour devant le porcher, sans pouvoir se résoudre jamais à rentrer dans sa bauge. De même, la bonde, incessamment chassée en sens contraires par le bâton des joueurs, tantôt approche et tantôt s'éloigne de son trou, jusqu'à ce qu'enfin elle n'y pénètre que par hasard, ou par surprise, ou par suite de la lassitude des joueurs.

SAVATE (la). — C'est le jeu du *savatier*, dans Rabelais (*loc. cit.*). Nous l'avons joué cent fois au collège. Une douzaine d'écoliers s'asseyent en rond, levant les genoux, et se serrant les uns contre les autres. Sous leurs genoux ainsi haussés et juxtaposés ils font passer un soulier que l'un d'eux, debout au milieu du cercle, cherche à saisir au passage. Comme, en cette circonstance, on s'attache plutôt à deviner la place du soulier qu'à le voir, cela étant presque impossible, tant les genoux sont serrés, on va, on vient, on se retourne, on manque souvent son coup. C'est pendant qu'on s'agite ainsi et qu'on a le dos tourné, qu'un des joueurs frappe par terre avec la *savate*, et la fait rentrer aussitôt sous le toit qui lui sert de refuge. Si elle est prise entre ses mains, il fait la sentinelle et cherche la savate à son tour.

Cotgrave traduit *savate* appliqué au jeu dont je parle, par *Bob and hit*. Ces deux mots veulent dire *coup, heurt*, du coup sans doute donné par terre dont je viens de parler. Il le traduit aussi par *Hodman-blind*; c'est la clignemusette. Mais Cotgrave se trompe. La *cligne-musette* ou *climusette*, selon le Dictionnaire de Trévoux, est un jeu d'enfants, où l'un d'eux ferme les yeux, tandis que les autres se cachent en divers endroits, où il est obligé de les chercher pour les prendre. C'est ce qu'on appelle *bouchot* en Bourgogne, parce que le chercheur se *bouche* les yeux. C'est aussi la *cache-cache;* c'en est du moins une variété.

J'aurais ici une bonne occasion de m'étendre sur l'étymologie de *savate;* mais il n'y a rien à dire autre chose que ce que dit Ménage. (Voy. son *Dictionnaire étymologique.*)

Dans un certain monde, la *savate* n'est plus un jeu, mais un art qui a pour objet de *passer la jambe* avec grâce à celui qu'on attaque, ou par qui l'on est attaqué. Il consiste à appliquer entre le mollet et la cheville de son adversaire un coup de pied qui lui fait perdre au moins l'équilibre, s'il ne lui casse pas le tibia. Il y a des professeurs de cet art, un livre qui en explique l'origine et en enseigne la théorie. On me permettra d'en donner quelques extraits; c'est un hommage que je rends à la civilisation contemporaine.

S'il fallait, dit l'auteur, remonter à la source des premiers éléments de la savate, et qu'il faille faire, comme jadis, la fréquentation des gens qui se livraient alors à cet exercice, certes, moi le premier, je ne me serais jamais mis en tête d'apprendre cela ; car chacun le sait, la savate ne nous est parvenue que de gens réprouvés, de galériens, en un mot de gens sans aveu qui se réunissaient dans certaines salles qu'il n'était pas sain de fréquenter. Et là, sans distinction de coups, sans divisions réglées, ils s'essayaient à se donner des coups, à les parer, et cela sans les raisonner, sans approfondir cet art, auquel ils donnaient naissance, et qui plus tard devait prendre une telle extension. C'était celui qui frappait le plus fort qui toujours était regardé comme le plus adroit.

Mais aujourd'hui, c'est tout le contraire, comme chacun le sait; c'est la bonne société, la jeune fashion, qui jouit encore de cet agrément, qu'elle se procure maintenant à l'infini....

Plusieurs maîtres de pension ont déjà eu l'idée d'introduire dans leurs établissements des classes de savate et de canne, comme on y introduit des salles d'armes....

C'est un exercice des plus salutaires, sous le rapport hygiénique; on devra donc, il me semble, établir dans chaque pension ou collége, une salle dans laquelle les élèves pourront, dans leur temps de récréation, se livrer à cet exercice, et duquel ils acquerront par la suite une amélioration constante dans leur santé, et trouveront là, dis-je, une récréation serviable en quelque chose, et exercice, enfin, que parfois plus tard ils éprouveraient des difficultés à apprendre....

En fait de professeurs marquants qui se sont emparés de la clientèle la plus belle et de meilleur ton, nous n'en avons pas un grand nombre. Le premier qui ait mis l'extension qu'a maintenant l'*Art de la savate* en France, est sans contredit Michel, dit Pisseux; c'est lui qui, pendant un long temps et par des études approfondies, a tiré de l'ornière où il était cet art qui semblait fait pour les gens dépravés. C'est lui qui l'a porté dans les meilleures sociétés et qui a inculqué ses salutaires leçons aux plus nobles comme aux plus riches....

L'élève doit en se livrant aux premières leçons être attentif à la démonstration qui lui sera faite par le professeur qu'il aura choisi, et cela sans émettre aucune observation. Il faut indépendamment de l'action qu'il apporte à cette leçon que son jugement ou sa pensée lui serve après cette même leçon, car les commencements sont pénibles de compréhension; c'est pour cela que nous recommandons cette chose. Le professeur, devant être explicite dans sa démonstration, comme nous l'avons dit, doit s'abstenir de plaisanter pendant les leçons pour que l'élève puisse en tirer tout le fruit désirable. D'après ces dispositions on commence d'abord par placer l'élève en ligne; cette ligne doit être observée dans toutes les divisions qui sont au nombre de quinze sans compter celles d'assaut.

Ces divisions ont été composées pour faire acquérir à l'élève l'aplomb nécessaire pour l'assaut, et pour que dans l'assaut, dis-je, il puisse compiler tous les coups de ces mêmes divisions, les tirer, les feinter, enfin les reproduire aussitôt que son jugement les aura conçus.

Le professeur doit placer l'élève de la manière suivante :

Le corps droit, la poitrine de face, la tête non gênée dans ses mouvements; qu'il observe une fente convenable, par laquelle fente il sent enfin son aplomb ; que les jambes soient placées de manière à ce que les deux talons forment un angle parfait, qu'il ait le corps totalement assis sur la partie de derrière ; la jambe gauche, qui est celle placée derrière, et qui par conséquent doit recevoir tout le poids du corps, ne doit pas être tendue et doit être d'une élasticité parfaite ; les hanches doivent être souples ; enfin, il ne faut être gêné ni apporter de roideur dans aucun mouvement.

C'est ainsi placé que l'on commence l'élève, on lui fait exécuter la marche, ce qui se fait en trois temps exacts.

Enfin, nous reviendrons à cette marche qui est la première division et qui doit être observée de la manière la plus stricte et avec une attention des plus grandes, toutes les autres divisions dérivant et commençant par cette première.

Pour en revenir à cette dénomination de tous les coups usités, car il existe plusieurs sortes de coups de pied se développant d'une manière tout opposée.

D'abord coup de pied droit, comme coup de pied d'attaque.

Le même coup de pied doublé, parade dudit coup de pied.

Feinte de coup de pied, et coup de pied d'après la feinte, parade idem.

Coup de pied en dedans et coup de pied en dehors, appelés coups de pied voltés, parades desdits coups de pied.

Rond de jambe usité pour ramasser la jambe avec le pied, moyen d'éviter le rond de jambe par la remise.

Temps d'arrêt en dedans et en dehors, évité de même par la remise.

Passement de jambe et contre-passement évité par la retraite du corps en rompant.

Prise de jambe, contre-prise et passement, appelés aussi temps de cuisse, évités de même par la retraite du corps en rompant.

Prise de tête dans la prise de jambe évitée par la prise de jambe en arrière.

Enlèvement de la jambe avec la pointe du pied par une feinte de passement de jambe et par une jetée de corps de côté en marchant, évité par la retraite.

Ramassement de la jambe en dedans et en dehors, avec opposition formée par la main, pour que la jambe prise ne puisse échapper.

Coups de pied portés aux flancs, parade et ramassement desdits coups de pied par une jetée de corps de côté.

Parades croisées de coups de pied tirés en l'air, ou retraite de corps en arrière, de pied ferme, pour les éviter.

Coups de poing à la figure, comme à la poitrine, parades naturelles desdits coups de poing, et parades croisées.

Voilà, je pense, la citation entière de tous les coups usités et tirés dans l'assaut de la savate, et que je vais donner la manière d'exécuter le plus clairement qu'il me sera possible.

Comme on pourrait croire que j'invente cette citation, je déclare l'avoir tirée du livre (pages 11, 13, 17, 23, 24, 25 et 26) intitulé : « THÉORIE PRATIQUE SUR L'ART DE LA SAVATE, appelée CHAUSSON, ou ADRESSE PARISIENNE, et de la CANNE; avec démonstration expliquée de la leçon, pouvant s'exécuter sans le secours d'un professeur : COMPARAISON AVEC LA GYMNASTIQUE; PETITE REVUE des professeurs en renom ; FAITS ET ANECDOTES curieux pour venir à l'appui de l'excellence de ces exercices, sous le RAPPORT HYGIÉNIQUE, et sous le rapport de sa DÉFENSE PERSONNELLE. Dédiée à la JEUNESSE PARISIENNE par un amateur, élève de MICHEL, dit PISSEUX, professeur. Se trouve à Paris chez tous les libraires, marchands de nouveautés, et chez l'auteur-éditeur, 33, rue Coquenard. (S. d.). »

Si, ainsi ramené à ces conditions raisonnables, et réduit à un exercice éminemment distingué, cet art ne se ressent plus des mauvais lieux où il a pris naissance, j'ai bien peur qu'on ne trouve que l'exposé de la théorie laisse encore beaucoup à désirer sous ce rapport, et que le maître de savate a bon besoin d'un maître de style.

CHAPITRE VII.

PATOIS (SUITE).

Griper. — C'est prendre avec avidité, soustraire lestement, selon la définition exacte de M. Mignard. Si pourtant un synonyme peut être une définition, je n'en vois pas de meilleure que *chipper*. En se proposant, dans son *Histoire de l'idiome* bourguignon, de chercher les rapports qui existent entre cet idiome et celui des autres provinces, M. Mignard a eu un but excellent. Mais, qu'il me permette de le dire, il abuse un peu du parallèle au profit de l'idiome breton. Ainsi encore, à l'occasion de *griper*, il remarque que *antel gripedou*, en breton, veut dire tendre des piéges. Je vois en effet un rapport dans la forme du mot; mais, contrairement à l'opinion du docte lexicographe, j'en conclus que le breton est un emprunt fait au français, plutôt que celui-ci un emprunt fait à celui-là.

Griper est encore une épave du vieux français recueillie par le dialecte bourguignon :

> Ce nonobstant qu'il fut bien emplumé,
> Par eulx il fut bien toust désamplumé;
> Car à beaulx detz les gallands le pipèrent,
> Et son argent subtilement *grippèrent*.
>
> (*La Légende de Pierre Faifeu*, chap. x.)

Parmy eulx règne la sexte essence, moyennant laquelle ils *grippent* tout, dévorent tout et conchient tout.

(RABELAIS, liv. V, chap. II.)

Il y en a mille exemples. On a dit d'abord *agriper* et *agraper* :

> Ses valez et sa chambérière,
> Et sa seror et sa norrice,
> Et sa mère, se moult n'est nice,
> Por qu'ils consentent la besoingne.
> Facent tant tuit que cil lor doingne,
> Sorcot ou cote, on gans ou mofles,
> Et ravissent cum uns escofles
> Quanqu'il en porront *agraper*.
>
> (Roman de *la Rose*, v. 13914 et suiv.)

> Comme raisine
> Qui conglutine
> Ce qu'elle attrape,
> Femme est encline,
> Toujours elle hape
> Ce qu'elle *agrape*.
>
> (*Le Blason des faulces amours*, p. 270.)

Agriper, l'auteur de *griper*, et le contemporain d'*agraper*, se lit encore dans Scarron :

> Aristote a raison, qui dit qu'une maraude
> Ne se doit point prier, mais qu'il faut à la chaude
> L'*agriper* aux cheveux, la saisir au collet,
> Quelquefois l'affoiblir avec un beau soufflet.
>
> (*Jodelet maistre et valet*, acte IV, sc. IV.)

Aggraffer, *aggriffer* avaient la même signification, ainsi qu'*aggripar* et *aggripeur*, pillard, voleur. Tous ces mots sont formés du latin *arripere*. Le breton n'a rien à y voir. Je pencherais pour le vieux germain *greipan*. *Greipan* et *griper* sont parents, quoiqu'au degré peut-être où l'on n'hérite plus.

Les coquins, dans leur argot, appellent les gendarmes

grippe-Jésus : mot profond, et qui n'a pas été inventé, comme le prétend M. Francisque Michel, « pour faire accroire que les gendarmes ne mettent la main que sur des innocents », mais parce qu'ils arrêtent *même* les innocents, et qu'ils n'ont pas *même* épargné Jésus : ce qui est bien différent. Les coquins, dans l'expression de leur haine contre ceux qu'ils tiennent pour leurs ennemis naturels, raffinent, aussi bien que dans la perpétration de leurs vols et de leurs assassinats.

On dit, dans le haut Maine, *agricher*, qui pourrait bien être le père de *grincher*, autre expression argotique.

ARIA. — Quel *aria!* c'est-à-dire quel embarras! quel étalage! quel *froufrou!* M. Mignard l'interprète aussi par *obstacle;* il a raison, en ce sens que, où il y a de l'embarras, il y a des obstacles. Par une conséquence semblable, ce mot signifie tumulte.

Aria est dit évidemment par corruption pour *arroi* ou *arroy*, qui signifiait ordre, disposition d'une armée, ses équipages, son appareil, la suite d'un prince, la pompe qu'il déploie, la parure, la magnificence dans les habits, dans les meubles, enfin ce qui représente, ce qui étonne le vulgaire, et rentre dans la signification du mot *aria*, tel qu'on l'entend aujourd'hui dans les pays bourguignons.

Puis feit le roy de France son *arroy*, et prit avec lui tous ses hauts hommes.

(*Chronique de Flandres*, chap. XLIX.)

De tout bien pleine est ma maistresse;
C'est ung chef-d'œuvre de beaulté,
Ung triomphe de noble *arroy*;
Sa prudence et sa loyaulté
Vallent l'avoir d'ung petit roy.

(J. DE MOLINET, *le Siége d'amours*, x^e strophe.)

Robes qui sont de grand *arroy*
N'allièrent qu'à reine ou à roy.

> (YSOPET AVIONNET, cité par Dochez, dans son *Dictionnaire français.*)

Car quoy ? qui vous auroit craché
Tous deux encontre la paroy,
D'une matière et d'un *urroy*
Si seriez-vous sans différence.

> (*Maistre Pierre Pathelin*, p. 29. Paris, Delahays, 1859.)

Coquillart, qui était Champenois, et qui a introduit dans ses poésies plusieurs expressions communes au dialecte de la Champagne et à celui de la Bourgogne, emploie le mot *haria* dans le sens de tapage :

La Simple disoit : « Il est mien. »
L'aultre dit : « Vous ne l'arés pas. »
L'une disoit : « Je l'entretiens. »
L'aultre : « Je le tiens en mes las. »
Puis sept, puis dix ; puis hault, puis bas,
Ung grant hahy, ung grand haha !
« Tost, tard, je l'auray. — Non aras.
— C'est toy. — Mais moy. — Non a. — Sy a. »
Ung grant *haria* caria.

> (COQUILLART, *Enqueste entre la Simple et la Rusée.*)

M. Ch. d'Héricault, très-spirituel et très-docte éditeur des œuvres de Coquillart, dans la collection Jannet, estime qu'ici *haria* pourrait bien venir du verbe *harier*, c'est-à-dire tourmenter. Je crains qu'il ne soit dans l'erreur. Mais les vers suivants du poëte Gervais lui donnent peut-être raison :

Cachiés sou cé herpins d'*harias*
Qui vous rongnent tou vo morcias.

> (*Le Coup d'œil purin*, p. 61.)

En effet, il s'agit ici de ces chevaliers de bas étage,

qui, sous prétexte d'honorer de leur protection les filles publiques, les battent, les pillent, vivent en un mot à leurs dépens. Comme la protection qu'ils exercent ne se manifeste le plus souvent que par des procédés brutaux, le nom que leur donne le poëte est, selon toute apparence, formé du verbe *harier*, dont la signification est harceler, vexer, tourmenter. En voici d'autres exemples :

Et toutes lesdictes deux nations, tant Latins que Albaniens, sont durement impressez sous l'importable et très-dure servitude de la très-hayneuse et abhominable seigneurie des Esclavons ; certes, c'est cy ung pueple *harié*.

(GILLES DE CHIN; dans les *Documents* relatifs aux croisades; Collection des *Chroniques belges*, publiées par le gouvernement belge.)

Si en arez-vous ceste endosse,
Vous aultres jeunes mariez,
Vous serez tansez, *hariez*
De vos femmes à tous propos.

(ROGER DE COLLERYE, *Sermon pour une nopce*.)

ARIÉ. — Autre locution fréquemment employée, surtout dans la basse Bourgogne. Elle équivaut à *cependant, malgré cela, tout de même*, selon le cas. Mais la plupart du temps, elle n'est ni nécessaire, ni justifiée. C'est un ornement parasite qui ne laisse pas de donner au discours de la couleur et de la rotondité, si je puis le dire. Les Grecs ont de ces parasites, surtout dans la poésie. Ils sont au style ce que les fleurs pariétaires sont à une ruine, qu'elles embellissent plus qu'elles ne la consolident.

Arié, comme *aria*, est une tradition. Les paysans bourguignons n'ont fait que la continuer. Un poëte inconnu du quinzième siècle a dit :

Chascun se plaint, chascun se deult,
Chascun ne fait pas ce qu'il veult,
Car s'il faisoit sen qu'il vouldroit,

> A chascun guères ne tendroit ;
> Et pourtant qui ne fait *arié*
> Ce qui vouldroit ?
>> (*Le Dit de chascun*, dans le t. I, p. 226, des *Anciennes Poésies françoises*, de l'édition Jannet.)

ÉPANTER, ÉPONTER. — M. Mignard aime mieux tirer ce mot du breton *spount*, frayeur, et *spounta*, épouvanter, que du latin *expavescere*. Mais *épanter* vient en droiture du roman *espaventar* ou *espavantar*, dont on a fait *espauentar*, en prenant le *v* pour un *u*, et qui est devenu *espoanter* puis *espanter*,

> Si l'obra t'*espaventa*.

« Si l'ouvrage t'épouvante. »

> Pros hom s'afortis
> Et malvatz s'*espavanta*.

« Preux homme se fortifie et méchant s'épouvante. »
>> (*Lexique roman* de Raynouard, t. IV, p. 468.)

On lit dans le roman du *Mont Saint-Michel*, par Guillaume de Saint-Pair, poëte anglo-normand du douzième siècle, publié par M. Francisque Michel (Caen, 1856, in-12), v. 3630 :

> Quant la dame est asséurée,
> Qui molt fut ainz *espoantée*,
> L'enfant a pris si cum el pout
> E de ces undes le lavout.

Vers la fin du quinzième siècle, il avait la forme qu'il a conservée dans l'idiome bourguignon, *espanter* :

> Les oyseaulx s'*espantèrent*,
> Son corps mis à l'estrain,
> Les fleuves en saultèrent
> Hors de leur commun train ;
> Les gros vents tant soufflèrent,
> Tant gresilla et plut,

Que vignes engellèrent,
Donc fort il nous desplut.

(Récollection des merveilleuses advenües en nostre temps, commencée par très élégant orateur messire GEORGE CHASTELAIN, *et continuée par maistre* JEHAN MOLINET.)

Il est présumable que la forme bretonne *spounta* est une altération du roman, et que, malgré la répugnance du breton à se mésallier, ce mot, comme beaucoup d'autres, se sera imposé à ce dialecte. Mais il est et demeure français, et vient en droiture, en passant par le roman, d'*expavescere*.

Épenté et *épaté* sont deux mots d'argot. Le premier signifie timide, poltron ; le second, étonné, stupéfait :

JÉROSME. Quien, croi-mi, retire-toi ; car j'te donnerons un ravagon sur l'œil que tu n'en verras goutte de six semaines.

L'FARAUX. Si nous étions *épenté*, tu nous ferais quasiment peur, enfant de chœur de Marseille.

(Les Spiritueux Rébus de Mlle Margot la Malpeignée, reine de la Halle, marchande d'oranges, dans les Étrennes à messieurs les riboteurs. Tours, 1839, p. 5.)

Quand nous quittâmes M. Auguste, il nous regarda d'une façon triomphante, et dit à ses admirateurs : « Je les ai *épatés*, les bourgeois. »

(*Paris-Anecdote*, par PRIVAT D'ANGLEMONT, p. 85.)

NAQUE. — C'est la morve qui sort du nez d'un enfant. Un *naquou* ou *naiquou* est donc un morveux, et, par extension, un gamin qui fait l'important. C'est en le traitant de *naquou* qu'on lui rappelle qu'il n'est pas en âge d'avoir un avis. Aucuns disent qu'il a encore au bout du nez du lait de sa nourrice.

Huguenin Sauleu dist au suppliant qu'il n'estoit que ung *neino*, qu'il lui tordroit le nez, si qu'il lui en feroit saillir le lait.

(*Lettres de rémission de l'année* 1426.)

Je ne cite cet exemple que pour faire voir l'antiquité du dicton : autrement il n'y a aucun rapport entre *naque* et *neino;* les caractéristiques sont trop différentes. *Neino* s'est conservé dans l'espagnol *niño*.

En tout cas, avant de prendre la parole, il faut que le morveux se mouche, et nettoie, comme me le disait mon vieux professeur de septième, ses *écuries d'Augias*. M. le curé, quand il prêche, ne se dispense pas de cette formalité.

M. Mignard observe, au sujet de *naquou*, qu'on dit *nabot* en Normandie (on le dit un peu partout), *naimbot* à Genève, et *ninbot* en langue d'*oil* ; que, dans l'idiome breton, *nébeüt* ou *nébeüd* exprime une petite quantité, et qu'on s'y sert fréquemment du diminutif *nébendik*, un petit peu. Mais tout cela n'a aucun rapport avec *naquou*, si ce n'est qu'un *naquou* et un *nabot* sont de petite taille : ce qui ne prouve pas que ces deux mots aient une commune origine. Or c'est ce qu'il fallait établir.

Si d'ailleurs, comme l'observe M. Mignard, *nacard*, en champenois, veut dire railleur, et *nacarder*, railler ; si, à Rennes, un *nachard* est un goguenard, c'est que ces mots viennent tous du latin *nasus*, dont on a fait *nas, nase, nasal, naséau, nasel, nazel, naseau, nasard* (jeu de l'orgue imitant la voix d'un homme qui chante du nez), *nasarde, nasillard* et *nasiller ;* que la *raillerie passe pour avoir son siège dans le nez*, et qu'enfin (Horace l'a dit et beaucoup d'autres), les longs nez sont réputés goguenards. Rappellerai-je qu'un *nactieux*, en picard, est un dégoûté ; que cet adjectif vient du substantif *nac*, même patois, qui signifie nez ; qu'*avoir bon nac* est avoir bon nez, que le dégoût passe par cet organe avant d'affecter l'estomac, et que les gens qui ont le nez fin sont les plus délicats ? Mais il ne faut abuser de rien, même de l'érudition. Avons-nous la vérité sous la main, elle nous en éloigne parfois de cent lieues.

En d'autres termes, c'est la parfaite ressemblance de la morve épaisse d'un enfant avec cette matière blanche, réfractive, plus ou moins irisée qui tapisse l'intérieur des coquilles d'huître, entre autres, et qu'on appelle *nacre*, c'est, dis-je, cette ressemblance qui a fait donner, en Bourgogne, le nom de *naque* à la morve. J'ajoute qu'à Châtillon, par exemple, et à dix lieues à la ronde, on ne dit pas seulement *naque* et *naquou*, mais *nacre* et *nacriou*. J'entends bien que ce n'est pas par respect pour l'étymologie ; mais ma remarque subsiste, comme dit Dacier.

Mais je vois M. Mignard sourire de ma conjecture et branler la tête d'un air de doute. Il a peut-être raison. Pourquoi, par exemple, *naque* ne viendrait-il pas de *naquet*, valet de jeu de paume, dont le nom devient synonyme de petit laquais, et finit lui-même par désigner un petit garçon quelconque, un page, un enfant malin, adroit et fourbe? Ce nom, en effet, se prend toujours en mauvaise part, surtout avec une intention de mépris. Or les *naquets* avaient une livrée, et le peuple appelait cette livrée, *naquette* :

> Et parce que les partisans
> Fuyoient en habits de paysans....
> Parce que sous vertes mandilles
> Et sous de traîtresses guenilles
> Qui receloient maint quart d'écu,
> Les maltôtiers montroient le cu
> Sans qu'on le sût, tant ces *naquettes*
> Sur leurs mesures sembloient faites.
>
> (SAINT-JULIEN, *le Courrier burlesque de la guerre de Paris*, t. I, p. 329, édit. Jannet.)

N'appelle-t-on pas encore aujourd'hui, en Bourgogne, le mouchoir sale ou déchiré d'un enfant, *naquette* ? Et parce que les causes des mots se perdent, dans le temps même que les mots subsistent, les Bourguignons n'ont-ils pas pu croire que la cause de *naquette* était l'ordure que ce linge est destiné à recevoir, et que cette ordure était naturellement de la *naque*?

Observons encore ceci, comme preuve des variétés de sens dans des mots semblables et par la forme et par l'origine, selon les pays où ils sont employés : *nacque*, en patois lillois, est une émanation qui frappe désagréablement l'odorat. « *Queul nacque!* » dit un Lillois en passant devant une boutique de fromages. *Nacque* se prend aussi dans le sens de flair, nez :

> J'cros qu'te cros que j'nai pus d'*nacque*.
> (Brule-Maison, *l' Garchon difficile*.)

Benneton, Bennaton. — Pour celui-ci, il est véritablement d'origine celtique. Il vient en effet de *benna*, mot gaulois affecté de la terminaison latine, et dont Festus a dit : « Benna, *linguâ gallicâ, genus vehiculi appellatur*. La *benne* ou *banne* est encore en usage chez les descendants bourguignons des Gaulois, comme au temps de Teutatès; elle est faite sans doute et s'appelle encore de même. C'est un long véhicule dont les montants sont formés de fortes branches de chêne ou autres tressées, et qui est destiné au transport du charbon de bois. Nos pères y voyageaient, chacun avec sa famille, et quand ils allaient en guerre, ils en faisaient des retranchements. Pour moi, j'ai toujours été frappé de la bizarrerie et de la grossièreté de ce véhicule, principalement quand j'expliquais les *Commentaires* de César. Les bords en sont très-élevés, et un homme y pouvait combattre debout, les épaules et la tête seules découvertes. Ces *bannes*, avec leur chargement, venaient autrefois jusqu'à Paris.

De *benne* on a fait *benneton*, *bennaton*, diminutif parfaitement justifié. La plupart des provinces de France, pour ne pas dire toutes, savent ce que ce mot signifie, parce que l'objet qu'il désigne, sous une forme plus ou moins diverse, est partout le même. C'est un panier, ou une corbeille, ou un mannequin, ici en osier, là en jonc, ailleurs de toute autre matière, servant à mettre des fruits, des grains, des légumes et autres provisions végétales et animales. En Bourgogne, c'est surtout une cage à poulets. Pour la forme de cette cage et pour sa dimension, rien ne les rappelle, rien ne les représente plus exactement que les paniers des dames au temps de Louis XV, ou les crinolines d'aujourd'hui. Il n'est pas de sources indifférentes à la mode. Pures ou impures, elle y puise avec une égale avidité ses inventions.

Les Languedociens disaient *banasta* au douzième siècle et le disent encore. Ils entendaient par là, un panier, et le contenu d'un panier, c'est-à-dire une *panerée*. En voici deux exemples notables. Ils sont tirés d'un rituel manuscrit du diocèse de Viviers, cité par Lancelot. (*Histoire de l'Académie des inscriptions et belles-lettres*, t. VII, p. 255, éd. in-4).

Le jour de saint Étienne, qui était le premier des trois pendant lesquels il exerçait ses fonctions, l'évêque des fous, revêtu des ornements pontificaux, et suivi de son aumônier, venait s'asseoir dans la chaire épiscopale, et assistait à l'office, recevant les mêmes honneurs que s'il eût le véritable évêque. A la fin de l'office, l'aumônier s'écriait : *Silete, silete, silentium habete*. Le chœur répondait : *Deo gratias*. L'évêque-fou, après avoir entonné l'*Adjutorium*, donnait sa bénédiction, et l'aumônier annonçait en ces termes les indulgences accordées par monseigneur :

> De part Mossenhor l'Evesque,
> Que Dieus vos done grand mal al bescle[1],
> Aves una plena *banasta* de pardos,
> Et dos des[2] de raycha[3] de sot lo mento.

---

1. Au foie. — 2. Deux doigts. — 3. Rache ou rogne.

Les autres jours, les mêmes cérémonies avaient lieu, avec la seule différence que les indulgences variaient. Voici celles du second jour, qui se renouvelaient le troisième :

> Mossenhor ques ayssi présenz
> Vos dona XX *banastas* de mal de dens,
> Et a vos autras donas a tressi
> Dona una coa de Rossi.

Le nom de *bane* est resté à ces longues toiles goudronnées qui servent à couvrir les bateaux de marchandises. Mais je ne sais pourquoi l'on appelle ainsi dans le haut Maine les personnes grosses, épaisses et communes. Je ne veux pas tirer de trop loin des analogies.

CHAPITRE VIII.

PATOIS (SUITE).

Binouache, Binoiche et Binioche.—C'est ainsi qu'on désigne, dans la basse Bourgogne, un comptoir de boutique, un tambour ou cabinet en planches servant de débarras, enfin un coffre à linge sale. Ce coffre, également en planches de sapin, se place ordinairement au bas d'une fenêtre, et sert tout à la fois de siége sur lequel on s'assied, de table sur laquelle on mange. Le couvercle en est plat par conséquent; c'est un ais, une planche tout unie, *pinax*, en latin et en grec.

Pinax.... *proprie est asser, inquit Martinius, in quo edebant et bibebant.* (Du Gange, au mot *Pinax*.)

On voit déjà l'analogie. Elle éclate dans le nom et dans la chose.

De plus, les Wallons expriment par le mot *pinak* un réduit malpropre ou en désordre, un bouge : « *No logean, disent-ils, d'vain ô vraie* pinak ! « Nous logeons dans un vrai bouge ! Les Bourguignons auront emprunté ce mot aux Wallons pendant qu'ils combattaient avec eux sous l'étendard des ducs de Bourgogne, leurs maîtres communs. Mais, en passant par leur bouche, peu accoutumée à l'émission des sons rudes, ce mot s'est adouci. Toutefois, la signification en est restée la même, quoique plus restreinte. L'ordure habite en un coffre à linge sale, aussi bien qu'en un bouge et sous un comptoir.

Les Picards écrivent *pinake*, et l'entendent de même.

M. Mignard, qu'on ne saurait trop louer de sa science dans le dialecte bourguignon, comme en beaucoup d'autres, M. Mignard a-t-il donc tout à fait oublié ce mot, qu'il a négligé de nous en donner l'explication? C'est peut-être parce que *binouache* a vieilli, et est presque tombé en désuétude. Mais il a des ancêtres si nobles, qu'à ce titre seul il méritait qu'on écrivît sa généalogie.

En effet, avant d'être tombée à ce degré de bassesse où elle est aujourd'hui, la *binouache* était un coffre carré et très-large, richement sculpté, plat du dessus, afin de servir de siége au besoin, et destiné à serrer tout autre chose que du linge sale :

> Coffre très beau, coffre mignon,
> Coffre du dressouer compaignon,
> Coffre de boys qui point n'empire,
> Madré et jaune comme cire ;
> Coffre garny d'une ferreure
> Tant bonne, tant subtile et seure,
> Que celuy sera bien subtil
> Qui l'ouvrira de quelque oustil ;
> Coffre sentant plus soeuf que basme ;
> Coffre, le thrésor de la dame ;
> Coffre plein de doulces odeurs
> Et de gracieuses senteurs ;
> Coffre donc le chaitron très net
> Faict l'office d'ung cabinet ;
> Coffre luysant et bien froté
> Coffre qui n'est jamais croté,
> Coffre dans lequel se repose
> Le parfun mieulx sentant que rose :
> Coffre où sont mis les parementz,
> Les atours et les vestementz

> Qui cachent la poitrine blanche,
> Le tétin, la cuisse et la hanche,
> Et aornent le corps et la teste
> Tant jour ouvrier que jour de feste....
> Ne souffre que mecte la main
> Dans toy le larron inhumain.
>
> (GILLES CORROZET, *les Blasons domestiques;
> le Blason du coffre*, t. VI, p. 255, des *An-
> ciennes Poésies françoises*, édit. Jannet.)

On ne voit plus de coffre de la forme que j'ai décrite, et de cet usage, que dans quelques maisons aussi anciennes que lui, et avec lesquelles il disparaîtra peut-être. Que leurs ruines lui soient légères!

PIPOTÉ. — Si je m'arrête avec plaisir et peut-être avec excès sur ces mots du dialecte bourguignon, c'est, je le répète, que sous leur forme plus ou moins altérée se cachent les expressions mêmes de l'ancien français. C'est là, j'aime à le dire, qu'elles se retrouvent le plus fréquemment; c'est là qu'elles résistent avec le plus d'obstination aux caprices de la nouveauté.

Pipoté est un mot charmant qui signifie tacheté. On dit un œillet *pipoté*, une tulipe, une renoncule, une marguerite *pipotées*, pour exprimer les points de couleur différente qui se détachent sur leur fond de couleur uniforme. *Pipolet* est même, en picard, le nom de la renoncule jaune. Le mot propre est *pipolé*, ou *pipelé*, et vient de *pioler*.

> Trop par estoit la terre cointe,
> Qu'ele ere *piolée* et pointe
> De flors de diverses colors,
> Dont moult sont bonnes les odors.
>
> (Roman de *la Rose*, v. 1416 et suiv.)

Pour l'axiome des praticiens qui sont *piolez, violez*, gauderonneez, faisz, satinisez et veloutez comme une chandelle des

Roys[1], je leur conseille de leur embarquer sur le Bosphore, et aller faire un service de six semaines au Grand Turc.

> (*Les de Relais, ou Purgatoire des bouchers, charcutiers*, etc.; dans le t. V, p. 271, des *Variétés littéraires et historiques*, édit. Jannet.)

> Li autres ars fu d'un plançon
> Longuet et de gente façon;
> Se fut bien fait et bien dolés,
> Et si fu moult bien *pipelés*.

> (Roman de *la Rose*, v. 922 et suiv.)

La rime même ici indique qu'il faut lire *pipolés*. En effet, du Cange, qui cite le dernier vers d'après un manuscrit, et qui, à tort selon moi, interprète ce mot par poli, raboté, l'écrit *pypolés*. Borel et le glossaire du roman de *la Rose* l'ont entendu comme il faut.

TAINUSER. — Se dit de l'action de toucher à tout, principalement à de petits objets, sans autre but que d'y toucher, d'occuper ses mains et de tuer le temps. TAINUSAU est le nom qu'on donne à celui qui se livre à cet exercice agaçant.

Ce mot est dérivé de *tenuis*, et l'on a pu dire *tainuiser*. Cependant, on traduisait autrefois *tenuis* par *tanvre*, comme dans ce passage du roman de *la Rose*, v. 9338 :

> N'arés de moi, par le cors Dé,
> Fors cote et surcot de cordé,
> Et une gonelle de chanvre,
> Mes il ne sera mie *tanvre*,
> Ains sera grosse et mal tissüe,
> Et descirée et desrompüe.

Mais dans le Glossaire de du Cange, on trouve *tenuia-*

---

[1]. Parce qu'en effet les chandelles ou bougies dont on se servait le jour de l'Épiphanie étaient teintes de diverses couleurs. Voy. la *Comédie des Proverbes*, act. II, sc. v.)

rius ainsi défini : *Qui dat operam rebus tenuioribus.* N'est-ce pas la définition de notre *tainusau*?

TATOUILLER et TATOUILLON. — De la même famille et presque de la même signification que les mots précédents. Il ne manque qu'une lettre à *tatouiller* pour être français. On disait *tantouiller*, selon Cotgrave, qui traduit ce mot par *to tumble, to wallow, to welter in,* c'est-à-dire *veautrer*, pris activement, *chiffonner*. Le *tatouillon* est en effet un personnage qui ne se contente pas de toucher aux objets, mais qui les tâte, les *chiffonne*, les *veautre*, et quelquefois les détruit. Quand ses mains se portent sur les personnes, c'est pour les incommoder. Ce mot subsiste encore au propre et au figuré sous la forme de *tatillon*. On dit aussi *tatillonner* et *tatillonnage*.

Jamais, dit quelque part M. Sainte-Beuve, on n'a mieux saisi que ne l'a fait M. Th. Leclercq les tracasseries de la société, les gronderies, les taquineries, les câlineries du ménage ; jamais mieux les commérages, les *tatillonnages*... d'un intérieur.

Tous ces mots viennent de *touiller*, lequel vient de θολεῖν, *turbare*, et dont le sens figuré est exprimé clairement dans ce passage des *Chroniques* de Froissart :

Le duc de Glocestré rendoit grant'peine à tou *touiller*.

Au propre, *touiller* était souiller. « *Touillé* de boe (*Lettres de rémission* de 1400); *touillé* de sang (*id.,* de 1406).

De *tatouiller* est venu *ratatouille* ou *retatouille,* car, réduplicativement, *ra* et *re* sont la même chose. *Ratatouille* se dit partout et se mange partout. *Tatouiller,* son auteur, ne se dit plus guère, je pense, qu'en Bourgogne et peut-être en Lorraine.

GASSOUILLER. — Onomatopée pleine de force par laquelle on exprime l'action de farfouiller avec la main ou avec un bâton dans une eau fangeuse, dans un ruisseau par exemple. *Gassouillat* est cette eau ou ce ruisseau. Ce mot est emprunté à l'italien *guazzatoio*, mare, *guazzabuglio*, tripotage. *Guazzare*, dit le Vocabulaire italien-espagnol de Lorenzo Franciosini, 1774, est *dibatter cose liquide dentro a un vaso;* c'est le *quassare* des Latins. Et plus loin : *O bagnare, come si fa alle cavalcature quando arrivano fangose, che si menano al fiume a lavarsi.* Je crois, après ces deux exemples, qu'il n'y a plus de doute sur l'étymologie du mot *gassouiller*. Car de dire, comme quelques esprits fins de la province, que *gassouiller* vient de gazouiller, parce qu'en agitant l'eau avec un bâton, elle imite le gazouillis des oiseaux, c'est n'avoir ouï jamais que le chant des grenouilles et l'avoir pris pour celui de l'alouette.

On dit à peu près dans le même sens *patouiller* ou *patrouiller*, venant de *patoier*, *patojer* (d'où *patauger*). *Patoier* est, selon la définition de Roquefort, prendre avec la main d'une manière sale et malpropre, marcher dans la boue, dans un lieu marécageux; en lyonnais, *patrigoter*. La racine de ce mot est *patuum*, cloaque, fosse à fumier, égout, *patoueil*. « Icelle femme tomba le visaige adens en ung petit *patoueil*, qui estoit en la rue. » (*Lettres de rémission* de l'année 1473.) *Statuimus ut si aliqua persona* patuum *habet vel habebit infra Massiliam alicubi, ubi fit, vel fiet fimoratium.* (Statuts de la ville de Marseille, avec les chapitres de la paix jurée entre Charles, comte d'Anjou, etc., et les Marseillais, par Jean Darnaud, qui vivait en 1277, 1295 et 1305, manuscrit de la bibliothèque de don Carpentier et cité par lui.)

Les Wallons disent, *patrouy el korott, divain le potai*, patauger dans le ruisseau, dans la mare.

Cotgrave donne au mot *patrouiller* la même signification, et de plus un sens figuré.

Le marquis de Mirabeau, l'*ami des hommes*, parlant de son fils, dit avec une grande énergie :

Il étonne ceux-là même qui ont rôti le balai à Versailles. Je n'ai pas du tout l'intention qu'il y vive, ou qu'il y fasse, comme les autres, métier d'arracher ou dérober sa subsistance au roi, de *patrouiller* dans les fanges de l'intrigue.

Voilà l'éloquente justification du sens indiqué par Cotgrave.

PATAFIOLER. — Ce mot est commun à différents patois, et est usité même à Paris. En picard, selon M. l'abbé Corblet, on l'emploie exclusivement dans cette phrase : *Que le bon Dieu te* ou *vous patafiole!* On le dit, ajoute-t-il, par antiphrase, pour : *Que Dieu vous bénisse!* et en s'adressant à une personne dont on est mécontent. Je crois que M. l'abbé Corblet a raison. Cependant, en Bourgogne et ailleurs, ce mot s'emploie dans une foule d'autres circonstances, et cela sans antiphrase. Par exemple, parlant de quelqu'un qui nous impatiente, nous taquine et nous vexe, nous disons qu'il nous *patafiole*; et s'il arrive à la plupart de dire à quelqu'un : *Que le bon Dieu vous patafiole!* on entend bien que ce n'est pas pour que Dieu le bénisse, mais pour qu'il aille au diable. C'est une bonne malédiction, et la charité y est tout à fait étrangère.

Toutefois, je le répète, M. l'abbé Corblet a raison. Seulement il aurait bien fait de nous dire pourquoi. Peut-être le pourrait-on dire à sa place. On l'essayera du moins.

Afoler, en patois bourguignon, *affioler* (Glossaire des *Noëls bourguignons*, par Lamonnoye), signifiait : rendre fou, faire enrager, nuire, et aussi blesser, détruire, perdre :

.... Miex vaut assés et profite
Fortune perverse et contraire
Que la mole et la débonnaire ;

> Et se ce te semble doutable,
> C'est bien par argument provable
> Que la débonnaire et la mole
> Leur ment, et les boule et *afole*.
>
> (Roman de *la Rose*, v. 4860 et suiv.)

Et ailleurs :

> Main vaillant homme ai refusé,
> Car moult ont maint à moi musé ;
> Si crois que m'avés enchantée.
> Male leçon m'avez chantée.
> Lors le doit estroit accoler,
> Et baisier por mieox *afoler*.
>
> (*Ibid.*, v. 13893 et suiv.)

Et enfin :

> Et porce que cest amor lessent
> Cil qui de mal faire s'engressent,
> Sunt en terre establi li juge....
> Por faire amender le meffet
> Por ceux pugnir et chastoier
> Qui por ceste amor renoier,
> Meurdrissent les gens et *afolent*
> Ou ravissent, emblent et tolent.
>
> (*Ibid.*, v. 5480 et suiv.)

Ainsi, en disant seulement aux gens : *Vous m'affolez*, ce serait leur faire entendre qu'ils nous ennuient, nous importunent, nous font tourner la tête ; et en leur souhaitant que Dieu les *affole*, ce serait le prier qu'il les confondît et les damnât.

Que ferons-nous maintenant de la syllabe *pat?* Nous la laisserons à sa place, ajoutant toutefois qu'elle est le résultat d'une métathèse ou plutôt d'un métaplasme, et que cette métathèse ou ce métaplasme confirme la thèse de l'abbé Corblet : *Que le bon Dieu te patafiole!* c'est-à-dire, *ne pas t'afiole*. Voilà le nœud dénoué. Panurge (RABELAIS, liv. II, ch. XXI), s'adressant à « une haulte dame de Paris » dont il est amoureux, et qu'il poursuit

jusque dans les églises, lui fait une question où la métathèse pure, c'est-à-dire celle qui consiste dans une transposition plutôt que dans une transformation de lettres,
est d'une clarté et d'une impudence révoltantes. Mais si
l'exemple est bon à invoquer, il ne l'est pas à citer.

RAIN. — C'est, en Bourgogne, une petite branche :
un *rain* de fagot, un *rain* de balai. M. Mignard ne nous
donne pas l'étymologie de ce mot; il indique seulement
le mot breton *vrank* qui signifie branchage, voulant dire,
je suppose, que *rain* vient de *vrank*, ou celui-ci de celui-là. Cela est possible; mais *rain* est très-français et
vient de *ramus*. On disait aussi *raim*, *raime* et *rainsel*.

> Dame, dist-il, gel' vos dirai :
> Oreinz, quant à ma vigne et lai,
> Un *rains* me féri dedenz l'oil,
> Mout sui blécié et mout m'en doil.
>> (*Le Chastoiement d'un père à son fils*, p. 48,
>> v. 39 et suiv.; édit. de la Société des biblio-
>> philes, 1824.)

> En sa main tient un *raim* d'olive
> Peis mostre as Griu en sa créance.
>> (Roman de *la Guerre de Troyes*. DU CANGE,
>> au mot *Rama*.)

> Moult a dur cuer qui en mai n'aime
> Quant il ot chanter sus la *raime*.
>> (Roman de *la Rose*, v. 81, 82, éd. Méon.)

De *rain* nous avons fait *brin :* un *brin* de bois, un *brin*
de pain, un *brin* de paille, et, par extension, un beau
brin de fille; à moins que ne l'ayons pris du bas latin
Brena, taillis, fourré : *Montes, fontes, molinarios*, brenas,
totum ab integro damus. (Du Cange, v. *Brena*.) Une
rainsée (car c'est ainsi qu'il faudrait l'écrire) est une volée
de coups de bâton, et *rainser* est bâtonner. Dans des

Lettres de rémission de l'année 1391, on lit que « Jehan le Vasseur.... dist audit Regnaudin qu'il le *rainseroit* autre part. » Un *rinceau* est un ornement sculpté ou peint, composé de branches de fruits ou de feuilles d'acanthe, disposées par enroulement; et, en blason, une branche chargée de feuilles.

Par raim de baston ou par raim et baston se disait, selon Cotgrave, lorsqu'on affranchissait une terre ou qu'on la cédait à autrui, et qu'en témoignage de cette cession ou de cet affranchissement, on donnait au nouveau possesseur un bâton, un rameau coupé sur la terre affranchie ou cédée. Dans la *Chronique de Saint-Denis*, t. III de la *Collection des Historiens français*, p. 256 : « Landris li connestables les mena en une forest.... si coupa un rainsel d'un arbre. »

On appelait aussi *rain* le bord, la lisière d'un bois (voy. Roquefort). *Raina*, en wallon, est une borne qui marque la limite d'un champ; en basse latinité, c'est une pluie torrentielle, une inondation, un chemin défoncé par le débordement d'une rivière. Je crois ce mot traduit de l'anglais *rayne*, pluie, qu'on trouve dans Palsgrave, et qu'on a écrit depuis *rain*. C'est de *rain*, pris dans ce sens, qu'est venu notre mot *grain*, pour exprimer un violent coup de vent, une tempête sur mer, et *grain* est d'origine normande, comme l'indique Cotgrave.

LE SOU, LA SOU. — Ce mot, au masculin, signifie une cavité assez étendue, située dans les terres, ou à l'entrée des villages, dans laquelle se réunissent les eaux des pluies et où les bestiaux viennent s'abreuver. C'est proprement une mare. Les Bourguignons croient parler patois quand ils prononcent ce mot, et les bourgeois y montrent quelque timidité. Cependant c'est un mot très-français; il n'est légèrement altéré que par euphonie, et le genre en est changé, car il était féminin; le féminin aujourd'hui implique un autre sens. On disait donc la *chous* ou la *chos*.

L'on doit conter à droiture d'une teneure; puiser et abruver ses bestes, et droiture de pestre là, si et de fere i la *chous* et de sablon foïr.

(*Li Livres de jostice et de plet*, IV, chap. XIX.)

Et estre (outre) son mesage, il aura poer de esbargier iqui aucunes genz, et de qui puet avoir son usage iqui de chascun jor au cortiz, an pomes, an *chos* et en estrain.

(*Ibid.*, chap. XV.)

La *sou* ou *soue*, comme on dit dans le Maine, est une étable à porcs, et se prononce également *seu*.

    Le fils du roi passa,
    Il m'a tant regardée,
    Dans la *soue* aux cochons
    Il m'a tant bousculée
        Ah ! ga !
    Ah ! la voilà la mariée
        Ah ! la voilà !

(*Chanson du pays du Maine.*)

La fame estoit une vieillette,
En une povre costelette (cotte),
En une povre maisonette,
Close de pieus et de sauciaus,
Comme une viez *sous* à porciaux.

(GAUTIER DE COINSI, *Miracles de Notre-Dame*, cité par Barbazan, dans le glossaire de l'*Ordène de chevalerie*, p. 201.)

Quand on chasse les porcs à l'étable, on les excite par ces mots : *Chou, chou, goury !* La locution primitive reparaît dans ce cri. C'est qu'en parlant à des bêtes, et surtout à des porcs, on néglige aisément l'euphonie. On ajoute le mot *tiá*, en allongeant la dernière voyelle, afin de rendre le commandement plus impératif. En certaines contrées, on dit : *Coinche, tien, coinche !*

Incontinent monsieur le porcher prend son pied à son col,...

et tant cercha aux unes et aux autres (fosses), qu'il trouva le trou, comme un nouveau marié, auquel entra, huchant sa truye, et criant à pleine voix : *Coinche, coinche, tien coinche!*

(La Nouvelle Fabrique des excellents traits de vérité, etc., p. 63, édit. Jannet.)

Cotgrave donne une interprétation singulière à *sou*; il le traduit par *pied de cochon en saumure*, « hogs feet in pickle. » Oudin, dans ses *Recherches italiennes et françoises*, le rend par *piedi di porco conditi per mangiare*. Il ne dit pas si ces pieds sont à la sauce indiquée par Cotgrave. Pour moi, je les aime mieux à la Sainte-Menehould.

Il ne serait pas impossible que le *sou* et la *sou* aient pour étymologie, *suda* en bas latin, ou σοῦδα, en grec du Bas-Empire, qui signifient l'un et l'autre, un fossé entouré de pieux. Il est vrai qu'il s'agit ici d'un retranchement, d'une fortification. Mais les bords des mares ou *sous*, dans les campagnes, étant soutenus avec des pieux ou des fascines pour empêcher l'éboulement des terres, rien ne ressemble plus à un fossé retranché qu'un *sou*, principalement quand il est à sec. A plus forte raison, le nom de *suda* convenait-il aux étables à porcs, construites en pieux très-hauts et très-solides, et appelées même *sudis*, c'est-à-dire en bon latin, pieux, dans la loi salique. *Si quis porcellum de* sude *furaverit*, etc. (*Lex salica*, tit. II, § 3); « Si quelqu'un a dérobé un porc dans la *sou*. » *Si quis* sudem *cum porcis.... incenderit*, etc. (*Ib.*, tit. XVIII, § 3); « Si quelqu'un a brûlé la *sou* avec les cochons. » Le livre des *Proportions arithmétiques*, attribué au pape Sylvestre II (Gerbert) et cité par du Cange, dit *suda*. *Paterfamilias stabilivit curtem novam quadrangulam, in qua posuit scrofam quæ peperit porcellos septem, in media* suda. « Le père de famille a fait une nouvelle cour quadrangulaire, où il mit une truie qui mit bas sept petits cochons au milieu de la *sou*. »

Cependant, malgré tous ces motifs, je doute que cette étymologie soit applicable à *sou*, pris dans le sens de toit à porcs. Les Teutons employaient le mot *scu* (aujourd'hui *sau*) pour désigner le cochon, et *sukaras*, en sanscrit (de *su*, produire, féconder), est le nom de la truie. De plus, *kiras*, aussi en sanscrit (χοίρος, en grec) signifie porc. Voilà des rencontres qui ne sont pas un simple effet du hasard. Il se peut donc fort bien, disons plutôt qu'il est certain que la *sou*, comme le σῦς grec, le *sus* latin et le *seu* allemand doivent leur nom au sanscrit. Il ne faut donc plus songer à *suda* ni σοῦδα; cette étymologie s'en va à vau-l'eau; je ne me jetterai pas à la nage pour la rattraper.

FRINGUER. — J'entendis un jour, dans une auberge de village de la Bourgogne, l'hôte dire à sa servante de *fringuer les verres*. La nouveauté, au moins pour mes oreilles, de cette expression singulière me fit prêter attention à la manière dont la servante exécuterait ce commandement, et je la vis *rincer* les verres. *Fringuer*, en bourguignon, veut donc dire rincer. En voici deux exemples tirés d'un auteur du cru :

Le dit Toussaint Patris avoit une chambrière qui ne servoit que d'aller querir du vin, *fringuer* les verres, et verser à boire.

(DES ACCORDS, *Escraignes*, liv. I, chap. XIX.)

Ce qu'elle fist, et mist ordre que le linge fust net et bien ployé, la vaisselle bien torchée, la salière apprestée, le vin bien rafraischy, les verres bien *fringuez*, et le disner bien assaisonné.

(*Ibid.*, chap. XL.)

Il ne faut pas croire qu'ici *fringuer* soit dit par corruption pour rincer, comme *bringue* est dit pour l'action de trinquer, dans ce passage :

> On lé voisô potai dé *bringue*
> Et se récriai taupe et tingue,
> Beuvan et rebeuvan vin foi
> Ai lai santai de note roy.
>
> (Aimé Piron, *Ebaudisseman dijonnoy su l'heu-
> rôse naissance de Mgr duc de Breyogne.*
> Dijon, 1632.)

C'est une métaphore par laquelle on transporte la signification du mot *fringuer*, qui veut dire se pavaner sous de beaux habits, à un objet que son extrême propreté et l'éclat dont il brille font paraître *fringant*.

Saint-Amant, qui l'a employé dans le même sens, l'explique comme l'eût fait un vrai Bourguignon, et avec tout l'enthousiasme d'un poëte ivre d'autre liqueur que d'eau d'Hippocrène :

> Lacquay, *fringue* bien ce verre,
> Fais que l'éclair du tonnerre
> Soit moins flamboyant que luy :
> Ce sera le cimeterre
> Dont j'esgorgerai l'ennuy.
>
> (Saint-Amant, *la Crevaille.*)

Un *fringant à journée* était un personnage qui faisait de sa toilette son unique affaire, et était tous les jours vêtu comme les bourgeois et le peuple ne le sont que les dimanches.

> N'y avoit que pour moy en somme,
> Les beaulx petis gans, le bonnet
> Et la perrucque bien pignée.
> Pour dire : Morbieu, pas un pec !
> J'estoys un *fringant à journée.*
>
> (Coquillart, *Monologue du Puys.*)

Au contraire, un *fringant* ou *fringeur à huitaines*,

était un homme endimanché, empêtré dans ses habits, chargé de bijoux faux, lourds et de mauvais goût, et se passant de dîner plutôt que de ses sots atours.

> D'autre part, *fringeurs à huitaines*
> Ont chaines d'ung marc, d'une livre
> (Pour faire valoir leurs fredaines),
> De beau laton, ou de beau cuivre.
> Ils n'ont point de page à les suivre,
> Robbe doublée de taffetas [1];
> Chascun d'eux si n'a de quoy vivre,
> Et veulent porter tels estas !
>
> (Coquillart, *Monologue des Perrucques*.)

La description est jolie, et elle est encore vraie. Ailleurs, Coquillart, lançant un nouveau lardon contre ces *fringeurs* qui osaient trouver à redire à sa toilette, et l'appelaient *Joannes,* les qualifie de *dymencherés,* et les flagelle de main de maître.

> Ha! ventre bieu, quel broquart!
> Pensaige à moy. C'est un coquart !
> C'est la façon, du temps qui court,
> De ces varlés *dymencherés*
> Qui sont vestus sur le gourt,
> De nous appeller tous *Joannes.*
> Ilz portent les cappes coupées
> En la façon maintenant ;
> C'est, quant leurs robes sont percées,
> Pour estre plus mignonnement.
> Se vous les voyés tous les jours,
> Quant ils ouvrent de leurs mestiers,
> Leurs robbes vestus à rebours,
> Vous diriés : Se sont savetiers.
> Et quant se vient aux jours de festes,
> Ilz semblent tous gros thrésoriers.
>
> (Coquillart, *Monologue du Puys.*)

Je trouve enfin *fringuer* pris dans un sens un peu

---

1. Sous-entendu : *ils ont.*

différent par quelque poëte contemporain de Coquillart, mais plus poli que lui :

> Quant la bourgeoise si verra
> Que son mari plus ne pourra
> Subvenir, car tout est poly,
> Reconfort ne lui donnera,
> Mais à la parfin se fera
> Bien *fringuer* à d'autres que lui.
>
> (*Les Ténèbres de mariage*, dans le t. I, p. 30, des *Anciennes Poésies françoises*, éd. Jannet.)

Il est hors de doute que *fringuer* vient du latin *fricare*, frotter, polir, comme dans cette expression de Vitruve : *pavimentum fricare*, polir le pavé. A-t-on dit *friquer* avant de dire *fringuer*. C'est possible. Cependant, je n'en connais pas d'exemple. Mais en voici un de l'*adjectif friquer*, au sens de beau, frais, poli, élégant :

> .... La mort à tous s'applique,
> Nulz advocats pour quelconque réplique
> Ne scet plaidier sans passer ce passage,
> Ne chevalier, tant ait hermine *frique*.
>
> (EUST. DESCHAMPS, cité par Sainte-Palaye dans ses *Mémoires sur l'ancienne chevalerie*, pag. 194.)

Frisque venant de *frique* ne remonte pas, je pense, au delà de Froissart :

« Le gentil et joly duc Wincelins de Boesme, duc de Luxembourg et de Brabant, qui en son temps, noble, *frisque*, sage, amoureux.... avoit esté, etc.

(FROISSART, t. II, ch. CXLVI.)

CHAPITRE IX.

J'ai reçu la lettre qui suit en réponse à mes remarques sur *le tiers et le quart*[1] :

Je me rends, monsieur. Votre application du proverbe *Se moquer du tiers et du quart* renverse la mienne de fond en comble ; il ne me reste qu'à vous dresser un trophée de ses débris. C'est cela même ; mais j'avoue que j'en étais à cent lieues. La vérité est qu'il faut forger pour devenir forgeron, et au métier que je dédaignais je ne suis pas même apprenti. A l'avenir, je parlerai des étymologies avec plus de prudence, et des étymologistes avec plus de respect.

La leçon que vous m'avez donnée m'encourage à vous en demander une autre. Pourquoi dit-on de certains individus : *C'est la fleur des pois?* Ne doit-on pas dire, *la fleur des bois?* Cette solution me sourit. Il est telles fleurs des bois devant lesquelles pâlissent les plus belles de nos parterres.

Agréez, etc.

L. M.

Cette lettre me fait trop d'honneur ; mais ce n'est pas une raison pour ne pas remercier de ses éloges mon honorable correspondant. Je l'en remercie donc de bon cœur, et je réponds à la question qu'il veut bien me proposer.

---

1. Voy. chapitre V, p. 72.

La fleur des pois, La fleur des fèves, l'un plus communément que l'autre, se dit d'un homme ou puissant, ou riche, ou particulièrement aimable, qu'on voit rarement quelque part, qu'on recherche, qu'on s'envie, qu'on se dispute partout, mais qui n'a garde de se prodiguer, qui a juridiction sur les modes, sur les réputations, quelquefois sur l'esprit, qui a des goûts, des fantaisies, des projets qu'on adopte sans examen ; qui, en un mot, et en quelque lieu qu'il soit, est considéré, même des domestiques, comme celui qui fait la pluie et le beau temps.

Certes, m'allez-vous dire, un pareil homme est un phénix. Je le dis comme vous. Aussi, je m'étonne qu'on ne l'ait pas plutôt appelé *la fleur du cactus*, laquelle s'épanouit une fois dans un siècle. C'est peut-être parce que le petit pois étant un mets exquis, la fleur qui le promet en est d'autant plus précieuse. Mais la fève est un mets grossier; sa fleur n'annonce rien que de lourd et d'indigeste; et pourtant, on dit aussi bien *la fleur des fèves* que *la fleur des pois* :

Il n'oublioit surtout d'y inciter toute la fleur de la jeunesse de la cour, si bien qu'on disoit que c'estoit *la fleur des fèves*.

(Brantôme.)

J'aimerais presque mieux *la fleur des bois* de mon correspondant. Mais un sentiment n'est pas une preuve.

De tout ceci je conclus d'abord que l'application dont la fleur des pois est l'objet cloche par quelque endroit, qu'il ne s'agit pas proprement de la fleur fort insignifiante par elle-même de ce légume, mais que le mot fleur, pris en quelque sens figuré et impliquant une idée de choix, de supériorité, d'excellence, et joint à un autre mot dont la forme aura été altérée, a pu donner lieu à la comparaison dont l'explication est requise.

Un passage de la *Rome ridicule* de Saint-Amant (strophe xx) semblait confirmer cette conjecture :

> Mote qui tranchez de l'Olympe,
> Et n'avez pas six pieds de haut;
> Bute où je crois voir à l'assaut
> Encore le Gaulois qui grimpe ;
> Capitole où le faux Jupin
> Se faisoit baiser l'escarpin
> Et dédier *la fleur des proyes*,
> Vous ne devez pour cent raisons,
> Si vous fustes chéry des oyes,
> Estre loué que des oysons.

Ainsi, je crus fermement, en lisant ce dizain, avoir trouvé la pie au nid, et que *la fleur des pois* était dit par corruption pour *la fleur des proyes*. Je vis que cette *fleur des proyes* offerte à Jupiter Capitolin était tout simplement les *prémices* du butin fait sur l'ennemi, c'est-à-dire la première part, la plus noble, la plus rare, la plus précieuse. C'était vraiment *la fleur des proyes*. En effet, on appelait du nom de *proie* les bœufs, les vaches et les moutons, réunis en troupeaux.

> Sitost comme lesdiz sergens hors furent la ville de Vervin, accueillirent la *proie* et bestes qu'ils trobvèrent pasturans au dehors d'icelle.
> (*Lettres de rémission* de 1360.)

> Comme ledit sergent eust prise en certain blé.... la *proie* que l'on appelle la herde (troupeau) des vaches de la ville de Wancayeu, en laquelle *proye* ledit suppliant en avoit aucunes, etc.
> (*Autres* de 1404.)

L'usage d'offrir aux dieux les prémices du butin et des biens de la terre était commun à toutes les nations païennes de l'antiquité. Il était celui des Hébreux ; il fut celui des chrétiens; mais ceux-ci le restreignirent à la fleur de leurs récoltes, qu'ils consacraient à l'autel du vrai Dieu. Je cite et traduis mes citations :

Vous devez offrir à l'autel les *prémices* de vos fruits et de votre travail, c'est-à-dire les premiers épis, les premiers raisins et les premiers rayons de miel. Les *prémices* des autres fruits doivent être apportés au presbytère, afin que le curé les bénisse [1].

Il donna à Dieu et à saint Vincent tout ce qu'il avait dans l'église d'Attigny, à savoir : les prémices, le pain, la chandelle et les droits de sépulture [2], les *pois* et les *fèves*, le chènevis et le lin [3].

La dîme des *fèves*, des *pois*, des raisins, du millet, du chènevis, et de tout autre menu grain [4], etc.

On trouve nommément désignés dans ces deux dernières citations, les *pois* et les *fèves*; c'en étaient les prémices, comme de tous les autres fruits, qui étaient ou exigés ou donnés librement; c'en était la fleur. Ce fait semble donc affaiblir le témoignage de Saint-Amant, et plaider en faveur de *la fleur des pois* et de *la fleur des fèves* contre *la fleur des proies*. Cependant, je crois encore que *la fleur des proies* est la véritable origine de notre proverbe, et que cette origine ne remonte peut-être pas au delà de Saint-Amant. On ne trouve, en effet, dans aucun écrivain antérieur à lui la singulière expression qu'il emploie pour tourner en ridicule le culte de Jupiter Capitolin, et l'on

---

1. « *Primitias* de fructibus vestris et de laboratu debetis offerre « ad altare, id est, spicas novas, uvas et fava. Alias *primitias* ad « domum presbyteri de omni fructu debetis portare, ut presbyter « eas benedicat. » (*Incerti auctoris Homilia*, apud Baluz., in *Append. ad Capit.*, col. 1376.)

2. Espèce d'exaction exercée sur les sépultures.

3. « Dedit Deo sanctoque Vincentio.... quidquid habebat in Eccle-« sia Attiniaca, scilicet *primitias*, panem, candelam et sepultu-« ram, *fabas* et *pisicum*, cannabum et linum. » (*Tabular. S. Vincentii Cenoman.*, cité dans du Cange.)

4. « *Decima fabarum, pisorum*, racemorum, milieti, cannabi, « et totius alterius minuti bladi, etc. » (*Chart. ann.* 1283, Ibid.)

ne trouve pas davantage celle de *fleur des pois*, prise dans le sens de première cueillette des pois ou primeur.

Je trouve au contraire partout et constamment le mot de *prémices*. Un exemple encore :

Prend aussi ledit abbé la moitié des dismes de tous blés, laines, et *prémices*, et le prestre l'autre moitié, sauf que le chamberier de l'abbaye prend toutes les dismes et *prémises*, en son fief, à la Chaloire, et excepté aussi audit abbé qui prend toutes les dismes et *prémises*, à Thiron, à Villecocq, etc.

(*Relevé des biens, droits et bénéfices de Saint-Calais (Sarthe)*, fait par l'abbé Tibergeau en 1391 : manuscrit appartenant à la bibliothèque de Saint-Calais.)

Quand un laïque, pour avoir suborné la femme d'autrui, reculé la borne de son champ, négligé à dessein et avec récidive de jeûner aux jours prescrits, d'assister aux offices, de se confesser et de communier ; quand, dis-je, pour tous ces délits, il avait encouru la censure ecclésiastique, on le condamnait à donner en argent ou en nature les *prémices* de son blé, de son vin, de son huile et autres denrées, depuis la trentième partie jusqu'à la soixantième. On n'en rabattait pas une obole.

De primitiis vero statuimus, ut laici per censuram ecclesiasticam compellantur ad trigesimam, vel quadragesimam nomine primitiæ *persolvendam.*

(Concil. Burdigal., ann. 1255, cap. xx.)

Nomine autem primitiarum, *seu pro* primitiis, *ad minus sexagesima pars de vino et blado ecclesiis debet solvi.*

(Concil. Nemausens., ann. 1284, cap. de Decimis.)

La fleur du blé, de l'huile et du vin, tout y passait. Je dis la *fleur*, celle du vin principalement, parce que cela devait être, et que Plaute et Ennius l'ont dit :

Timeo hoc negotium : quid est? Nisi hæc meraclo
Se ipsam percussit *flore Liberi.*

(Plaute, *Casina*, sc. v).

Hæc anus se sauciavit *flore Liberi*. (ENNIUS.)

Les pois, les fèves, le millet, le chènevis, l'orge, l'avoine, etc., offerts au même titre, devaient l'être à la même condition, celle d'être les prémices, la *fleur* de la récolte. Que si, je le répète, je n'ai pas trouvé d'exemples anciens de l'expression *fleur des pois*, ou *fleur des fèves*, prise dans ce sens, c'est peut-être parce que je n'ai pas assez cherché. En tout cas, qu'on l'ait dit ou non, ce dicton est tout ce qui nous reste aujourd'hui de l'usage auquel ces *fleurs* étaient autrefois destinées, et comme une forme poétique substituée à la forme vulgaire de *prémices*, qu'elle avait auparavant.

Je l'ai déjà remarqué et dit, celles de nos locutions proverbiales qui ont le plus embarrassé les interprètes ont leur origine dans une taxe ou une exaction. L'une et l'autre disparaissent, et l'expression qui les consacrait cesse, avec le temps, d'être comprise, ou l'est autrement. Mais elle n'en garde pas moins sa marque originelle, et l'on finit par la retrouver, pour peu qu'on en veuille prendre la peine. La *fleur des pois* est de cette nature. Quelle que soit celle des deux origines qu'on veuille adopter, on ne s'était pas douté jusqu'ici que ce mot ait pu être dit d'une redevance en pois, représentée par les prémices des pois; mais on le dit actuellement de ce qui, en tout ou en partie, a effectivement les propriétés de prémices quelconques, comme celle d'être nouveau et relativement rare, d'exciter la convoitise de tout le monde, de n'être le bien exclusif de personne, de ne s'acheter ni de se vendre, mais de se donner à des privilégiés, celle enfin d'être la règle et à la fois le modèle de ce qu'il y a de plus beau, de plus noble, de plus merveilleux, de plus digne de notre admiration et de nos désirs. Le personnage que j'ai esquissé plus haut a ces dons divers. Ce n'est donc pas tout à fait improprement qu'on le qualifie de *fleur des pois*.

Pour illustrer, comme on dit, cette matière, ajoutons une particularité sur le pois et la fève, qui honore encore plus l'un et l'autre que celle dont j'ai tâché de donner l'explication. Je l'ai tirée d'un livre très-curieux et très-rare, imprimé en 1521, réimprimé en 1565, et intitulé : *le Quadragésimal spirituel, ou la Salade du caresme.* J'en donnerai seulement le résumé :

La fève fritte est la confession. Avant de faire cuire les fèves, on les fait tremper dans l'eau, pour les amollir, et préparer en quelque sorte les voies à la cuisson. On traite de même les péchés; on ne va pas de but en blanc les déclarer au confesseur, on les fait macérer dans l'eau de la méditation, après quoi on s'en confesse. Et de même qu'on ne fait pas cuire seulement dix ou douze fèves, de même il ne faut pas seulement *tremper* ou méditer dix ou douze péchés, mais tous ceux qu'on a commis, et pendant tout le temps qu'on a vécu, s'il est possible.

Le pois passé ou sec est la contrition. Il ne cuit pas dans l'eau de fontaine ou de puits, mais dans l'eau de rivière. L'eau de fontaine ou de puits qui ne court point, ne représente que les larmes de l'attrition; celle de rivière qui court, représente les larmes de la vraie contrition. L'attrition ne cuit pas bien le pois spirituel; la contrition au contraire fait bonne décoction du pois de pénitence. Mais il y faut de l'eau courante, et cette eau, ce sont les larmes du cœur qui se gonflent et font irruption par les yeux.

PATAUD, PAOUR et PÉTRAS. — Au dix-septième siècle, on appelait *pataud* un chien de cuisine. (LE ROUX, *Dict. comique.*) Ménage le dérive de *patte*, parce que ce chien avait de grosses pattes, et ajoute qu'au figuré, on disait *pataud* d'un gros enfant. Cette interprétation pouvait suffire dans les ruelles où Ménage était consulté sur une étymologie, et où l'on n'y voulait pas trop de détails, ni surtout de métaphysique. Mais *pataud* est une corruption de *pitaud*.

Pitaud signifiait un homme pesant de corps et court d'esprit, un lourdaud au physique comme au moral.

Ce *pitaud* doit valoir, pour le point souhaité,

> Bachelier et docteur ensemble....
> Le coquin, lourd d'ailleurs et très-court en esprit....
>
> (La Fontaine, *le Tableau*.)

Ce mot avait son féminin :

> En vain l'amoureux tout surpris,
> De sa *pitaude* oyant les cris,
> Se rend la trogne furibonde ;
> Tout discours y perd son latin ;
> La brune, la rousse et la blonde
> Passent par un même destin.
>
> (Saint-Amant, *la Rome ridicule*, str. 40.)

On appelle *pitauds*[1], dans Froissart et dans Monstrelet, des paysans arrachés de force à la charrue pour être transformés en soldats. Leurs membres, peu assouplis par les rudes travaux des champs, n'avaient pas l'élasticité de ceux des hommes de guerre, et leurs mouvements étaient à la fois lourds et gauches. Ce terme devint dans la suite un terme de mépris, principalement lorsque, par des manières incompatibles avec sa condition, ou par un langage emprunté aux citadins raffinés, un paysan donnait prise au ridicule.

Jacques Pelletier, par divers chapitres, a dépeint les quatre saisons de l'année, et en celui de l'hiver a figuré quatre batteurs dedans une grange.

> Conséquemment vont le blé battre
> Avecque mesure et compas,
> Coup après coup, et quatre à quatre,
> Sans se devancer d'un seul pas.

Sauriez-vous mieux voir des *pitaux* de village battant le blé dans une grange, que vous le voyez par ces vers ?

(Pasquier, *Recherches de la France*, liv. VII, ch. ix.)

---

1. Le primitif est *bidau* :
> De toutes pars assalent plus légiers que *bidaus*....
> (*Godefroid de Bouillon*, v. 9049.)
> Donc y vinrent *bidau*, une gent desraée ...
> (*Id*. v. 9073.)

> Un pauvre *pitaut* de village
> Tout esbahy me demandoit
> Un seigneur quel homme c'estoit,
> Car il luy sembloit au visage
> Qu'il estoit homme comme nous :
> — Amy, dis-je, il est davantage,
> Car s'il est fol, il nous perd tous,
> Et nous rend heureux, s'il est sage.
>
> (Des Accords, *les Touches*, p. 4, édit. de 1614.)

Dans ces deux passages, *pitaux* est dit naturellement. Dans cet autre, il est dit avec affectation :

> Il n'est pas que les *pitaux* de village, pour couvrir leurs blasphêmes, n'aient autrefois composé des vocables où ce mot de *got* est tourné en *goy*; car quand ils dirent *vertugoy*, *sangoy*, *mortgoy*, ils voulurent sous mots couverts dire autant que ceux qui disent, *vertudieu*, *sangdieu*, *mortdieu*; encore en firent-ils un plus impie, quand ils dirent *jarnigoy*, qui est autant comme s'ils eussent dit : *Je renie*, etc.
>
> (Pasquier, liv. VIII, chap. ii.)

Roquefort voit dans ces *pitaux de village*, des hypocrites. Ce n'est pas ainsi que Pasquier l'entend. Le premier de ces trois exemples, qui est aussi de Pasquier, aurait dû l'apprendre au lexicographe. Il en est de même de celui-ci, qui est de Saint-Amant :

> La déesse des fours, des moulins et des plaines,
> Où l'œil du bon *pitaud* voit l'espoir de ses peines;
> Celle qui, s'esclairant de deux flambeaux de pin,
> A force de trotter usa maint escarpin,
> En cherchant nuit et jour sa donzelle ravie,
> Cérès au crin doré, etc.
>
> (Saint-Amant, *le Melon*.)

Sigognes donne *pétaude*, féminin de *pétaud*, mais dans un sens différent et qui s'entend assez :

> Mouffarde, *pétaude*, vessuë,
> Retirez-vous, le nez vous suë,
> Et le lard n'est plus de saison.
>
> (Dans des Accords, *Descriptions*, p. 211, édit. de 1614.)

On disait aussi, *péhons de village*, et *piétons de village* :

> . . . . Pensez
> Qu'on leur eust faict du mal assez,
> Si l'en eust eu noble couraige.
> Mesmes, ces *pehons de villaige*,
> J'entens pehons de plat pays,
> Ne se fussent point esbahis
>   De leur mal faire.
>   (*Monolog. du Franc Archier de Bagnolet*, dans
>   les œuvres de Villon, p. 304, édit. Jannet.)

> Jurons sang bieu, nous serons creuz,
> Arrière, *piétons de village*.
>   (*Dial. de Malepaye et de Baillevant*, dans le
>   même, p. 344.)

Ces deux versions n'indiquent-elles pas la véritable étymologie de *pitaud* ou *pétaud*? Car *pihon*, *pehon*, *pion* et *piéton* signifiaient homme de pied. Les paysans ne combattaient qu'à pied ; combattre à cheval était le privilége exclusif des gentilshommes.

Un *pitaud*, dans la Haute-Marne, est un enfant trouvé, élevé à l'hospice, ou mis en pension à la campagne.

Patoul, en picard, en normand et en rouchi, a la même signification que *pataud*. Il a la terminaison propre à la langue d'*oïl*, et marque la différence du dialecte des trouvères et celui des troubadours.

Pitoux et *piteux* (en bas latin *pietosus*, venant de *pietas*, piété) sont des noms qu'on donnait aux *Moralités* ou pièces représentant la vie de Jésus-Christ.

Comme plusieurs amis charnelz de Jacob le Grant deussent et eussent promis aux enfans dudit Alixandre de venir à un esbatement que on dit *piteux*, environ la Chandeleur derrenièrement passée et deux ans, etc.
        (*Lettres de rémission* de 1384.)

Advint que a une feste ou assemblée de *pitoux*..., à laquelle feste ou assemblée on a usé et accoustumé de sonner un bassin

pour assembler les voisins et gens d'entour, pour venir à la-
ditte feste.
(*Lettres de rémission* de 1395.)

Il y avoit une grande assemblée de jeunes gens faisant esbate-
ment et jeux de personnaiges que on nomme ou pais *piteux*.
(*Autres* de 1442. — Voy. Du Cange, au mot
Pius.)

Paour, est très-communément employé dans les provinces du Centre et du Nord, comme synonyme de *pataud*. L'abbé Corblet (*Gloss. du patois picard*) fait dériver ce mot de l'allemand *bauer*, paysan. Je ne puis
être de cet avis. Je crois que *paour* est le même que
poure, lequel est devenu *paure*, puis *paovre*, et enfin
pauvre. *Poure* était un terme de mépris par lequel ou
désignait un plébéien, un homme de néant, un va-nu-
pieds :

> En cele part que j'ai descrite.
> Que li rois Jouan leur ot dite,
> Ou li *poure* homme de l'ost ierent.
> (Guill. Guiart, *la Branche des royaux ligna-
> ges*; dans la *Vie de Philippe Auguste*,
> v. 3459 ; édit. Buchon.)

On disait la *pouraille*, comme on dit aujourd'hui la
canaille :

> Ensi n'en a cose qui vaille,
> Pour ce que le boivent *pouraille*.
> (*Le Riche homme et le Ladre*, cité par Carpentier.)

Paour est encore aujourd'hui une injure, mais dans le
sens d'épais, d'imbécile. Il se trouve des *paours* dans la
haute aussi bien que dans la moyenne et la basse société.

Pétras est de la même famille et à peu près de la même
signification que les deux autres. Les injures sont comme

les mauvaises herbes; là où il en croît une, il en croît bientôt cent. Les compliments ne sont pas si prolifiques. Deux auteurs de vocabulaires bretons, Lepelletier et Davies, disent qu'en breton, *pétra* signifie littéralement *quelle chose? quoi?* et que tel étant le propos continuel d'un paysan borné, qui ne comprend jamais ce qu'on lui dit, on employait le mot *pétra* pour qualifier cette sorte de gens. Davies ajoute même que de ce mot on a fait *petruso* qui, en bas latin, veut dire, *je doute*. M. Mignard (*Histoire de l'idiome bourguignon*, p. 117) veut bien trouver cette interprétation plus ingénieuse que solide. S'il s'agit de l'ingéniosité (qu'on me passe le terme) dont le siége serait dans les talons, et qui aurait à parcourir le corps dans toute sa longueur avant de se faire issue par le haut, à la bonne heure. J'ajoute que l'interprétation de ces messieurs a dû passer par des canaux bien étroits pour nous arriver si déliée. Je ne crois pas non plus, avec M. Mignard, que le latin *petra*, sous prétexte que la dureté d'intelligence du paysan est comparable au rocher, soit la source de notre mot. Quoique plus naturelle assurément, cette étymologie ne dissipe pas tous mes doutes. Il y a un mot indigène qui ne doit rien au latin, et qui signifiait, je pense, au moins par métaphore, un lourdaud et un sot. C'est *pétrar*, expression encore usitée dans l'Orléanais, pour signifier un moineau. Elle est dans Cotgrave. Par réciprocité, elle a pu être appliquée aux moines eux-mêmes, dont le nom, comme on sait, a formé celui de ce volatile. On appela *pétrar* un moine, comme on avait appelé *moineau* un friquet. Les moines, sortis pour la plupart des derniers rangs de la société, étant, à tort ou à droit, réputés n'avoir embrassé cette profession que faute d'assez d'esprit pour en prendre une autre, et afin de vivre et de s'engraisser sans rien faire, le peuple, sous l'influence de ce préjugé, compara aux moines ceux qui, pour ne l'être pas, n'étaient ni plus habiles, ni moins bien portants. Et parce qu'il avait donné à ceux-là le nom de *pétrar*, il le donna également à ceux-ci. On conçoit d'ailleurs que *pétrar*, à la longue, soit devenu *pétras*.

Chacun peut, sans craindre que je le taxe d'hérésie, révoquer en doute l'orthodoxie de cette interprétation. J'avoue qu'elle n'a pas toute la précision d'un dogme, et je ne pousserai pas le fanatisme jusqu'à me faire tuer pour elle. Aussi bien, ai-je longtemps balancé avant de l'adopter. Je m'étais arrêté d'abord à une autre. J'avais pensé que *pétras* pouvait bien être un dérivé de *piètre*, quoique la signification en soit très-différente. Ce qu'il y a de certain, c'est qu'on a dit *piétras* ou du moins *pitras*, en mangeant l'*e*. Je trouve en effet cet adjectif employé au féminin dans Bonaventure Des Perriers :

Il y en avoit deux (gendarmes), ou trois ou quatre, je ne sais combien, chez une bonne femme, lesquels lui mettoient tout par écuelles. Et comme ils mangeoient ses poules qu'ils avoient tuées, elle faisoit une chère *pitrasse*, disant la patenôtre du singe.

(*Nouvelle* LXIX.)

M. Paul Lacroix, éditeur de Des Perriers, estime que *chère pitrasse* veut dire ici *mauvais visage*. Ne veut-il pas plutôt dire, en opposition aux poules dont les gendarmes se nourrissaient, *maigre chère* ou *chère grossière?* Si cela est vrai, comme je le crois, nous aurions l'étymologie de *pétras*. Le sens, j'en conviens, aurait bien changé depuis ; mais qui s'en étonnerait, ne saurait pas qu'il y a quantité d'exemples de semblables métamorphoses.

PICOTIN. — C'était à la fois le grain qu'on donnait aux volailles et le panier où l'on mettait ce grain. *Picotinus*, en bas latin. Ménage a découvert que ce mot est dérivé du latin *paucum*, parce que le *picotin* est une petite mesure. C'est comme s'il disait que *tonneau* vienne de *tantum*, parce que le tonneau en est une grande. On dit, je pense, d'un homme qui fait de pareilles découvertes, qu'il est allé chercher midi à quatorze heures. *Picotin* vient de *picoter*, c'est-à-dire piquer à coups redoublés, comme font les volailles quand elles mangent le grain. *Per hujusmodi scilicet mordicationes, sive, ut ita dicam, abbecationes, sæpius iteratas*, etc. (Frider. imper., *De arte venandi*, lib. II, cap. XLIX.) Telle est la définition de cette onomatopée. En voici une autre qui, si je ne me trompe, plaira davantage; elle est tirée du 61ᵉ dialogue du livre qui a pour titre : *Dialogus creaturarum, liber jocondis fabulis plenus, per Gerardum Leeu, in oppido Goudensi inceptus, munere Dei; finitus est anno Domini* 1481.

Gallus et capo in curtino uno morabantur; sed gallus dominabatur gallinis; capo autem humiliter cum ipsis picabat.

Quel tableau ! C'est le début d'un poëme épique. La Fontaine n'a rien de plus beau.

Nous avons chanté et appris à chanter à nos enfants :

> Une poule sur un mur
> Qui picotait du pain dur,
>   Picoti,
>   Picota,
> Trousse la couette
> Et puis s'en va.

On dit d'un homme marqué de la petite vérole, qu'il est *picoté*, non parce que les marques imprimées sur sa figure ressemblent à des grains quelconques, mais parce qu'elles rappellent l'idée de *piqûres* effectuées à coups de bec. Un poëte du quinzième siècle fait parler le mort au vivant, en ces termes :

> Un temps fus vif, que j'avois bon visaige,
> Les yeux rians. Las ! j'ay trou de tarière,
> Conduit à vers, pour leur faire passaige,
> Le damp d'autrui te rende donques saige,

> Car comme moy tu deviendras en poudre,
> Tout *picoté*, comme est un deel à coudre.
>
> (*Le Dist d'un mort*, dans le *Grand Compost des bergers*, de 1410, réimprimé en 1633, p. 61-62.)

Du *picotin* mangé par les poules, le nom est passé à l'objet dans lequel on le déposait avant de le donner en pâture. Cette transition était toute naturelle, et c'est pourquoi l'on a nommé *picotin* l'avoine destinée aux bêtes de somme, et le panier où on la mesurait. Mais le contenu ou la chose mesurée, voici la cause ; le contenant ou la mesure, voilà l'effet. Depuis, toute ration quelconque habituellement assignée à quelqu'un, reçut par métaphore le nom de *picotin* :

> Beau sire, se la créature
> Prent tous les jours de son mary
> Le *picotin* à grant mesure,
> Faict-il mal ?
>
> (Coquillart, *Droits nouveaux*, t. I, p. 41, édit. Jannet.)

> En entrant dans un jardin,
> Je trouvay Guillet Martin
> Avecques sa mie Heleine
> Qui vouloit pour son butin
> Son beau petit *picotin*
> Non pas d'orge ne d'avoine.
>
> (Clément Marot, *Chanson* xxvi.)

Donnant, donnant. — Ce n'est là ni une maxime de l'Évangile, ni un précepte de la philosophie et de la morale ; c'est l'ultimatum de l'égoïsme, la règle de la fausse charité, le catéchisme en deux mots d'un juge cupide et prévaricateur. Notez ce dernier point, car non-seulement il s'est rencontré des juges qui n'ont rendu des arrêts qu'à cette condition, mais il paraît bien que la formule : *Donnant, donnant*, par laquelle ils garantissaient aux plaideurs le gain de leurs causes, est de leur invention. En voici deux preuves assez évidentes.

Il y a environ dix-neuf cents ans, Varron, le plus savant des Romains, s'écriait dans une de ses satires *Ménippées* (*le Sexagesi*) :

Le Forum n'est plus qu'un marché ; le juge regarde l'accusé comme une mine qu'on exploite. *Donne et prends*, voilà la seule maxime en vigueur[1].

L'autre exemple est tiré de notre propre histoire. Je le trouve dans la comédie des *Esprits*, de Larivey, acte I, scène III :

URBAIN. .... Va donc la querir, mon mignon.
RUFFIN. A d'autres ! Je suis déniaisé. Mon style est des requestes du Palais ; en *baillant baillant*.

Sans doute, les tribunaux, en France, sont bien revevus de cette honteuse pratique, et depuis soixante ans, c'est-à-dire depuis leur organisation régulière et indépendante, on ne trouverait pas un seul juge qui ait trafiqué de la justice ; mais il n'en est pas de même partout.

Sans nommer personne, je pourrais citer tel peuple de l'Orient, relativement civilisé, où le petit commerce stigmatisé par Varron est en pleine vigueur, et tous les Varrons du monde n'y sauraient remédier.

LATIN DE CUISINE. — Je crois qu'on peut dire de ce latin-là comme de l'autre, que c'est une langue morte. On la parlait dans les cuisines des colléges de l'ancienne Université, mais je pesne qu'il n'en reste plus de traces dans la nouvelle. Cependant, il s'en lâche encore quelques bribes aux réfectoires, comme par exemple : *Isti haricotti sunt detestabiles ; hoc vinum est lessiva* ; mais ce n'est là qu'un jeu d'écoliers, tandis qu'en s'expri-

1. *Étude sur Varron*, par Gaston Boissier, p. 97.

mant ainsi autrefois dans les cuisines, on pensait faire honneur à sa profession, et parler, pour ainsi dire, la langue de la maison. Or cela n'était pas toujours faux. Si l'on en croit la tradition, certains pédants, comme le *Granger* de Cyrano de Bergerac, ne trouvant pas toujours le mot propre, farcissaient leur latin de mots dérobés à celui des marmitons et des *souillards*, de ces mots qu'Érasme, dans Béroalde de Verville, appelle *tout pourris de cuire*.

Mais depuis que les cadenas des sciences furent crochetés, on m'a (dit Érasme) laissé en croupe.... On se mit à courir après ces nouveaux venus qui, ô bon César, laissent votre latin naïf, pour aller aux cloaques des pédants chercher des mots *tout pourris de cuire*, et s'en barbouillent le museau.

(*Le Moyen de parvenir*, XXXIII, au titre *Rémontrance*.)

Je crois que le *latin rôti* de Bonaventure Despériers signifie la même chose :

Mais ainsi qu'on le menoit pendre, advint qu'un seigneur passa par là, par le moyen duquel il obtint sa grâce du roy, pour avoir craché quelques mots de *latin rôti*, lesquels, encore qu'ils ne fussent entendus, firent penser que c'estoit quelque homme de service.

(*Nouvelle* CXI.)

Il fait un drôle de temps. Le temps, soit qu'on le considère comme conjoncture, ou comme état particulier de l'atmosphère, est un des objets les plus habituels de nos médisances et de notre mauvaise humeur. Il en serait même le principal objet, si le prochain avait moins de titres à revendiquer cet honneur. Ces titres sont le plaisir qu'on a et celui qu'on procure aux autres, en disant du mal de n'importe qui. On n'éprouve rien de pareil en parlant du temps, et le mal qu'on dit de lui n'est aimable ni pour ceux qui le disent, ni pour ceux qui l'entendent dire.

Quand on a épuisé contre le temps toutes les injures, ou quand il est si capricieux qu'on ne sait plus quel terme employer pour le définir, on dit vulgairement : *Il fait un drôle* ou *Quel drôle de temps!* Je parierais presque que vous avez entendu dire, si même vous ne l'avez dit vous-même : *Quel polisson de temps!* Je n'ai pas besoin d'ajouter que ces deux locutions ne sont approuvées ni de Vaugelas, ni du bon goût. Mais telles qu'elles sont, je les préfère néanmoins à cette autre :

> Il fait un temps de demoiselle,
> Ni pluie, ni vent, ni soleil....

car ici l'injure est bien plus pour le sexe que pour le temps. En général, les dictons de nos pères, où il est question des femmes, sont de cette nature; ils relèvent de la satire plus que de la galanterie.

Pour en revenir à notre *drôle de temps*, je crois cette façon de s'exprimer plus moderne que l'idée qu'elle exprime en effet. Larivey, dans sa comédie du *Morfondu*, acte I, scène IV, rend la même idée différemment : « Vertu ma foy, dit un de ses personnages, laissez toutes ces nyaiseries aux courtisans, et pensez que le *temps* est devenu *basteleur*. » L'image est hardie, mais juste. Il est certain que le temps est une espèce de joueur de farces, de faiseur de tours de passe-passe, qui se rit de notre confiance en lui, et qui escamote nos espérances comme une muscade. *Quel diable de temps!* pourrait-on dire encore, et cela avec d'autant plus de raison, que *troll* dont nous avons tiré *drôle*, signifie, en vieux germain, un mauvais génie, un diablotin, un sorcier.

METTRE AUX CHAMPS QUELQU'UN. — C'est l'inquiéter, le troubler; *Être aux champs*, c'est être inquiet et troublé : l'un et l'autre selon les dictionnaires modernes. Mais *Mettre aux champs*, selon Oudin, c'était provoquer quelqu'un, le mettre en colère, par conséquent l'appeler ou se faire appeler par lui sur *le champ*, et comme on a dit depuis, sur le *pré*. C'était en un mot les préludes d'un duel. Cette expression nous vient du moyen âge. Elle est textuellement dans un passage de Baldric de Noyon, liv. I, ch. x : « Ils l'appelèrent, y est-il dit, à un combat singulier, c'est-à-dire *au champ*. » Je ne cite que cet exemple ; il y en a bien d'autres. Cherchez-les dans du Cange, ou dans Spelmann (*Glossaire archéol.*), au mot *Campus*.

Au moyen âge, il y avait quantité d'appels de cette nature, et plus ou moins brutaux. Quand c'était de seigneur à seigneur, ou de seigneur à abbé ou à évêque, les uns et les autres se *mettaient aux champs* avec leurs gens, et le combat singulier était une mêlée. Les vassaux avaient beau se plaindre, résister, s'emporter, il fallait qu'ils marchassent et se *missent aux champs*.

La civilisation moderne a réduit ces appels et en a simplifié les formalités. Aujourd'hui, l'offensé envoie deux témoins prier poliment l'offenseur de vouloir bien venir se faire couper la gorge. Celui-ci vient, et, pour ne pas se laisser vaincre en politesse par celui-là, lui coupe la gorge le premier. Quelquefois aussi, il ne vient pas. Mais la première fois que l'offensé le rencontre, il se contente de lui caresser légèrement l'une et l'autre joue avec deux doigts, et l'honneur est satisfait.

CHAPITRE X.

Saint-frusquin, Quibus, Oignon, Trèfle. — On appelle *saint-frusquin* ce qui constitue la propriété de quelqu'un, ses biens, ses hardes, et quelquefois aussi son argent.

M. Francisque Michel fait dériver *frusquin* de *frouchier*, *frogier*, *frouger*, vieux mots, dit-il, qui signifiaient fructifier, profiter, gagner. Je ne le crois pas, et la raison, c'est que *frusquin* a d'abord voulu dire habit. Ce n'est pas non plus de l'argot; c'est la corruption d'un mot très-français, comme je vais le prouver tout à l'heure. Le propre de l'argot n'est pas de corrompre les mots et d'en conserver le sens, mais de changer le sens même de ces mots en ne touchant pas à la forme. Il y a pourtant des exceptions. Si *frusquin* se dit en argot, il est dans ce cas.

Ouvrez tout simplement du Cange, au mot *Fustana*; vous verrez que, par ce mot, on désignait un vêtement propre aux hommes comme aux femmes, aux laïques comme aux ecclésiastiques, qu'il servait même de couverture aux chevaux, et qu'on le nommait en français *fustaine* et *fustein*.

> Pierre Baille osta à icelle femme une sainture d'argent, certaines petitespièces de toille, et son *fustaine*.
> (*Lettres de rémission* de 1458.)

> *Item unam casulam de* fustein.
> (*Acta sanct.*, mai, t. 1, p. 774.)

Ce vêtement était de coton ou de soie. Muratori (t. II, *Laudes Papiæ*, col. 22) parle de foulons dont les habitations sur la rivière étaient appelées *candida*, parce qu'on y blanchissait les étoffes de soie nommées *fustania*. On donnait le même nom à une étoffe de coton, ainsi qu'on le voit dans la *Vie de saint Othon*, évêque de Bamberg (ch. XLV), par André, moine de Fontevrault. D'où il résulte que le vêtement dont il s'agit tirait son nom de la matière avec laquelle il était fabriqué, qu'on disait *fustaine* et *fustein* indistinctement, et que *fustein*, par suite d'une tendance invincible du peuple, en France, à substituer le *q* au *t*, comme le *g* au *d*, est devenu *fusquin* d'abord, puis *frusquin*.

Que ce mot, à la longue, ait signifié patrimoine, bagage, trousseau, et enfin argent, c'est une destinée qui lui est commune avec quantité de mots dont le sens primitif est un, et l'application multiple. D'ailleurs, toutes ces significations ne sont pas absolument contradictoires à ce même sens. Il est remarquable seulement que si l'argot s'est approprié ce mot, il lui ait conservé son acception primitive. Dans les *Voleurs* de Vidocq, t. I, p. 180, *frusquin* est en effet un *habillement commun* ou *grossier*, et la futaine est de cette nature. Ce serait donc un argument de plus en faveur de mon étymologie.

Quant au motif qui a fait ajouter à *frusquin* l'épithète de saint, motif qu'on eût été bien aise d'apprendre de M. Francisque Michel, je crois qu'il est le même que celui qui a fait canoniser par le peuple tant de mots exprimant certaines passions, certains caractères, et même certains événements dont sa vue ou son imagination étaient plus particulièrement frappées. C'est ainsi qu'il dit sainte Nitouche et sainte Sucrée d'une personne qui fait la discrète, la retenue ou l'hypocrite; saint Lambin, d'un homme lent dans son allure; saint Liffard ou Lichard, d'un gourmand; saint Pansart, d'un ventru ou d'un mardi-gras; saint Prix ou Pris, d'un homme qui s'est laissé *prendre* dans les filets du mariage; sainte Chiette, d'un homme incapable de quoi que ce soit; saint Breneux, d'un homme malpropre, etc., etc.

Je ne donne pas d'exemples de l'emploi de *frusquin* et de *saint-frusquin;* voyez-les dans le *Dictionnaire d'argot* de M. Francisque Michel.

Je dirai seulement, et je le fais voir par la citation qui suit, qu'on substituait *saint Crépin* à *saint frusquin :*

> Ce même jour les ennemis
> Traînèrent canons plus de six,
> Dont ils firent battre en ruine
> Le château de monsieur de Luyne,
> Lésigny, qui le lendemain
> Fut pris et tout son *saint Crespin*.
>
> (Saint-Julien, *le Courrier burlesque de la guerre de Paris.*)

> Jadis faisoient bien autre chère,
> Quand y avoit moindre misère,
> Car, manant quand chez eux alloit,
> Sous bure porter souloit,
> Pour estre ravallé de taille,
> Grasse oye ou bien quelque volaille;
> D'autres fois perdrix ou lapin,
> Achepté de son *saint Crespin*.
>
> (*Requeste des partisans présentés à messieurs du parlement*, 1649; dans le *Recueil des Mazarinades.*)

Cette substitution est exclusivement du fait des cordonniers ambulants. Comme les colporteurs de mercerie, ils portent sur le dos tout leur avoir. Ils appellent *crépins* les menues fournitures qui entrent dans la fabrication de la *chaussure humaine*, et *saint Crépin*, nom de leur patron, le sac ou la hotte qui les renferme, ainsi que leurs outils.

Granger, dans *le Pédant joué* de Cyrano de Bergerac (act. II, sc. VIII), appelle son *saint-frusquin,* son *gaza :*

> Vive Midæ *gazis* et Lydo ditior auro.

C'est s'exprimer en pédant, je l'espère; un pédant seul pouvait créer cette variante.

> Il seroit à propos, dit-il, de prendre garde à moi. Quelque incube pourroit bien venir habiter avec ma fille, et faire pis encore, butinant les reliques de mon chétif et malheureux *gaza.*

QUIBUS signifie exclusivement de l'argent :

> Au surplus,
> Quand elle sentoit le motif,
> Il falloit qu'il vînt, sus ou jus
> La fournir à son appestit;
> Car qui ne fonce de *quibus*,
> Prester (doit) l'appestit sensitif.
>
> (COQUILLART, *Plaidoyé*, t. II, p. 23, éd. Jannet.)

> Ne faictes fourbir vos coquilles
> A seigneurs ne a coquibus,
> S'ils ne vous baillent des *quibus*.
>
> (ROGER DE COLLERYE, *Sermon pour une nopce*.)

> Tu sais l'art d'employer noblement ton *quibus*.
>
> (DESHOULIÈRES.)

Dochez, au mot *Quibus*, dit : « Ablatif pluriel du latin *qui*, signifiant lesquels, par lesquels. » Nous savons cela; il y a longtemps que notre rudiment nous l'a appris. Mais on attendait autre chose d'un *Dictionnaire français et étymologique*, et l'étymologie de *quibus*, pris pour argent, est toujours à trouver.

Ne viendrait-il pas du bas latin *quittus*, quitte de dettes? *Quictus est*, dit Cotgrave au mot *Quittus*; nous dirions : « Il a de l'argent de reste. » Dans une charte de l'année 1307 (*e Chartulario S. Johannis Angeriaci*, p. 237), on trouve *quipta*, pluriel neutre de *quiptus*, pris dans le même sens. *Quibus* ne serait-il pas la prononciation adoucie de *quiptus?*

Autre conjecture. *Cudius* et *cuignus*, en bas latin, se disaient du type auquel on frappait la monnaie : le *coin. Summa trium florenorum regalium auri de* cuigno *nostro nunc currentium.* (*Ordonn. des rois de France*, ann. 1361, t. III, p. 504.) N'a-t-on pas appelé ainsi la monnaie elle-même? Et *quibus* n'est-il pas sorti de *cuignus*, en prononçant le *g* comme le *q*, *cuignus*, et insensiblement *quibus?*

Mais c'est, je pense, s'arracher bien inutilement les cheveux pour trouver le mot de l'énigme. *Quibus* ne serait-il pas tout simplement la traduction telle quelle de *de quoy*, expression fréquemment employée pour dire de l'argent?

C'est moy, moy qui le suis[1], et non ceste étrangère[2]
Qui a saisi la place en violant la loy;
C'est moy qui te produis le moyen, le *de quoy*,
Qui te fay redouter, qui fay qu'on te révère.

(*La Complainte de France*, 1568; réimprimée en 1834, à Chartres, par Garnier.)

Il vous convient avoir pour serviteur
Secret, *de quoy*; chascun son nom sçait bien,
Car il n'y a partout si grant seigneur
Qui sans *de quoy* puisse dire ou faire rien.

. . . .

De quoy nourrist les macquerelles,
De quoy nourrist les maquereaulx,
De quoy faict vendre les pucelles,
De quoy nourrist les larronneaulx.

---

1. Ta mère. — 2. Catherine de Médicis.

> *De quoy* faict maint rapporteur faux,
> *De quoy* pucelles faict nourrisses,
> *De quoy* faict au monde maintz maux
> Aux endormy en telz délices.
>
>> (*Le Caquet des bonnes chambrières;* réimprimé par Sylvestre dans ses *Poésies gothiques françoises.* Paris, Crapelet, 1831.)

Le *de quoy* ou le *quibus* fait en effet tout cela, et bien d'autres choses encore.

Encore une citation, et puis, honte à moi si cette dernière conjecture ne devient pas une certitude :

> Qui a *de quoy* tousjours est honnoré
> De toute gent en chascune saison;
> Car devant tous il sera préféré;
> Sans *de quibus*, il va à reculon.
>
>> (*Le Debat de l'homme et de l'argent*, dans le t. VII, p. 303, des *Anciennes Poésies françoises*, de l'édit. Jannet.)

L'auteur inconnu d'un livret écrit dans un style obscur et amphigourique, et publié, je pense, dans les commencements du dix-septième siècle, donne à *quibus* une variante qu'il n'est pas inutile de signaler :

> C'est pourquoy, dit-il, nous avons cacheté à double ressort la présente pierre philosophalle, affin qu'elle ne soit communiquée qu'à ceux qui trouveront le *quid* physique, qui se réduict à une pièce d'or ou d'argent qui porte visage.
>
>> (*La Vraye Pierre philosophale, ou le Moyen de devenir riche à bon conte....* Imprimé à Salamanque, s. d.)

OIGNON, autre synonyme d'argent. Nous entendons ce mot tous les jours, et les plus délicats disent sans scrupule : « Il a de l'*oignon*, » en parlant d'un homme qui a beaucoup d'argent. J'aimerais à croire que c'est là une de ces métaphores hardies et raffinées, telles qu'a dû en inventer le peuple le plus spirituel du monde, et qu'en ont recueilli les poëtes qui sortent de son sein, ou qui pratiquent ses mœurs, ou qui parlent sa langue. En effet, l'oignon étant un assemblage de plusieurs follicules, et n'offrant par lui-même qu'un tout en apparence indivisible, le peuple, avec sa promptitude naturelle à saisir les rapports, a fort bien pu assimiler à ce légume les pièces de monnaie qui se composent également de fractions.

J'avoue que cette étymologie me plaît, et ce n'est pas sans humeur que je me verrais contraint de l'abandonner. Mais il faut tout dire. A voir l'emploi que font les vieux poëtes du mot *oignon*, relativement à l'argent, il semble bien qu'ils le prennent dans un sens différent de celui où nous l'entendons aujourd'hui. Par exemple :

> Ainsi parloyent les compaignons
> Du bon maistre Francoys Villon,
> Qui n'avoyent vaillant *deux ongnons*,
> Tentes, tapis ne pavillon.
>
> (*Les Repeues franches.*)

> Les Dannois jadis et Saxons
> A vous, Anglois, firent grans armes ;
> Ils n'y gagneront *deux oygnons*,
> Non obstant leurs grans vuaquarmes.
>
> (Robert Gaguin, *le Passe-temps d'oysireté*, dans le t. VII, p. 269, des *Anciennes Poésies françoises*, édit. Jannet.)

Oignon ne signifie donc pas ici beaucoup d'argent, mais il signifie très-peu d'argent, en réalité pas du tout. Mais le rapport de l'un à l'autre subsiste, et si, dans ces mêmes passages, l'*oignon* n'est pas l'argent lui-même, il en représente la valeur. Il en est également synonyme : *N'avoir pas vaillant deux oignons*, équivaut à cette locution plus moderne : *N'avoir pas deux sous vaillant*. De plus, on désignait sous le nom de *vaillant* ou *vallant* une espèce de menue monnaie. La valeur et la matière de cette monnaie, en 1347, sont clairement déterminées dans une charte de l'évêque de Cambrai, conservée dans les archives de la cathédrale de cette ville :

Item fera (ledit monnoyeur), pour nous et en notre nom, deniers noirs, que on appellera *vallans*.... et courra ichelle monnoie pour deux deniers tournois la pieche.

Autres exemples :

Icellui Bonnelle donna à icellui Sauve un denier blanc appellé *vaillant*.

(*Lettres de rémission* de l'an 1385.)

Jean Poitrau, changeur, demourant à Blois, achata pluseurs monnoies de dehors nostre royaume et autres que nostre coing, tant d'or comme d'argent ;.... les autres d'argent estoient nommées *vaillans* et vatarans.

(*Lettres de rémission* de l'an 1378.)

Ainsi, les *vaillans* de l'évêque de Cambrai étaient de cuivre, ceux de Bonnelle et de Poitrau étaient d'argent. On connaîtra la valeur de ceux-ci en consultant les *Statuts* de l'année 1358, dans le tome III des *Ordonnances des rois de France*, p. 222, art. 2.

Pour en revenir à l'*oignon*, toutes ces circonstances réunies ont sans doute contribué à le faire prendre métaphoriquement, sinon comme le type de l'argent, du moins comme en impliquant l'idée. Et de même que pour marquer le dénûment de quelqu'un, on disait : *Il n'a pas vaillant deux oignons*, de même, pour exprimer qu'une personne est riche, on dit : *Il a des oignons* ou *de l'oignon*.

Cependant, *il a de l'oignon* et *il y a de l'oignon* ne sont pas la même chose. Dans certains pays, dans les provinces du Centre, par exemple, *il y a de l'oignon* signifie il y a du bruit, du tapage. Je crois même qu'il se dit encore à Paris. On le disait du moins autrefois ; ce passage de la *Satire Ménippée* le prouve :

> Que plus on ne brigue
> Estre de la Ligue
> De saincte Union ;
> Car ne leur desplaise,
> Puisqu'on pend les Seize,
> *Il y a de l'oignon.*

On sait que le Champenois Passerat fit la plus grande partie des vers de cette satire. *Il y a de l'oignon* est peut-être une importation champenoise.

M. le comte Jaubert, dans son beau *Glossaire du centre de la France* (t. II, p. 115), raconte cette anecdote :

L'empereur Napoléon Ier rentrant un jour aux Tuileries de très-mauvaise humeur, le suisse dit tout bas à son voisin : « Il paraît qu'*il y a de l'oignon.* » L'Empereur, qui l'avait entendu, se dirigea vers lui et lui dit : « Eh bien! oui, *il y a de l'oignon.* » Le malheureux rentra sous terre.

Bailler de l'oignon à quelqu'un, c'était se jouer de lui. Le passage qui suit ne permet pas d'en douter :

Au fort, quand il parla, il dist : « Par Nostre Dame! on m'a bien *baillé de l'oignon*, et si ne m'en doubtoye guères. Si, en ay esté plus aisé à décepvoir. Le dyable emporte la gouge, quand elle est telle. »

(*Les Cent Nouvelles nouvelles*, XXXIIIe nouvelle.)

TRÈFLE. — Avant de signifier l'argent lui-même, le *trèfle* fut chargé de l'annoncer. Cette vertu lui fut attribuée, dès le moyen âge, par les sorciers, nécromants, astrologues, et autres confidents, comme chacun sait, des pensées de Dieu et des secrets de la nature. Tous se sont accordés à reconnaître dans cette plante l'emblème au moins du bonheur, et comme il n'y a pas de plus grand bonheur au monde que celui d'avoir de l'argent, le *trèfle* n'eut pas beaucoup de chemin à faire pour devenir l'emblème et le synonyme de l'argent même.

Cette propriété appartenait surtout au *trèfle* à quatre feuilles, nommé tout court *trèfle à quatre*.

Cellui ou celle qui treuve le *treffle à quatre feuilles*, s'il le garde en révérence, sachiez, pour aussi vray que Euvangile, qu'il sera eureux et riche toute sa vie.

Glose. Sur cest article, dist dame Sebile Rouge-Entaille, que se un homme passe à pieds nuds sur le *treffle à quatre feuilles* il ne peut eschaper d'avoir les fièvres blanches, et se c'est une femme, elle sera wihotte.

(*Les Évangiles des quenouilles*, 2ᵉ journée, chap. xv, p. 39, édit. Jannet.)

Il n'est pas introuvable, disent les botanistes; mais il est si rare, qu'on ne cite personne qui l'ait encore trouvé, et avec lui la fortune. Il croissait, quand il prenait cette peine, au pied des gibets :

Je fais courir les ardens sur les marais et sur les fleuves, pour noyer les voyageurs; j'excite les fées à danser au clair de lune; je pousse les joueurs à chercher le *trèfle à quatre* sous les gibets.

(Cyrano de Bergerac, *Lettres. Pour les sorciers.*)

Il n'y a plus de gibets, chez nous du moins; mais il y a toujours des gens qui se pendent. Or on sait que la corde de pendu porte aussi bonheur, et particulièrement qu'elle fait gagner au jeu :

Qui n'auroit perdu le sens et la raison de voir un homme.... faire vingt-deux mains de suite au lansquenet?... Qui vid jamais un tel coup de l'ire du ciel? Aussi les spectateurs d'une telle disgrâce, ne sçachant à qui attribuer un effet si éloigné des choses naturelles, disoient dans leur simplicité qu'il falloit nécessairement qu'il eust de la *corde de pendu*.

(*Les Avantures de* d'Assoucy, chap. i.)

Beaucoup de braves gens s'en disputent donc encore

les morceaux dans l'occasion. Ce n'est même que la passion de posséder ce talisman qui les détermine quelquefois à détacher un pendu avant l'arrivée des magistrats ; circonstance qui peut lui sauver la vie, si par hasard il n'était pendu qu'à moitié. Mais si rare qu'elle soit, la corde de pendu l'est encore moins que le *trèfle à quatre*. On en trouverait peut-être à Tyburn ou à Montfaucon. En attendant, on se contente du trèfle à trois feuilles ; s'il n'a pas les mêmes propriétés, il ne s'en faut guère. En tout cas, il signifie toujours de l'argent :

> L'as de trèfle signifie joie, argent, bonnes nouvelles.
> Le dix annonce de la fortune, du succès, de la grandeur.
> Le neuf annonce de l'argent sur lequel on ne comptait pas, ou une succession qu'on n'avait pas prévue.
> Le sept signifie une petite somme ou une créance qu'on croyait perdue et qu'on recouvrera.
> (*La Cartomancie, ou l'Art de tirer les cartes tant pour soi-même que pour autrui, d'après le grand Etteila*, p. 9. Paris, le Bailly, in-18, s. d.)

Dans la manière de consulter les cartes au moyen de la Grande Étoile :

> Dix de trèfle 2, pour de l'argent ; roi de trèfle 2, que doit lui envoyer un homme brun aimant à rendre service ; as de cœur 2, une lettre d'amour accompagnant cet argent ; neuf de trèfle, dont la plus grande partie reviendra à la consultante.
> (*Ibid.*, p. 5.)

Le succès est infaillible. Faites-vous donc tirer les cartes ; il est doux d'être riche à si bon marché.

BILLE.

> RUFFIN. Nous voilà d'accord. Çà, de la *bille*, et je l'iray guérir. J'ay parlé à elle devant que de venir icy.
> (LARIVEY, *les Esprits*, act. I, sc. III.)

Boniface. As-tu pas eu de la *bille?*
Léger. Oy, mais tant y a que je suis toujours malheureux.
(Larivey, *le Morfondu*, act. V, sc. vii.)

Je ne saurais dire d'où vient ce mot, s'il a formé *billon*, ou s'il en est synonyme. M. Francisque Michel a remarqué qu'autrefois *bille* était employé dans le sens de *nombre*, de *multitude :*

Si tuerent le cappitaine
Et d'autres Angloys *belle bille.*
(Martial de Paris, *les Vigilles de Charles VII*, 1re partie, p. 32, édit. de Coustelier.)

Si vindrent à une bastille
D'Angloys et de Portingaloys,
Où là en mourut *belle bille*,
Car de cent n'en eschappa point troys.
(*Ibid.*, p. 119.)

De coustilleurs, cranequiniers,
Des gens du pays *belle bille*, etc.
(*Ibid.*, p. 196.)

Paletot. — On croirait ce mot né d'hier, tant il a une physionomie moderne, sans parler de ceux qui le croient d'origine française et exclusivement parisienne. Mais il n'est ni moderne, ni français, ni parisien. Il date au moins du onzième siècle ; il nous vient de l'allemand *paldo*, qui s'était formé du suévo-gothique *paltor*. Je sais qu'il ne répugne pas à quelques-uns de le former de *palle* (*pallium*), et de *toque*, manteau court, ou de *toga*, la toge romaine ; je ne saurais partager cette opinion.

On lit dans Adam de Brême, auteur de plusieurs écrits historiques et géographiques, qui florissait dans ce même siècle, cette remarque tirée de son traité *De situ Daniæ*, p. 147, *De Sembis vel Prutzeis* :

Pour des surtouts de laine que nous appelons *paldones*, ils donnent en échange des peaux de martres : *Pro laneis indumentis quæ nos dicimus* PALDONES, *illi offerunt tam pretiosos martures.*

De *paldo* est dérivé naturellement *paletot* :

> Je me vettray en *palletot*,
> Vers ma sixième iray soubit
> Pour l'habiller sans dire mot.
>
> (*L'An des sept dames*, dans BOREL.)

> Voyons le donc saisi d'amour,
> Aborder quelque jeune fille
> Avec ce fantasque discours :
> « Si le vilbrequin de vos yeux
> N'eust estocadé, furieux,
> Le vieux *palletot* de mon âme,
> Le serrurier de ma douleur
> Ne vous ouvriroit pas, madame,
> La fauconnerie de mon cœur. »
>
> (*Le Désert des Muses*, p. 39, in-12, s. d.)

Lequel Pierre retourna devers icellui Gilles, et le frappa de son coustel ou bras, tant qu'il persa son *palletot*.

(*Lettres de rémission* de 1446.)

Les Espagnols disent *paltoque*. Ç'a été d'abord, et sous des formes plus ou moins variées, un vêtement de laquais, la saie d'un paysan, la tunique d'un hoqueton, puis le manteau d'un soldat; c'est aujourd'hui l'*indispensable* de tout le monde.

Au siècle dernier, on désignait encore sous le nom de *palletocq*, en Bourgogne, le valet revêtu de sa livrée, et sous celui de *paltoquai* ou *palletoquet*, un paysan :

> Ai lai Naitivitai
> Chanson, je vo suplie;

> Tô cé bon *paltoquai*
> An fire chère-lie,
> Juan des tricotai
> Dessus lai chailemie.
>
> (Lamonnoye, *Lé Noei borguignon*, V.)

On disait par conséquent d'un valet avec sa livrée, qu'il était *empaletocqué*; on le disait aussi d'un paysan avec sa saie, d'un moine avec sa cuculle :

> La, oyoit vingt et six, ou trente messes : cependant venoyt son diseur d'heures en place, *empaletocqué* comme une duppe, et très bien antidoté son halaine, à force syrop vignolat.
>
> (Rabelais, liv. I, chap. xxi.)

Les chanoines, en hiver, s'enveloppaient à l'église d'une aumusse de petit-gris, de peur de s'enrhumer en chantant les psaumes. Cette aumusse était garnie d'un capuchon, et la houppe du capuchon ressemblait assez au bouquet de plumes que la *huppe* ou *duppe* porte sur sa tête.

L'Académie française, qui n'admet dans son *Dictionnaire* ni le neuf, ni, pour user d'un néologisme fort en faveur, le vieux-neuf, a rejeté *paletot* et a admis *paltoquet*.

La remarque d'Adam de Brême indique assez l'origine kymrique de *paletot*. Mais, en adoptant ce mot, les Français en ont d'abord mal compris le sens. Ils l'appliquèrent aux loques avec lesquelles les gueux bouchaient les trous de leurs vêtements, aux vieux haillons de drap. Amyot l'emploie encore dans ce sens. Les plus anciens exemples remontent au roman de *la Rose* :

> Povre est la cote et mont erresse
> Et pleine de viés *paletiax*....
> Ele avoit eun viés sac estroit
> Tout plains de mauvès *paletiax*;
> Cestoit sa cote et ses mantiax.

Un homme quérant et demandant l'aumosne, qui estoit vettuz d'un manteau tout plein de *paletaulx*, comme un coquin, ou caimant.

(*Lettres de rémission* de 1397.)

CHARABIA. — Je serais bien obligé à qui me produirait un exemple de ce mot, dans la langue que parlaient nos pères, il y a sept ou huit cents ans. Pour moi, j'ai perdu mon temps et ma peine à le chercher. Cependant, ce mot ou plutôt celui dont il dérive, est très-ancien. Mais disons auparavant ce qu'il signifie : c'est d'abord cette espèce de baragouin qui se rencontre plus particulièrement dans la bouche des Auvergnats; c'est ensuite et par extension toute personne qui parle un langage bizarre ou inintelligible. Ainsi, au jugement du peuple de Paris, tout nouveau débarqué de sa province parle et est plus ou moins *charabia*.

L'expression *arabiois* ou *arabiant*, c'est-à-dire *d'Arabie*, pourrait bien être la racine de ce mot. On lit dans le roman de *Flore et Jehanne*, manuscrit cité par la Curne, page 54 : « Reube de soie ki fu bendée de fin or *arabiois*. » Et dans le roman d'*Alexandre :*

> En une balancetes d'or fin *arrabiant*
> A mis l'oel Aristotes, quant ot fait son talant....
> Et ota quatre clous d'or fin *arrabiant*
> Sur le fer attachié au confanon pendant.

Ajoutez l'aspiration *ch*, c'est-à-dire prononcez ce mot comme les Arabes le prononcent eux-mêmes, et vous aurez *charabiois*, d'où *charabia*.

Pendant que les Français guerroyaient en terre sainte, ou plutôt pendant que nos compatriotes des pays méridionaux étaient sous la domination des Arabes, il n'est pas impossible, il n'est pas non plus invraisemblable qu'ils aient contracté, à force de l'entendre, cette prononciation aspirée. On disait et l'on dit encore, sans doute par tradition, d'un homme qui bredouille ou qui ne peut se faire entendre : « Il parle arabe. »

> Irbougua bucha Nassardin ;
> Si li a dit en son latin,
> C'est-à-dire en *arabech*.
>
> (G. MACHAUT, *Prise d'Alexandrie;* manuscrit cité par la Curne.)

On a pu dire aussi Parler *charabia*, par opposition à Parler *chrétien*. *Parlate cristiano*, dit l'Italien, *si volete che v'intenda*.

> Nostre Espaignol entendant parler de talent, dit quelque chose en son patois que nous ne pûmes pas bien ouyr. Cela m'obligea à luy dire qu'il *parlast chrestien*, s'il vouloit que nous l'entendissions.
>
> (FLEURY DE BELLINGEN, *l'Étymologie des proverbes*, p. 71.)

Si M. Pierquin de Gembloux (*Histoire du patois*, préface, p. x), dit vrai, *charabia* viendrait de *Scharakiah*, ville d'Arabie qui donna son nom aux Sarrasins. Ainsi, de quelque manière qu'on s'y prenne, l'étymologie de ce mot serait arabe.

LE PÈRE AUX ÉCUS. — C'est le nom sous lequel on désigne un richard, un usurier, un avare, et généralement tout homme qui amasse plus d'argent qu'il n'en dépense, et qui, par son aptitude particulière à attirer à soi les écus et à les faire proviguer, mérite à bon droit d'en être appelé le père. Rabelais est le premier, je pense, qui ait employé cette expression :

> Quand jadis en Gaule, dit Panurge, par l'institution des Druïdes, les serfs, varlets et appariteurs estoient touts vifs brulez aux exéques de leurs maistres et seigneurs,.... ne prioient-ils continuellement leur grand dieu Mercure avecq Dis, *le père aux escuz*, longuement en santé les conserver?
>
> (Liv. III, chap. III.)

Par où l'on voit que ce *père aux écus* est Pluton, en latin *Dis*. Mais le vrai *père aux écus* aurait dû être Plutus, son ministre des finances. Celui-ci avait en effet la manutention et la disposition de toutes les richesses enfouies dans les entrailles de la terre. L'usage qu'il en fit d'abord fut excellent. Il était prodigue pour les bons, avare seulement pour les coquins. Sa partialité choqua Jupiter. J'ai toujours soupçonné ce dieu d'un faible pour les coquins. Il avait tant à se faire pardonner lui-même! Pour punir Plutus d'être juste, il le rendit aveugle. On s'aperçoit assez, aux faveurs qui pleuvent sur les amis de Jupiter, que Plutus n'y voit pas davantage, et que sa cataracte est incurable.

CAFARD. — Hypocrite, bigot.

Caphart, c'est, à parler sainement, tousjours pris, comme aussi doit-il faire, en mauvaise part, pour un religieux qui a faict banqueroute à sa saincte profession, et jecté le froc aux orties, ainsi qu'on parle, le ramenant de κακὰ φάραι, *mala texere*.

(LÉON TRIPPAULT, *Celt-hellénisme*, etc., p. 61, Orléans, 1580, in-8.)

Par « sainement », Trippault entend *absolument*. Mais déjà, en 1580, il n'était pas besoin d'être un moine défroqué pour mériter ce nom; on l'appliquait, comme aujourd'hui, au laïque ou au prêtre qui affectait la religion sans en avoir.

De plus, l'étymologie grecque n'est pas soutenable, et ce serait perdre son temps que de la discuter.

Dom Carpentier estime que ce mot vient de *caphardum*, sorte de couvre-chef dont il est parlé dans les Statuts de la Faculté des arts de l'université de Vienne, en Autriche, au tit. X, § 7; cette conjecture lui paraît beaucoup plus vraisemblable que celle de Ménage, qui fait venir *cafard* de l'arabe *cafara*, renégat. Quoi qu'en dise dom Carpentier, Ménage a raison : l'arabe a pris ce mot de l'hébreu *caphar*, qui signifie *renuntiare*.

Je ne me serais pas arrêté sur ce mot, s'il n'avait encore un sens dont il n'est parlé dans aucun lexique : c'est le sens d'avare. Demandez à un écolier, de Paris surtout, ce qu'il pense de tel autre qui dévore à l'écart ses friandises, de peur d'être obligé d'en faire part à ses camarades; il vous répondra : C'est un *cafard*. C'est bien dit, et voici pourquoi.

Autrefois les pèlerins qui faisaient le voyage de la terre sainte étaient arrêtés à chaque instant dans leur marche par des droits de péage établis en quantité d'endroits. Et quand ils ne l'étaient pas quelque part, les Arabes y pourvoyaient aussitôt, multipliant les occasions de rançonner les pèlerins. Ces droits, au rapport d'un de ces derniers, étaient appelés *cafares*.

Plus avant, à une tour où faut passer, et y a un *cafare*, c'est-à-dire péage, où l'on fait payer pour chacune personne un médin.

(*Discours ou Voyage d'outre-mer au saint-sépulchre de Jérusalem*, etc., par ANTHOINE REGNAUT, bourgeois de Paris. Lyon, 1575, in-4, p. 43.)

Les recepveurs desdicts *cafares* sont extrêmement avaricieux; car, quand on est soubz leur mercy, ne font plaisir, sinon pour argent comptant.

(*Ibid.*, p. 35.)

C'étaient en effet des juifs et des renégats qui tenaient ces péages à ferme, comme il est dit dans le même ouvrage. Mais le « bourgeois de Paris » n'aurait-il pas confondu les noms, et pris pour celui de l'impôt le nom qui appartenait au collecteur? En tout cas cette confusion même me paraît être un argument en faveur de l'étymologie arabe donnée au mot *cafard*, puisqu'à ce mot se rattachent les idées d'avarice, d'exaction et de reniement.

GARDER POUR LA BONNE BOUCHE. — C'est, au propre, garder le meilleur morceau pour la fin du repas; au figuré, c'est réserver à quelqu'un ou un traitement plus agréable, ou une vengeance plus raffinée. Mais, comme toujours, le sens propre a précédé le sens figuré. Ainsi, ce dicton aurait une origine gastronomique; c'est un aphorisme de gourmand. La gourmandise ayant été le premier vice de l'humanité, il est présumable que tout proverbe où il est question de bouche vient de là, et que le nôtre, par conséquent, en vient aussi. Nous respectons cette antiquité vénérable, et nous y adhérons.

Cependant, avec le bon plaisir des personnes qui dînent et qui digèrent bien, je me permettrai cette remarque : ces mots, *la bonne bouche*, ont eu un sens plus étendu que celui dans lequel ils sont reçus aujourd'hui, et s'il est vrai que ce sens n'ait pas devancé l'autre, il a vécu jadis conjointement avec lui. Trois exemples, tirés du même écrit, confirmeront cette remarque; je les trouve dans les *Cent Nouvelles nouvelles :*

Et n'estoit âme qui sceust riens de leur très plaisant passe-temps, sinon une damoiselle qui servoit ceste dame, laquelle *bonne bouche* très-longuement *porta*.

(XXXIXe *Nouvelle*.)

Et elle luy promist que s'il *portoit bonne bouche*, elle luy donneroit de la chair et de beuf et de mouton, assez pour fournir son mesnaige pour toute l'année.... Et l'aultre mit si secret son cas que chascun en fust adverty.

(XLe *Nouvelle*.)

La *bonne bouche*, c'est ici la discrétion ; *porter la bonne bouche*, c'est être discret. C'est l'être aussi, me direz-vous, que de garder pour la fin les meilleurs morceaux. D'accord. Mais ce n'est une discrétion qu'à l'égard du palais, quand les premiers morceaux l'ont émoussé; c'est souvent une indiscrétion pour l'estomac qui reçoit ce supplément lorsqu'il est déjà repu.

Pour *faire bonne bouche*, la bonne damoiselle d'ung maistre prestre s'accointa, et quoyqu'il feust subtil,... si fut-il rançonné de robes, de vaisselle et de aultres bagues largement.

(LXXVIII° *Nouvelle.*)

Ici, nous retrouvons le sens moderne. Pour *faire bonne bouche*, c'est-à-dire pour couronner l'œuvre; car il s'agit d'une malhonnête femme qui ruine et dépouille successivement un écuyer et un chevalier, et qui finit par faire subir le même traitement à un prêtre.

CHAPITRE XI.

Monsieur,

Je suis un ancien étudiant en droit, et très-ancien, car j'ai pris ma première inscription en 1852, et je pense prendre la dernière cette année. Il ne faut rien faire qu'avec maturité. Je me flatte qu'à mon examen on me tiendra compte de mes longs services et que je serai reçu avocat à toutes boules blanches. Je serai donc apte incessamment à défendre la veuve et l'orphelin, les voleurs et les assassins. J'arriverai un peu tard; mais que voulez-vous? je suis flâneur, fumeur, un peu buveur et assez tapageur. Mes camarades ont fait de moi une espèce de boute-en-train, et ils avouent modestement qu'ils ne sauraient s'amuser si je ne suis avec eux. J'ai sur la conscience d'avoir fait des écoliers qui seraient sans cela l'honneur et l'orgueil de leur endroit, et qui, comme je le suis moi-même, ne sont que de grands voyous. Comme il faut une contenance, je vais au cabinet de lecture; j'y apporte mes livres de droit, pour ne pas fatiguer ceux de l'établissement; mais, à vrai dire, je ne fatigue pas beaucoup les miens. Je lis les journaux, non pas les grands, mais les petits; j'en comprends mieux la langue. Cependant la *Revue de l'instruction publique* m'étant un jour tombée sous la main, j'y lus un de vos articles, je lus les autres, et j'y pris goût. Je remarquai que sur certains mots d'argot, vous n'êtes pas d'accord avec M. Francisque Michel. J'en suis fâché, car je fais mes délices de son *Dictionnaire argotique*, et si au lieu d'un examen sur le Code, il s'était agi pour moi d'un examen sur ce livre, il y a longtemps que j'eusse obtenu mon brevet. Quoi qu'il en soit, et puisque j'ai prononcé tout à l'heure le mot de *voyou*, je trouve l'étymologie qu'en donne M. Francisque

Michel, un peu trop, comment dirai-je? naturelle. Qu'en pensez-vous ? La voici :

« Voyou. — Faubourien de Paris, homme, enfant mal élevé. Ce mot indique bien l'homme de la *voie* publique, de la rue. »

Permettez, monsieur, que j'aie l'honneur de vous saluer, sans signer.

Paris, 30 septembre 1860.

Quelque téméraire qu'il soit de n'être pas d'accord, sur un terme d'argot, avec un homme qui a mis autant d'érudition que d'attrait dans ses études sur cet étrange langage, je dirai toutefois que si, contrairement à l'opinion de mon honorable correspondant, ce n'est pas un défaut pour une étymologie que d'être naturelle, ce n'est pas non plus une preuve qu'elle soit vraie parce qu'elle est naturelle. C'est le cas, selon moi, de l'étymologie en question.

Voyou vient en effet de *loup-garou*, et voici comment.

Dans les villages de l'Artois, on entend dire souvent, en manière de juron ou d'apostrophe à un homme qu'on croit rusé, malin et méchant: *Vainlaiwarou*, soit: Vilain *warou*. *Laiwarou* est le même que *loup-garou*. On dit en Picardie *louéroux*, *leuwarou*. *Leuwarou-démon* y est également un juron. C'en est un aussi en Bourgogne, où l'on dit: *Sacré loup voirou*, ou *voirlou*. Toutes ces formes sont les mêmes, ou peu s'en faut.

Je oy jà piéça raconter à ma parente qu'elle doubtoit son mari estre *leu warou*. Mais par conseil, sitost qu'il estoit nuit, elle traynoit sa coroie ou son escourceul sur la terre après elle, et par ainsi n'en povoit estre approchié.

(*Les Évangiles des quenouilles*, appendice B,
IVe série, p. 12, de l'édit. Jannet.)

Loup-béroux, *loup-ramage* et *leu wassé* sont trois synonymes de *loup-garou*.

Ribault prestre, champiz, *loup béroux*, etc.

(*Lettres de rémission* de 1415.)

> La grant ardeur de son courage
> Le fait semblant à *loup ramage*.
>
> (*Consolat. de Boëce*, ms., liv. IV.)

Jean Cosset tint plusieurs propos injurieux sur lesdits Jean et sa femme, appelant nommément ledit Jean *leu wassé*, et sa femme ribaude[1].

(*Lettres de rémission* de 1355.)

Il y a peut-être des exemples de la forme actuelle, *loup-garou*, dans les écrivains antérieurs au seizième siècle; je n'en ai rencontré toutefois que dans ceux du même siècle, entre autres Rabelais et E. Pasquier (VIII, 61).

On dit en Bourgogne. *Crier comme un voirou* ou *voirlou*, et l'on appelle de ce nom les mauvais sujets, les vagabonds, les hommes suspects, et généralement ceux dont la conduite et l'aspect sont un sujet de scandale et d'effroi.

> Que dit on d'ein homme jaulou?
> On di que c'est ein *lou woirou*.
>
> (Aimé Piron, *Lai trôpe gaillade dé Vaignerons*, etc. Dijon, 1703.)

La tradition légendaire fait du loup-garou un être malfaisant, un homme qui a été changé en loup en punition de ses crimes, qui, la nuit, court les rues, les champs, les bois, les chemins, jouant de mauvais tours aux voyageurs, les égarant, les maltraitant quelquefois, les effrayant toujours, ayant enfin le don d'ubiquité.

J'enseigne aux sorciers à devenir *loups-garoux*; je les force à manger les enfans sur le chemin, et puis les abandonner, quand quelque cavalier leur coupant une patte qui se trouve la main d'un homme, ils sont reconnus et mis au pouvoir de la justice.

(Cyrano de Bergerac, *Lettre* XII. *Pour les sorciers*. Édit. de 1858.)

---

1. « Quam plurima verba injuriosa de dictis Johanne et ejus

Un Breton, nommé Jacques Roulet, atteint et convaincu d'être tout ensemble sorcier, *loup-garoux*, anthropophage, fut condamné à mort par le lieutenant criminel d'Angers. Il appela de la sentence, et *ayant été ouï en la cour du parlement de Paris*, il convint d'être allé au sabbat, d'y avoir eu des graisses dont il se frottait pour devenir loup, et avoua que sous cette forme de loup, il avait mangé plusieurs enfants. La cour mit l'appellation et sentence dont avait été appelé au néant, et ordonna néanmoins que ledit Roulet serait conduit à l'hôpital Saint-Germain des Prez, *où on a accoustumé de mettre les fols, pour y demeurer l'espace de deux ans, afin d'y estre instruit et redressé, tant de son esprit que ramené à la connoissance de Dieu, que l'extresme pauvreté lui avait fait méconnoître*. Voilà un arrêt sage et judicieux, pour le temps, car il était prononcé en novembre 1598. Il est vrai que c'était sous Henri IV, et sous la présidence de de Thou.

Plusieurs personnages plus ou moins fabuleux, depuis Charlemagne jusqu'à Henri IV, n'ont été, sous des noms divers, que de vrais loups-garous. C'était le *roi Hugon*, espèce de roi fantôme, qui avait établi le siége de son empire à Tours, chevauchait la nuit par les rues de cette ville, rossait les hommes de son poing ou de quelque gaule invisible, et les enlevait quelquefois [1]; c'était le *Connétable*, nommé aussi *Porte-épée*, et, par corruption, *Porte-épaule*, autre forme du roi Hugon, qui devait, dit-on, son origine aux terribles souvenirs qu'avait laissés Hugues, comte de Tours, un des douze pairs de Charlemagne; c'était le *Diable de Vauvert*, esprit qui avait

« uxore dixit Johannes Cosset, et specialiter dictum Johannem vo-
« cavit *leu wassé*, et ejus uxorem ribaude. »

1. « Cæsaroduni Hugo rex celebratur, qui noctu pomœria civi-
« tates obequitare, et obvios homines pulsare ac rapere dicitur. »
(DE THOU, *Hist.*, lib. XXIV.)

envahit le château de Vauvert, sous le règne du roi Robert, et qui y tint le sabbat jusqu'au jour où il fut remplacé par les pacifiques chartreux de la rue d'Enfer ; c'était le *Grand Veneur*, qui parcourait la forêt de Fontainebleau avec sa meute infernale, qui cessa de se montrer, depuis sa fameuse apparition à Henri IV, auquel il dit : *Attends-moi!* et dont les cors et les chiens font entendre, dit-on, encore leurs fanfares et leurs aboiements; c'étaient enfin le *Gobelin*, la *Mule ferrée*, le *Filourdi*, etc.; j'en passe le plus grand nombre.

Le *voyou*, sauf l'origine, qui, chez lui, n'est nullement fantastique, et sauf les instincts sanguinaires, a toutes les propriétés du *voirou*. Il vagabonde, il est partout, il est braillard, tapageur, railleur, malendurant, rêve toujours à quelque fredaine, est la bête noire des bourgeois et l'ennemi-né des sergents de ville. A tous ces égards, il ressemble assez au loup-garou, et il en porte, à une légère altération près, très-convenablement le nom. Le peuple de Paris, qui fait et refait les mots, et qui, bons ou mauvais, finit toujours par les imposer, a perfectionné celui-là. *Voyou* prévaut sur *voirou* et a gagné la province. Seules, les campagnes tiennent bon encore; mais à la longue elles céderont, sinon à la mode, du moins à l'euphonie. Il ne restera plus alors à l'Académie qu'à s'exécuter.

Je demande pardon à mon correspondant d'une définition du *voyou* qui le blessera peut-être, lui qui s'excuse si agréablement d'être un *voyou;* mais il a trop d'esprit, je pense, pour ne pas se vanter ; il ressemble à ces vieillards pleins d'années et de santé, qui se donnent par coquetterie plus que leur âge.

Les dictionnaires font dériver *garou* ou *voirou* du germain *wer*, homme, et *wolf*, loup, homme-loup [1]. Je

---

[1]. Voyez surtout le *Dictionnaire étymologique* de Ménage.

m'en rapporte, comme on dit. Je ferai observer seulement qu'ils donnent pour une étymologie ce qui n'est qu'une traduction. Il eût été mieux de faire voir comment du germain *wer-wolf* on a pu former le français *loup-garou*. C'est là le nœud de la question; les étymologistes le tranchent, mais ne le dénouent pas. Que n'ont-ils recours au grec?

φεύγετε, κανθαρίδες, λύκος ἄγριος ἄμμε διώει,

dit Théocrite. Ne serait-ce pas de ce λύκος ἄγριος, et surtout du génitif, λύκου ἀγρίου, par une légère transposition de lettres (γαριου), que vient *loup-garou?*

De *garou* on a fait *garouage*. Aller en *garouage* était courir le guilledou, hanter les mauvais lieux, être infidèle à sa femme. On lit dans la *Médecine de maistre Grimache* la recette qui suit, *pour garder qu'un homme ne voise en garouage :*

>Si un homme s'égare souvent,
>Dont sa femme soit mal content,
>Plumez-luy le ventre devant,
>Entre le nombril et la tente.
>Cela fait, quoy qu'il se tourmente,
>Il deviendra plus froid que jars.
>L'expérience est évidente,
>Car je l'ay veu faire aux canars.
>
>(T. I, p. 168, des *Anciennes Poésies françoises*, édit. Jannet.)

LA FEMME.
Ne suis-je pas bien essorée
D'avoir espousé un tel homme?

NAUDET.
Quoy? est ma chemise dorée?
Da, da, s'il est, j'en suis marry.
Sçavez-vous de quoy je me ry?

> De monsieur de nostre villaige
> Qui va de nuict en *varouillage*.
>
> > (*Farce nouvelle d'un gentilhomme*, t. I, v. 250,
> > de l'*Ancien Théâtre français*, éd. Jannet.)

Mais voici un autre passage où il a une signification moins malhonnête, celle de confusion, troubles, gâchis :

> Ces conditions étaient belles....
> On les trouva très-périlleuses,
> Et pour Messieurs[1] peu glorieuses....
> (Ils) crurent qu'il seroit très-honteux
> De n'avoir rien fait que pour eux,
> Et laisser tout en *garouage*,
> Dès qu'ils trouvent leur avantage.
>
> > (Saint-Julien, *le Courrier burlesque envoyé
> > à Mgr le prince de Condé dans sa prison.*
> > Paris, 1650.)

Cancan. — Ce mot est d'un usage si commun, qu'on s'est demandé plus d'une fois d'où il vient, et que peut-être son étymologie a déjà été donnée quelque part. Quoi qu'il en soit, j'ai voulu la chercher moi-même, afin d'avoir l'honneur de la découverte, si, comme je le pense, personne ne l'a faite avant moi.

On entend aujourd'hui par ce mot les commérages, les faux rapports, les diffamations, les médisances qui se débitent soit dans la conversation des gens du monde, soit dans les réunions de vieilles femmes, soit dans tous les lieux où la langue seule est occupée, et où l'on n'a d'autre objet que de l'exercer à tout prix.

Selon Dochez, dans son très-estimable Dictionnaire, *cancan* est dit, par onomatopée, du cri du canard. C'est au moins une naïveté. Il eût été plus juste, quoique aussi naïf, de dire du cri de l'oie, car le cri de

---

[1]. Du parlement.

l'oie est le pur *quanquan*, à la différence de celui du canard, qui est *quouanquouan*, ou plutôt *quoinquoin*. L'oie aurait donc le droit de réclamer contre l'honneur qu'on fait à son compère.

Le Nouveau du Cange donne au mot *Caquehan*, qui se disait aussi *quaquehan*, *tanquehan*, *tanquehan* et *taquehan*, l'interprétation de *congregatio illicita*, *coitio*, en français, cabale, conspiration, attroupement.

Lesdits habitanz desdites villes se pourront assembler pour eulx conselier et tailler, senz ce que il puisse estre dit *taquehan*.
(*Ordonn. des rois de France*, t. VI, p. 139.)

Comme les habitans de la ville d'Arras fussent allez par manière d'assemblée, monopole et *caquehan*, etc.
(*Charte de* 1347.)

Se nul est trouvé qui fasse *caquehan* ou barelle, il sera pugny selon le cas.
(*Statuts des bouchers d'Évreux*, de 1424.)

Pour eschiver touz périlz, conspirations et *taquehanz* qui en pourroient ensuir.
(*Charte de Philippe V*, de 1320.)

Il ressort de tous ces exemples la preuve que le *caquehan* était une assemblée où le calme ne régnait pas toujours, où l'on faisait plus de bruit que de besogne, où l'on se disputait, s'injuriait, et où la police avait quelque chose à voir et à réprimer. Ces assemblées, quelquefois du moins, ne laissaient pas d'être très-légales, puisque nous voyons ici qu'on y délibérait sur l'impôt et autres matières d'intérêt public ou de corporations. On voit aussi que le même mot était appliqué aux assemblées illicites, au désordre qui s'y commettait, et aux licences qu'y prenait la langue. *Takehan* se dit encore en Picardie, pour coalition d'ouvriers.

Dic mihi cujum peçus, estant un lourdaud tel que vous

estes, à quoy vous sert ne sçavoir sinon sangloter et cracher certaines sentences latines qu'avez apprises par cœur, non à autre occasion, sinon pour faire le *quanquam*.

(Larivey, *la Constance*, act. I, sc. i.)

Que si ces longs parleurs se faschoyent autant de parler que les auditeurs s'ennuyent d'escouter, ils ne feroyent leurs oraisons si longues, et abbréviroyent leur *quanquam*.

(Guill. Bouchet, XII° *Sérée*, p. 257, édit. de 1585.

Trois ou quatre cents avocats du palais de Paris.... s'en allèrent au greffe de la cour pour y remettre leurs chaperons et protester de cesser leur caquet; de quoy les baguenaudiers et pédans firent de grans *cancans*, ainsi que si le royaulme eust dû périr pour estre repurgé de ces chicaneurs.

(*Mém. de Sully*, t. IV, p. 178, édit. de 1763.)

Ce passage de Sully nous donne la forme et la signification définitive et moderne de *cancan*. Aujourd'hui, cependant, cette signification, quoique toujours la même, s'est singulièrement restreinte. Ce qui avait lieu jadis dans les assemblées politiques, dans les conseils des villes, etc., ne se pratique plus maintenant que dans les *soirées* du grand et du petit monde, dans les journaux, dans les loges de portier, à la halle aux poissons et autres. *Desinit in piscem*.

Les habitants de Disentis, dans le canton de Coire, ont le verbe *chamcham*, pour signifier babiller, bavarder, médire.

Mme de Genlis, dans ses *Mémoires*, cite cette conversation qui ne peut qu'égayer mon sujet :

Le général Decaen, lorsqu'il n'était encore qu'aide de camp de son frère, fut arrêté par la gendarmerie, en se rendant à l'armée.

« Comment vous nommez-vous? lui demanda le brigadier.
— Decaen.
— D'où êtes-vous?
— De Caen.

— Qu'êtes-vous?
— Aide de camp.
— De qui?
— Du général Decaen.
— Où allez-vous?
— Au camp.
— Oh! oh! dit le brigadier, qui n'aimait pas les calembours, il y trop de *cancans* dans votre affaire; vous allez passer la nuit au violon, sur un lit de camp. »

Caquet a la même origine que *cancan*, et de *caquet* vient *caquetoire*, siége où l'on caquetait à son aise :

> Ceux qui se sont trouvés quelquefois au *caquet* des femmes, quand elles ont les pieds chaulds, pourront faire conjecturer quel est leur bec, alors qu'elles se baignent chauldement ensemble au bain d'une gisante, qui est aussi une circonstance à noter; et, de fait, il n'y a pas d'apparence qu'elles aient alors le bec gelé; pour le moins, j'en respons pour celles de Paris, qui ne se sont pu tenir d'appeler *caquetoires* leurs siéges.
>
> (H. Estienne, *Apologie pour Hérodote*, chap. VIII.)

> Je suis fort bon barbier d'estuves
> Pour raser et tondre maujoinct;
> Espicier suis; je sens vieil oingt;
> Je fais soulliers de toutes formes,
> Arpenter bois et planter bornes,
> Et si fay rubans et lassets;
> Je fay *caquettoires*, placets.
>
> (*Le Varlet à louer*, t. I, p. 87, des *Anciennes Poésies françoises*, édit. Jannet.)

On ne peut établir l'étymologie de *cancan* sans rechercher pourquoi l'on appelle ainsi certaine danse que les sergents de ville et les gendarmes savent vraisemblablement danser mieux que personne, attendu que personne ne l'observe, ne l'étudie, n'en marque mieux la mesure, n'en connaît mieux le fort et surtout le faible que ces austères et prudents philosophes. Si je trouvais dans quelque auteur antérieur à ce siècle ce mot employé dans le sens en question, j'en conjecturerais que le tumulte des assemblées où l'on danse le *cancan*, ayant rappelé le souvenir de celles jadis nommées *caquehans*, on n'a eu que la peine de reprendre ce nom pour l'appliquer à cet exercice. Car, outre qu'on s'y querelle et qu'on s'y injurie quelquefois, le corps s'y donne aussi beaucoup plus de mouvement que la langue, ou s'y comporte comme elle, quand elle n'a plus ni frein ni bride. Mais aucun exemple n'autorise cette conjecture. Peut-être est-il bon d'en revenir au canard de M. Dochez. En effet, l'allure de cet animal, principalement quand il court, est un dandinement violent et très-comique. Les *cancaneurs* ont pu le lui emprunter, en tirer une méthode, et créer enfin un art qui, pareil à la Révolution, fera le tour du monde.

Galant. — Il fait beau voir les conjectures auxquelles ce mot a donné lieu, dans Jules César Scaliger, Ch. de Bovelles, Politi, Varchi, Périon, Morosini et Ferrari ; car Ménage les cite tous, soit pour faire parade de ses lectures, soit pour montrer combien ils l'emportent sur lui par la fécondité et l'audace de la partie imaginative. Seuls, les auteurs du Dictionnaire *della Crusca* ont mis le pied sur la voie de la vérité ; mais ils ne sont point allés jusqu'au bout. Ces doctes petits-fils des Romains auraient dû connaître un peu mieux la langue de leurs ancêtres, et savoir qu'une certaine coiffure à l'usage des femmes était appelée *calantica* ou *calautica*, le premier plutôt que le second. Clodius, se glissant en habits de femme dans la maison où l'on fêtait la bonne déesse, avait adopté cette coiffure : c'est à quoi Cicéron, cité par Nonius, paraît faire allusion, lorsqu'il dit : *Tunc cum vincirentur pedes fasciis, cum* calanticam *capiti accommodares ?* C'était une espèce de mitre orientale, une sorte de bonnet phrygien avec des mentonnières dont il était aisé de se voiler la figure, exigé peut-être de toute initiée aux mystères de la déesse de Phrygie, indispensable d'ailleurs en un lieu d'où les hommes étaient exclus. Servius, sur ce vers de Virgile :

.... Et habent redimicula mitræ,

confirme cette interprétation :

« *Pilea*, dit-il, *virorum sunt*, *mitræ fœminarum*, *quas* calanticas *vocant.* »

Ausone (*in Periocha V Odysseæ*) nomme *calantica* la coiffure dont la déesse Ino se dépouilla pour en coiffer Ulysse naufragé et nageant vers l'île des Phéaciens. Il fallait que les mentonnières ou, comme on dirait aujourd'hui, les barbes de cette coiffure fussent extraordinairement longues, car elle devait aider Ulysse à se soutenir sur l'eau. Mais il est à croire que cet instrument de sauvetage n'était là que pour la forme, et qu'au fond c'est le pouvoir surnaturel de la déesse qui sauva Ulysse. Eustathe, au mot κρήδεμνον, celui qu'Ausone rend par *calantica*, dit qu'il s'agit d'un voile de tête retombant sur les épaules. En effet, dans la *calantica*, les mentonnières ne s'adaptaient pas seulement au menton, elles faisaient le tour des épaules, de sorte qu'on pouvait s'en envelopper la tête tout entière. On les ornait de fleurs, selon Vossius, qui dit que la véritable orthographe est *calanthica* (καλὸν et ἄνθος), et ces fleurs étaient variées suivant le caprice de celles qui s'en couvraient la tête.

Quelques auteurs ont cru que la *calantica* était une ceinture, *balteum*, ζώνη. C'est ainsi qu'on l'entendait au dix-septième siècle, en Italie, où l'on appelait *gala* (Dictionn. *della Crusca*, v. *Gala*), une bande de toile brodée à l'aiguille, servant à envelopper le sein et la taille. Elle sert encore à entourer la gorge. Ce même mot *gala*, comme le fait observer avec raison Ménage, veut dire en espagnol *braverie, magnificence en habits.* Nous leur avons pris ce mot pour l'appliquer aux repas de cérémonie, aux festins de noces, de baptême et autres réjouissances en commun. De là aussi *régal, régalade. Galante*, en italien, et *galan*, en espagnol, ont la même signification. Nous disons comme eux *galant*, au propre et au figuré, et nous avons de plus *galois*, pour exprimer un homme gai, jovial, un bon compagnon. Mais soit que le substantif *gala* ait été le père de l'adjectif *galant*, soit que le contraire ait eu lieu, il me paraît évident qu'ils procèdent l'un et l'autre de *calantica*.

Au reste, *gala*, qui, en irlandais, signifie s'amuser, se réjouir, et qui est d'origine évidemment celtique, n'est sans doute pas étranger au latin *calantica*, ni au grec καλὸς : c'est en effet le propre de la parure d'inspirer le contentement de soi, et de pousser les gens à se réjouir. Mais tout en admettant cette étymologie, je ne puis m'empêcher de faire mes réserves en faveur du latin, auteur immédiat, selon moi, de notre mot *galant*.

De *calautica* dit pour *calantica*, par suite du changement qui s'est fait à la longue de l'*n* en *u*, on a formé *calotte*, c'est-à-dire *pileolus, verticis tegumen. Calautica* est l'auteur de *decalauticare*, que nous disons aussi en français pour *calauticam detrahere*. Vossius cite ces vers de Lucilius, d'après Nonius :

Depoculassere aliqua sperans me, ac deargentassere,
Decalauticare, eburno speculo depeculassere.

Calautica, selon le même Vossius, viendrait de καλύπτω, c'est-à-dire *operio*. Mais il n'en tient pas moins ce mot pour une corruption de *calantica*, et je crois qu'il a raison.

PAYER DE CHANSONS. — On ne dit plus guère que *Se payer de chansons*. La forme pronominale prévaut sur la forme active; mais ce n'en est pas moins celle-ci qui a introduit l'autre dans le monde.

Personne n'ignore que, pour s'acquitter de cette manière envers ses créanciers, il n'est pas besoin d'être un ténor et d'avoir l'*ut* de poitrine; il n'est besoin que de n'avoir pas d'argent, et, si l'on en a, de ne vouloir pas en donner.

Ce dicton nous vient de l'Italie; il ne pouvait venir d'ailleurs que du pays par excellence des chanteurs. Mais si ces messieurs payaient alors leurs dettes de cette façon-là, nous en contractons envers eux, qui se payent tout autrement. On peut dire que notre dilettantisme est mis à rançon, et les collecteurs n'y vont pas de main morte.

Poggio, dans ses *Facéties*, raconte l'origine de ce dicton, à peu près en ses termes :

Un voyageur affamé entra dans une auberge où il dîna bien. Comme il s'agissait de payer, il dit qu'il n'avait pas d'argent, mais qu'il payerait en chansons. L'hôte dit qu'il ne voulait pas de chansons, mais de l'argent. « Quoi ! dit le voyageur, si je chante une chanson qui vous plaise, ne vous tiendrez-vous pas pour payé? — Si fait, » dit l'hôte. Le voyageur commence alors une chanson, et quand il l'a finie : « Vous plaît-elle ? demande-t-il.—Nullement, » répond l'hôte. Le voyageur en chante une seconde, puis une troisième; l'hôte ne s'en accommode pas davantage. « En voici donc une, reprend le voyageur, qui vous plaira certainement. » Et, prenant sa bourse, il entonne une chanson fort en vogue au quinzième siècle parmi les voyageurs, et dont voici le début : *Metti mano alla borsa, et paga l'oste* (Mets la main à la bourse, et paye l'hôte.) « Celle-là vous agrée-t-elle? dit le voyageur. — Assurément, dit l'hôte. — Eh bien donc, selon nos conventions, vous êtes payé, puisque cette chanson vous a plu. » Là-dessus, il partit.

Ce dicton n'est vraisemblablement par le seul qui soit né d'une pantalonnade de ce genre.

METTRE EN PLAN. — Ne confondons pas *Mettre en plan*

avec *Laisser en plan;* l'un veut dire, mettre en gage; l'autre, quitter brusquement les gens, se dérober à ses affaires, *laisser* tout *en plan*. Cette dernière expression est l'équivalent de *planter là*, et *plan* qui en dérive devrait s'écrire *plant*. Telle est en effet la surprise des gens qu'on quitte brusquement, sans excuse et sans cérémonie, qu'ils demeurent immobiles, et semblent, comme on le dit encore volontiers, *prendre racine.*

Autre chose est *mettre en plan* ou *au plan*, car l'un et l'autre se disent. L'action de mettre en plan ou en gage, quelle qu'en soit l'urgence, se fait posément, et il y a des formalités à remplir qui exigent des calculs et de la réflexion. Loin de quitter brusquement l'objet *mis en plan*, on s'en détache avec regret, on lui lance de tendres regards, quand on s'en éloigne, et on le reprendrait volontiers des yeux, si les yeux avaient la faculté de saisir.

On appelait autrefois *cens plan* ou *plain* (*Servitium planum*) une prestation ou redevance établie sur un fonds exempt d'ailleurs de tailles et de toutes autres servitudes. C'était comme un gage que le seigneur prenait de son vassal, soit pour se dédommager en partie de l'abandon qu'il faisait des tailles habituelles, soit pour constater la permanence des droits qui lui appartenaient et dont il ne consentait la réduction que par privilége.

« Il confesse (*Charte* de 1344, citée dans le *Nouveau du Cange*, au mot *Servitium planum*) que les biens susdits sont taillables à la volonté dudit damoisel, excepté quatre deniers qui sont de *cens plan*[1]. » « Humbert *de Saxo* (de la Pierre, ou de la Roche[2]) exempta les biens-

---

1. « Confitetur prædictas res esse taillabiles ad voluntatem dicti « domicelli, exceptis IV denariis qui sunt de *servitio plano*. »
2. « Humbertus de Saxo absolvit fundos Anth. Brodier ab omnibus « talliis, corvatis, complentis, recognitionibus, et aliis juribus, et « eos reducit ad *planum servitium*, cum laudibus et vendis, se« cundum usus patriæ. »

fonds d'Antoine Brodier de toutes tailles, corvées, complaintes (espèce d'impôts forcés), récognitions (cens annuel), et autres droits, et les réduisit au *cens plan* avec lods et ventes, suivant l'usage du pays. » (*Charte* de 1465, citée dans le *Nouveau du Cange.*)

De *plan* on a formé *planer*, qui signifie défalquer, soustraire une somme d'une autre :

Item, nos gens de compte qui tenoient notre dite renenghe (chambre des comptes), ont osté et *plané* de nostre renenghèle (livre de comptes) XXXIII livres parisis de Flandres.

(*Charte de Louis, comte de Flandres*, de 1331; dans DU CANGE, au mot *Renenghe.*)

La *mise en plan* d'un fonds était donc la marque de l'affranchissement d'un autre, comme la *mise en plan* d'une partie de ses meubles est aujourd'hui le moyen de sauvegarder le reste. Je conviens que l'analogie n'est pas parfaite, et qu'il y a, au contraire, dans les deux actions bien des différences; je vois surtout que, dans le premier cas, le dépositaire du gage recevait une somme pour ce gage, tandis qu'aujourd'hui il la paye : mais pour être une tradition faussée, l'usage dont je parle et le dicton auquel il a donné lieu n'en sont pas moins une tradition. Si, lorsqu'il s'agit de faits considérables, la tradition change la vérité en mensonges, et les mensonges en d'autres mensonges, à plus forte raison opère-t-elle ces métamorphoses, quand il s'agit de l'acception d'un mot.

PERDRE LA BOUSSOLE. — Voilà un de ces rares dictons populaires qu'on voudrait voir pénétrer dans la langue polie, parce qu'ils semblent, par la pureté irréprochable de leur formule et la justesse de leur application, avoir des titres à cet honneur. Mais il en est des mots comme de hommes les meilleurs, leur fortune dépend du hasard et du caprice plus que de leur seul mérite. Il serait à souhaiter que *Perdre la boussole* fît son chemin par les mêmes moyens; l'essentiel est d'arriver. Comment rendre d'une manière plus vraie et en même temps plus piquante l'état momentané de la raison dévoyée, et les sottises d'un malheureux qui a, comme on dit plus simplement, perdu la tête? Ce qui ajoute à l'excellence de cette métaphore, c'est que, au moyen âge, les médecins comparaient la tête de l'homme à un vaisseau dont la partie antérieure ou sinciput était la proue, et la partie postérieure ou occiput était la poupe. On rencontre plusieurs fois employées dans ce sens les deux expressions *prora* et *puppis*, dans Constantin, moine du Mont-Cassin qui vivait en 1070, et dont nous avons un in-folio d'*Opera medica*. Elles sont d'abord dans son traité de la *Cure des maladies* (liv. I, ch. x et xvi; liv. III, ch. xiv, xv et xvi), puis dans sa *Pantechnie* (liv. II, ch. iii), où il s'exprime ainsi :

Il y a, à la *proue* de la tête un os, le coronal, qui diffère du crâne, et qu'on appelle le front; il y a également, à la *pouppe*, un os qui diffère aussi du crâne, qui a la forme du lambda grec (Λ), et qu'on appelle proprement la *pouppe*.

La tête, au sentiment des praticiens du moyen âge, était donc un vaisseau. Restait à trouver, pour la cervelle qui est le guide et l'âme de ce vaisseau, un nom concordant à ceux sous lesquels son avant et son arrière étaient désignés; ce nom, l'esprit populaire moderne l'a rencontré : c'est la boussole. *Perdre la boussole* est donc perdre la cervelle, divaguer, battre la campagne. Ainsi, un orateur qui s'embrouille dans ses motifs, un poëte dans ses fantaisies, un mathématicien dans ses calculs, un philosophe dans ses raisonnements, un coupable dans sa défense, un médecin dans sa diagnostique, un général d'armée dans ses manœuvres, sont autant de gens chez qui les pensées se dérobent en même temps qu'elles naissent, et qui ont *perdu la boussole*.

Le peuple dit aussi, *Perdre le nord*, pour exprimer la même idée :

> Tuant la raison et la rime,
> Plein d'une sotte vanité,
> Plus d'un auteur en vain s'escrime,
> Croyant un jour être porté
> Au sein de l'immortalité.
> A chacun de ces faux poëtes
> Mon refrain s'adresse d'abord :
> Nous avons déjà trop de bêtes;
> *Tu perds le nord!*
>
> (H. PARRA, *le Chansonnier philosophe*. Paris, 1853, brochure de 12 pages in-12.)

CHAPITRE XII.

Marlou et Marlousier. — Selon M. Francisque Michel, on entend par ces mots « un souteneur de prostituées. » Il ajoute : « De ces deux mots, le second me paraît le plus ancien, et je n'hésite pas à le dériver de *marlier*, qui se disait autrefois dans le sens de *marguillier*. Voyez du Cange, au mot *Marrelarius*. » Vous cherchez dans du Cange, pensant y trouver la proposition *tout entière* de M. Fr. Michel, confirmée et ratifiée ; vous ne trouvez que le mot *marlier*, dit en effet pour *marguillier*.

Revenu de la crainte qu'on avait eue de voir, sur l'autorité de du Cange, qu'il pouvait y exister quelque rapport entre le respectable fonctionnaire dont il est question, et un *marlou*, on reprend la lecture de l'article de M. Fr. Michel, et y on trouve un renvoi à l'article *Sacristain*, dans son *Dictionnaire d'argot*. On lit donc à cet article :

SACRISTAIN, amant d'une maîtresse de mauvais lieu. Il est facile de se rendre compte de ce mot, quand on sait que, dans le langage populaire, ces sortes d'endroits s'appellent des *couvents*.

Cet exemple ne prouve qu'une chose, à savoir : l'identité de fonctions du *marlou* et du *sacristain*, mais ne prouve pas du tout que *marlou* vient de *marlier* ou *marguillier*.

Et d'abord, *marlou* n'a pas la seule signification que lui donne M. Fr. Michel, et qu'il paraît aujourd'hui avoir seule en effet.

Vidocq, qui devait le savoir, s'exprime ainsi dans les *Voleurs*, tome I, page 266 :

MARLOU, MARLOUE, malin, maligne. Ne se prend guère qu'en mauvaise part.

C'est-à-dire qu'il se prend aussi en bonne part. Ainsi, selon Vidocq, *marlou* est dans l'occasion un mot honnête; laissons-lui du moins cet avantage.

On disait autrefois d'un mauvais garnement, d'un débauché, c'est un *arlot*.

Icelui Pierre appellast le suppliant *arlot*, tacain, bourc, qui vault autant à dire en langaige du pays de par delà, garçon, truand, bastart.

(*Lettres de rémission* de 1411.)

Par où l'on voit de plus que le mot *garçon* était anciennement une très-grosse injure.

Et lui dit : Baille-moi celle espée. — Non ferai, dit l'escuyer; c'est l'espée du roy; tu ne vaus pas que tu l'ayes, car tu n'es qu'un *garson*.

(FROISSART, t. II, chap. LXXVII.)

C'est-à-dire un drôle, un goujat. Mais *garçon* voulait dire autre chose, et c'est en quoi il n'est que la traduction exacte et littérale d'*arlot*. Un *garçon* était en effet un *meretricum sectator*, un *leno* ou son pareil, comme il est dit dans ce vers de Jean de Salisbury :

Vilis leno, procax *gartio*, scurra vagus.

Tout le monde sait ce qu'étaient les *mauvais garçons*, un ramas de coquins, la lie de la société. Il est à croire que les *marlous* n'y manquaient pas. — *Qui prænomi-*

natis exponentibus animo irato dixit : Unde venitis vos alii arloti, *et ribaldi ?... Vos mali* arloti, *in fide mea, luetis de corpore.* (*Lettres de rémission* de 1377.)

La formation de *marlou* n'est-elle pas clairement indiquée ici par l'expression *mali arloti?* Ces deux mots ne sont autre chose en effet que la traduction de *mau arlot, mauvais arlot.* La syncope a produit *m'arlot, marlot,* d'où est venu *marlou.*

Arlot a formé aussi *arnold, arnauld,* d'où *Arnaud,* nom propre. Rien n'est malheureusement plus vrai, quelque éclat qu'aient jeté sur ce nom les personnages qui l'ont porté. *Arnaud* et *ribaud* étaient synonymes et de nom et de fait. Voyez-en de nombreux et curieux exemples dans du Cange. Voyez aussi le père Jacob, dans ses *Additions* au *Dictionnaire étymologique* de Ménage, où il se met à la torture pour ne trouver rien qui vaille, et où d'un bout à l'autre de ses recherches, il bat la campagne.

Remarquons que *arlot* est roman (voy. Raynouard), que les Italiens disent *arlotto,* les Espagnols *arlote,* et qu'*argoulet,* employé au dix-septième siècle, pour dire un homme de rien, un *chétif,* un être méprisable, est, selon toute apparence, un diminutif d'*arlot.*

Il paraît qu'en certaine province, dans le Berry sans doute, *marlou,* qui s'écrit *marloup,* signifie loup-garou. M. le comte Jaubert (*Glossaire du centre de la France,* t. II, p. 50) fait dériver ce mot de *mas* et de *lupus,* loup mâle. Cette opinion est soutenable. Mais j'ai une certaine défiance des mots patois qu'on dérive du latin, quand il est besoin, pour justifier cette origine, de deux ou plusieurs mots de cette langue, pour un seul mot patois. On me dira peut-être que c'est le cas de *mau arlot* formé de *malus arlottus.* Nullement. C'est au contraire celui-là qui est formé de l'autre, ou plutôt il n'en est que la traduction.

BLAGUE, BLAGUEUR.

Ce mot, aujourd'hui bien connu, dit M. Francisque Michel (*Dictionnaire d'argot*, p. 52), et généralement répandu, ne figure point encore dans le Dictionnaire de l'Académie, et je le regrette ; car il est en outre bien fait. Quoi de plus semblable en effet à une vessie gonflée de vent qu'un discours pompeux et vide ?

Je ne suis d'accord avec le docte philologue que sur un point. Comme lui, je regrette que l'Académie repousse de son Dictionnaire les mots *blague*, *blaguer* et *blagueur*, laissant gronder à sa porte ces fils effrontés du peuple, qui finiront par l'enfoncer.

Cette obstination de l'Académie tient sans doute à un excès de délicatesse ; elle tient aussi à une erreur qui est celle de M. Francisque Michel lui-même. L'illustre compagnie croit peut-être que ces expressions sont de l'argot et appartiennent à un dictionnaire d'argot. Elles sont au contraire très-françaises ; mais l'usage les a modifiées, comme il en a modifié tant d'autres que l'Académie n'a pas fait difficulté d'accueillir.

Au commencement du seizième siècle, et sans doute avant cette époque, on disait *bragard* et *bragar*. On entendait par là une personne bien parée, propre en habits, comme dit Nicot, fringante et glorieuse, brave et fière. On le prenait en bonne ou en mauvaise part.

> Gens habusans de la grâce divine,
> Tous ces souffleurs et faiseurs d'arquemie,
> Mignons *bragars* portans la robe fine,
> Qui sont contrainctz tenir très povre vie....
>
> En *Gemini* qui tout en un monceau
> S'ensuyt après, sont tous ces bons suppoz,
> Et ces *bragars* faisans du damoiseau,
> Ceulx qui souvent font la beste à deux dos.
>
> (*Prognostication d'Habenragel*, dans les *Anc. Poésies françoises*, t. VI, p. 20 et 25, de l'édit. Jannet.)

POSTÉRITÉ.

Mais auquel des mortels si *bragards* est permis
D'avoir ainsi dompté si puissants ennemis?
Hé! pour Dieu, dy-le-moy.

L'HISTOIRE.

A un Anthoine.

(*Le Trophée d'Anthoine de Croy...*, *par Uber
Philippe de Villiers*, *secrétaire dudict sieur
prince*. Lyon, 1567, in-8.)

Yssant de son palays, il faisoyt emplir les gibbessieres de ses varlets, d'or et d'argent monnoyé, et, rencontrant par les rues quelques mignons *braguars* et mieulx en poinct.... par gayeté de cueur leur donnoyt grandz coupz de poing en face.

(RABELAIS, IV, chap. XVI.)

Dans son *Catalogus gloriæ mundi* (pars 19, consid. 32), Chassenée dit que de son temps, on disait des étudiants : *Les flûteux et joueux de paulme de Poictiers, les danseurs d'Orléans, les* braguars *d'Angiers, les crottés de Paris, les bringueurs de Pavie, les amoureux de Turin, les bons étudiants de Toulouse.*

On n'appliquait pas seulement cette épithète aux gens bien habillés, on l'appliquait aussi aux choses qui portaient la marque de la richesse et du luxe :

O chambre gorrière et belle,
Chambre dorée, chambre paincte.
Chambre de riches couleurs paincte,
La couverture et la deffense
Contre ce qui faict offense,
Chambre d'honneur, chambre *bragarde*,
Chambre d'amour, chambre gaillarde,
Sitost que la nuyct je verray,
En toy je me retireray.

(GILLES CORROZET, *les Blasons domestiques :
le Blason de la Salle et de la Chambre.*)

Les Bourguignons, après la bataille de Pavie, insultaient ainsi aux Français :

> Pavye, la bonne ville,
> Bien te dois resjouyr,
> Car tu es bien vengée
> De tous tes ennemys.
> Tu ne dois plus crémir
> Tous ces *bragghars* de France ;
> Ils sont prins et tuez....
> Lendemain de la veille,
> Le jour saint Mathias,
> Nos gens firent merveille,
> Frappant sur les *bragghars*.
>
> (*Chansons bourguignonnes* sur la défaite de François Ier à Pavie : dans l'*Annuaire* de la Bibliothèque royale de Bruxelles, année 1845, p. 46 et 49.)

Les Anglais ont conservé ce mot. Il est dans Palsgrave, qui l'écrit *braggar* et qui le traduit par *fringuereau*.

Il n'a pas été besoin de grands efforts d'imagination pour le faire passer du sens propre au sens figuré. Les personnages ainsi qualifiés y invitaient naturellement. Quand on est vêtu avec recherche, avec coquetterie, on commence par s'admirer soi-même ; on prend ensuite des manières analogues à sa parure ; on se rengorge, on devient dédaigneux, gausseur, tranchant et vantard ; on a la tête haute et le regard fier ; on ne marche pas, on piaffe ; on est un *bragueur*. Le mot n'est pas de moi, il est d'un homme qui l'a entendu dire, qui l'a dit vraisemblablement lui-même, et qui l'a recueilli dans son Dictionnaire ; il est de Cotgrave. *Bragueur*, dit ce lexicographe, *as* bragard ; *flaunting, vaine, also braggard, bragging, braggadocchio-like.*

Il a été plus aisé de faire *blagueur* de *bragueur*, que de *miséricorde hallebarde ;* il a suffi de substituer une liquide à une autre. Le premier qui l'osa méritait sans doute que la postérité lui en fît compliment ; mais il ne s'est pas soucié de se faire connaître. En tout cas sa hardiesse a eu du succès, et le mot *blagueur* est resté.

Je ne vois rien en tout cela qui justifie la *vessie* de M. Francisque Michel. Ce n'est donc plus qu'une vessie crevée.

Avant de dire *bragard* on disait *brague* et *braguer*. L'un et l'autre sont dans Menot, tour à tour en français et en latin.

Ce sont les grandes pompes, les grandes *bragues* : *Hec sunt magne pompe et grande* bragationes; *hec sunt pompe et magni vestium luxus.*
(MENOTTI, *Sermones*, fol. 119, col. 1.)

Et ideo, o vos domine, que vos ornatis ad bragandun, *rogo vos ut videatis modum Ecclesie.*
(*Id.*, fol. 185, recto, col. 1.)

Certes, tu es le tabernacle,
Le lieu secret et habitacle,
Où sont les beaulx joyaulx et bagues
Des dames qui font grosses *bragues*.
(GILLES CORROZET, etc., *les Blasons domestiques : le Blason du Dressouer.*)

Duez et Oudin rendent *braguer* par *far del bravo*, et Cotgrave qui, dans son *Dictionnaire français-anglais*, le rend par *to flaunt, brave, brag or jet it*, traduit ce même mot dans son *Dictionnaire anglais-français*, par *se vanter, se glorifier, piaffer, faire feste de, jacter*.

M. Francisque Michel savait tout cela, mais il n'a pas jugé à propos de se le rappeler. Autrement il n'eût pas donné pour auteur à *blague* et à ses dérivés ce vilain sac membraneux où les fumeurs mettent leur tabac en réserve, après que le verrat y a distillé son urine. *Balg*, en allemand, est le nom de ce sac ainsi employé. En en faisant le même usage que les Allemands, nous l'avons nommé comme eux, sauf que nous avons transposé la pénultième lettre de ce nom, soit pour l'accommoder à notre langue, soit parce qu'il y existait déjà sous la forme actuelle, quoique dans un sens différent.

Ce sens étant celui que j'ai dit et prouvé par des exemples, reste à savoir l'étymologie. C'est tout simplement *braghe*, mot celtique servant à désigner une espèce de haut-de-chausses, caleçon ou culotte, comme on voudra l'appeler, à l'usage de nos ancêtres, et qui fit donner à une partie de leur pays, la Gaule Narbonnaise, le nom de *Gallia bracata*. Suétone, dans la *Vie de César:*

Gallos Cæsar in triumphum ducit; iidem in Curia
Galli *braccas* deposuerunt, latum clavum sumpserunt.

De *braghe* on a fait *braye*, et de *braye brayette*.

Le jeudi fut pris la Valette[1],
Fruit de l'épernonne *brayette*,
Mais de ces fruits qui sont bâtards.
(Saint-Julien, *le Cinquième Courrier françois,
en vers burlesques.*)

D'abord vêtement grossier, fait de peau de mouton ou d'animaux sauvages, la *braye*, nommée depuis haut-de-chausses, comme tout le reste, fit son chemin. Le luxe y déploya ses richesses, la mode ses inventions. Bientôt, un élégant ne fut reconnu tel qu'à la façon de ses culottes. Elles servirent à le qualifier, et, pour comble d'honneur, elles transmirent cette qualification à tout ce qui avait le caractère de la beauté et de la grandeur dans l'ordre physique comme dans l'ordre moral. Mais parce qu'elles abusèrent de leur puissance et rendirent enflés et vains jusqu'à l'indécence ceux qu'elles avaient comblés de ses grâces, elles attirèrent sur eux le mépris, et le même titre qui pour eux était une louange, leur fut une

1. Bâtard du duc d'Épernon.

injure. Sous Charles VII, les hauts-de-chausses étaient larges, et les pourpoints tombaient assez bas. Le contraire eut lieu sous Louis XI. Les hauts-de-chausses devinrent collants, et les pourpoints ne dépassèrent pas la ceinture.

En ce temps, dit Monstrelet (1467), les hommes se prindrent à vestir plus court qu'ils n'eurent oncques fait : tellement que l'on veoit la façon de leurs c... et de leurs génitoires, ains comme l'on souloit vestir les singes, qui estoit chose très-malhonneste et impudique.

Brayaud est un mot du patois auvergnat, qui a cours dans les communes voisines de Riom et de Combronde. Châtelguyon, Saint-Hippolyte, Saint-Bonnet, Davayac, Beauregard, etc., sont les dernières communes, en Auvergne, qui soient restées fidèles, les hommes, à la veste courte, aux longs cheveux, au chapeau à larges bords, et à la *braye* ou culotte de laine blanche ; les femmes, à la coiffe blanche qui les fait ressembler à des religieuses. Mais tout cela disparaît de jour en jour, et les *brayes* auront bientôt cédé aux pantalons, même en Auvergne.

FENDANT. — Le *fendant* est de la famille du *blagueur*. Comme lui, il est coquet et fanfaron. Dans la *Vraye Pronostication de maistre Gonin* (Paris, 1615, in-8), il est ainsi parlé des soldats des princes mécontents, qui promettaient merveilles, mais que la paix signée à Sainte-Menehould, le 15 mai 1614, avait désappointés :

Ha, ha ! ils pensoient tout *fendre nostre gros bois ;* mais ils ont faict comme l'ours qui, pour avoir le miel caché dans le chesne, s'y enserra gentiment les pattes, parce que le renard osta les coins.

Ces *fendeurs* de gros bois étaient donc des *milites gloriosi*. Ils *allaient tout fendre* (expression qui est restée), sans la paix, laquelle fut le renard qui ôta le coin, et qui leur prit les pattes.

Avoir l'air de revenir de Pontoise, ou Comme en revenant de Pontoise. — M. Quitard, dans son *Dictionnaire des proverbes*, donne à celui-ci l'interprétation suivante :

Dans le temps de la féodalité, il y avait à Pontoise un seigneur ombrageux et cruel qui se faisait amener les étrangers passant par cette ville, et les soumettait à un interrogatoire, après lequel il les renvoyait ou les retenait prisonniers, selon qu'ils y avaient bien ou mal répondu. Comme ces pauvres voyageurs étaient toujours intimidés et déconcertés par les questions et les menaces d'un pareil tyranneau, l'on en prit occasion de dire par comparaison : *Avoir l'air de revenir de Pontoise,* ou *Conter une chose comme en revenant de Pontoise*, en parlant des gens dont les idées sont un peu troublées et confuses, embrouillées, même un peu niaises.

Comme M. Quitard ne cite pas ses garants, il nous permettra de révoquer en doute son explication, et d'en chercher une autre.

Il est à remarquer avant tout qu'on n'est point parfaitement d'accord sur le sens et sur le texte de ce proverbe. Chacun l'exprime et l'entend un peu à sa façon, ou *sub*, ou *in*, ou *trans*, ou *tropice*, ou *figurative*, ou *metaphorice*, ou *realiter*. Les uns le disent d'un homme surpris, effaré ; les autres d'un niais ; ceux-ci d'un personnage qui ignore ce que tout le monde sait ; ceux-là d'un individu qui se contredit, qui bredouille, qui fait des mystères ou des quiproquos. Il y en a même qui disent, non pas : *Comme en revenant*, mais : *Comme un revenant de Pontoise*. Autant de gens, autant de sentiments. Ce qu'il y a de certain, c'est que ce proverbe se rattache à un fait vrai, et que ce fait, l'histoire de Pontoise le fournit nécessairement.

En 1634, une maladie contagieuse se déclara dans la ville. Mais cette fois, elle ne fit que prendre, pour ainsi dire, connaissance des lieux, et marquer ses victimes pour une prochaine visite [1]. Elle revint quatre ans après, et fit de grands ravages. Ceux qui avaient fui, et c'était le plus grand nombre, s'étaient réfugiés dans les contrées voisines; ceux qui restèrent périrent presque tous, et la population fut, dit-on, réduite à une centaine d'habitants. Encore ne durent-ils leur salut qu'à l'intercession de la sainte Vierge. Le grand vicaire, les échevins et quelques particuliers firent vœu « de faire brûler tous les ans trois flambeaux de cire, du poids de vingt livres, en l'honneur de sa virginale et divine maternité, de s'interdire l'usage de la chair la veille de l'Immaculée Conception, de lui consacrer une image d'argent du prix de six cents livres, et de mettre une autre de ses images (en pierre) sur chacune des portes de la ville [2]. » Vers la fin d'octobre, le fléau cessa. Mais il gagna le pays d'alentour. Il y fit toutefois peu de victimes ; il avait épuisé sa fureur à Pontoise. La ville prit les mesures les plus sévères pour qu'il n'y rentrât plus. Dix ans après, on exigeait encore de tout étranger qui y arrivait un certificat constatant qu'il ne venait pas d'un pays infecté, et sur le vu de ce certificat on lui permettait de demeurer. En voici un modèle :

Nous, maire et échevin, gouverneur, officiers de police de la ville et banlieue de Mantes, certifions à tous qu'il appartiendra que, par la grâce de Dieu, il n'y a dans ladite ville et banlieue, ni aux environs d'icelle, aucune maladie contagieuse. Nous prions donc tous gouverneurs, maires et échevins de ville, de laisser passer et séjourner *Jean Dupré* et *François Fournier*, retournant à Pontoise. En foi de quoi, etc. [3]

Deux raisons, dans cet événement, pourraient faire croire qu'il a donné lieu au proverbe. La première, c'est que, y ayant eu si peu de gens qui aient échappé au

---

1. *Recherches.... sur Pontoise*, par M. l'abbé Trou, p. 217.
2. *Ibid*, p. 220. — 3. *Ibid*, p. 223.

fléau, personne sans doute n'en fut plus étonné qu'eux. Ils étaient mal revenus de la peur ; ce sentiment dut se peindre sur leur visage, altéré d'ailleurs par l'influence du mal ou par les luttes soutenues contre lui ; il leur donna cet air d'hébétés, de spectres, de revenants, propre aux gens miraculeusement sauvés de la mort, et qui se tâtent longtemps après pour s'assurer qu'ils sont bien vivants. La seconde raison, c'est que le certificat exigé par les maire et échevins de Pontoise n'était pas seulement une mesure de précaution, mais une mesure analogue à celle que n'avaient pas manqué de prendre les cités voisines contre ceux qui *reviendraient* de Pontoise, tant que le fléau y sévirait. Pour peu qu'alors, en arrivant dans une de ces villes, on n'eût pas l'air bien portant ou l'air bien assuré, on était pris pour un *revenant* ou un homme qui *revenait de Pontoise*, et ou l'on était chassé, ou l'on trouvait portes closes. Un proverbe a pu naître de là. Si cette conjecture n'est pas vraie, elle est au moins vraisemblable.

En voici une autre :

Dans l'espace d'un siècle environ (1652 à 1753), le parlement de Paris fut transféré trois fois à Pontoise. La première eut lieu le 31 juillet 1652, sous le règne de Louis XIV. La plus grande partie des membres refusa d'obéir. Trente et un seulement, parmi lesquels le président Molé, les maréchaux de l'Hopital et de Villeroy, le procureur général Fouquet et le greffier Radiguet se rendirent à l'appel du prince. Lorsque le roi rentra dans Paris, le 27 octobre suivant, le parlement y rentra avec lui. A dater de ce jour, il abjura toute résistance. Il montra bien au commencement quelques velléités frondeuses, mais la cravache de Louis XIV lui imposa silence, et bientôt il fit tout ce que le maître voulut.

Après soixante ans de torpeur, il se réveilla sous la régence du duc d'Orléans. Ayant voulu un jour faire des remontrances au sujet de la Compagnie des Indes et de la banque de Law, il fut exilé à Pontoise, le 21 juillet 1720. La ville fut investie de troupes, et l'on dit même que les sentinelles avaient ordre de tirer sur les magistrats qui tenteraient de sortir. Cet exil ne dura que six mois. Pendant ce temps-là, la route de Paris à Pontoise fut encombrée de curieux, en quête de nouvelles. Tout individu qui paraissait venir de cette dernière ville était accosté et interrogé par plusieurs personnes à la fois : « Qu'y a-t-il de nouveau à Pontoise? — Que dit, que fait le parlement? » Et cent autres questions de la même nature, justifiées par l'état de séquestration rigoureuse où l'on tenait le parlement et par le silence qui dérobait ses actes à la curiosité du public. Il n'était pas aisé de répondre à tant de personnes, à tant de questions à la fois ; les plus prompts à la réplique eussent été décontenancés, interdits à moins ; ou je me trompe, ou ils eussent bien eu la mine de *revenir de Pontoise*. J'assurerais presque (s'il faut abandonner ma première conjecture) que notre proverbe sortit de là tout armé, comme Minerve du cerveau de Jupiter ; j'assure du moins qu'il y était en germe. Le parlement ne fut rappelé à Paris (17 décembre) qu'après avoir accepté la bulle *Unigenitus*. Il y demeura jusqu'au 11 mai 1753.

A cette époque, les querelles soulevées par le jansénisme agitaient fortement les esprits. Le parlement s'y mêla avec autant de passion que s'il eût été un concile. Il fulminait des arrêts contre les évêques et confisquait leur temporel ; il décrétait les curés de prise de corps ; « il mettait, comme dit Barbier[1], la main à l'encensoir, en défendant aux ecclésiastiques de refuser les sacrements, en imposant aux ministres de l'Église des lois sur des matières purement spirituelles, telles que la disposition

---

1. *Journal de Barbier*, mai 1752.

des choses saintes dont ils ne tiennent le pouvoir que de Dieu seul. » Louis XV, poussé à bout, l'exila à Pontoise. Cet exil dura seize mois; il finit le 30 août 1754. Outre qu'il fut accompagné des mêmes circonstances qui avaient signalé l'exil de 1720, que les voyageurs étaient assiégés d'une multitude d'hommes turbulents et avides de nouvelles, que plus on pressait ceux-là de parler, plus ils mettaient de mystère et d'importance dans leurs récits, qu'enfin les versions sur le parlement et ses actes étaient si diverses, si embrouillées, si contradictoires que les auditeurs n'y pouvaient rien comprendre, les magistrats exilés avaient pu craindre de n'être plus que la cour du parlement de Pontoise, et de n'en revenir jamais. Ils en revinrent pourtant, et lorsqu'ils ne s'y attendaient pas. C'est à la naissance du duc de Berry, depuis Louis XVI, qu'ils durent ce retour. Ils en furent assez surpris pour en laisser voir quelque chose et pour avoir eux-mêmes *l'air de revenir de Pontoise.*

Ce n'est, je pense, qu'après cet événement, que le proverbe fut définitivement établi. En effet, la seconde édition du *Dictionnaire comique*, de le Roux, publié en 1752, n'en parle pas. Le temps ne l'avait pas encore consacré.

Au reste, ce n'est pas uniquement parce qu'on revenait de Pontoise qu'on avait l'air étonné ; on avait cet air bien longtemps avant que Pontoise existât et qu'il eût même une existence historique. En général, il est certain qu'après un voyage de plusieurs années on trouve, en revenant dans son pays, quantité de choses qui ne sont plus ce qu'elles étaient au moment où l'on est parti. Les hommes entre autres, les femmes surtout ont bien changé, et le premier compliment qu'on leur fait, la première fois qu'on les rencontre, c'est de leur montrer plus ou moins de surprise de leur métamorphose. Quoique involontaire, ce premier mouvement est irrésistible ; et parce qu'on a d'ailleurs un peu oublié les usages du monde, en voyageant, on a perdu le sang-froid nécessaire pour le dissimuler. Il y a, dis-je, bien longtemps qu'il en est ainsi; mais cela dut être principalement à l'époque des croisades et des pèlerinages en terre sainte. Les croisés et les pèlerins, à leur retour, étaient exposés à des surprises de l'espèce quelquefois la plus désagréable, et tel qui était allé chercher au loin son salut, ne retrouvait plus, en rentrant au logis, ses biens ou son honneur.

Et, comme le premier effet de la surprise est le mutisme, on disait alors d'un homme ainsi surpris et muet qu'il revenait de loin, *peregrinatione attonitus*. « Comme il fut resté muet un moment, ainsi qu'un homme qui revient de loin » : *Qui cum aliquandiu, velut peregrinatione attonitus, siluisset*, dit Pierre le Vénérable (*de Miraculis*), en parlant, je crois, de la résurrection de Lazare. Et Alain de l'Isle (*in Planctu naturæ*) : « Étant donc revenu à moi, d'une excursion de mon esprit » (*A meæ mentis igitur peregrinatione ad me reversus*). Seulement ici, ce n'est pas le corps, c'est l'esprit qui a voyagé. Les gens distraits, que cela regarde, vont souvent à Pontoise et ont mille peines à en revenir.

On dit toujours fort bien, pour marquer notre surprise ou celle d'autrui : *Je n'en reviens pas ; d'où revenez-vous donc?*

ÉPICIER. — Synonyme de niais dans le langage populaire. Pourquoi cela? Il n'est pas besoin d'avoir fait une étude spéciale de la figure et des mœurs de l'épicier pour en trouver la cause; elle saute aux yeux. Ce n'est pas que, pour être épicier on soit nécessairement un niais, mais je ne sais par quelle fatalité on en a toujours l'air; c'est un privilége de la profession; il florissait au quinzième siècle, et les révolutions, qui n'ont fait grâce à aucun privilége, ont respecté celui-là.

LA NOURRISSE.
Desfubler luy fault sa cornette;
Si cognoissions mieulx cest ouvrier.
(*Elle le desfuble.*)
Nostre-Dame, quel *espicier!*
Qu'il est peureux! qu'il est niés!

(*Le Débat de la Nourrisse et de la Chambérière*, dans le t. II, p. 429, de l'*Ancien Théâtre françois*, édit. Jannet.)

Voilà qui est entendu. Ce qu'on disait alors de l'épicier, on le dit aujourd'hui. L'épicier est encore le type du godiche; il n'a pas même inventé l'huile de cotret, on l'a inventée pour lui. Il est aussi le type de la malpropreté, circonstance qui n'a pas échappé davantage aux observateurs d'il y a trois siècles.

LE C...
Et ors, meschans piedz, que fais-tu?
Viens-tu cy bailler tes pillures?
L'OUYE.
Avance.
LA BOUCHE.
Sans craindre ses bastures.
LES MAINS.
Rends-toy, ord, villain *espicier*.
LES PIEDS.
Nous ne craignons bastons n'armures.
LE C...
Affule à ce pot à pisser.
LES PIEDS.
Que mauldit soit l'ord tapissier!
Je croy que je suis bien en point;
Il m'a et rayon et pourpoint
Gasté de son *espisserie*.

(*Farce des Cinq Sens.* Lyon, 1545, in-8.)

Et cependant, l'épicier était, au quatorzième siècle, un officier de la bouche royale, qui présidait à la confection des mets sucrés. Un statut de la maison du roi, de l'année 1317, cité dans le *Nouveau du Cange*, au mot *Speciarius*, porte ceci :

> Item, le roi aura touzjours à court quatre valez de chambre et non plus : le barbier, l'*espissier*, le tailleur et ung autre mangent à court.

Chacun sait que du latin *species* on a fait *espesses*, puis *espèces*, et enfin *épices*. *Espèces* est encore dans Rabelais (*Pantagr.*, II, 28) :

> Panurge donna à manger à Pantagruel quelque diable de drogues composées de lithontripon, néphrocatasticon, condignac cantharidisé et aultres *espèces* diurétiques.

L'espagnol a conservé la forme *especias*. L'anglais a *spice*, emprunt fait au français. Voici quelques-unes des substances qui faisaient partie des *espesses* :

> La comtesse fait apporter
> En liu de fruit, por déporter,
> Claus de genofre et nois mugates,
> Dates, fighes, pommez granates.
> (GILLES DE CHIN, v. 591, dans la collection des *Chroniques belges*, in-4, 1859.)

On y a depuis ajouté la mercerie, la clouterie et autres matières aussi peu propres à donner l'assaisonnement qu'à le recevoir.

CHAPITRE XIII.

Que le lecteur veuille bien permettre qu'avant de passer outre, je réponde à trois lettres qu'on m'a fait l'honneur de m'écrire. Dans l'intérêt même de la question, je dois les publier, quand d'ailleurs je n'y serais pas tenu par politesse, et j'ajoute par reconnaissance :

Monsieur,

Je lis avec un grand intérêt et une curiosité bien naturelle vos conjectures étymologiques sur le patois bourguignon. J'ai habité vingt ans Châtillon, et j'ai parlé la langue que vous étudiez si savamment.

Voulez-vous me permettre une ou deux observations à ce sujet?

Pour le mot *truotte*[1] ou *truote*, vous repoussez, avec raison je crois, l'étymologie de *trudere*, pousser, et vous donnez comme racine du mot le mot *truie*, expliquant que les allures du bouchon de bois ou bondon jeté par un des joueurs, a toutes les allures de la *truie*. Il me semble que vous hésitiez un peu en donnant cette étymologie ; moi je la crois la seule vraie, et voici pourquoi : dans mon pays (extrême limite de la Champagne et de la Lorraine), le joueur chargé de pousser la *truote* s'appelle le *pourcher* ou *porcher;* vous voyez déjà l'analogie entre les deux mots. De plus, s'il arrive que le *pourcher* soit trop éloigné du trou pour pouvoir y lancer sûrement la truie, il

---

1. Voy. chapitre vi.

la jette à quelques pas devant lui et se précipite dessus pour la défendre avec son bâton ; puis il continue le même exercice jusqu'à ce qu'il soit suffisamment rapproché. Ce système est défendu par les règles du jeu ; aussi les autres joueurs s'écrient-ils, en réclamant vivement : « *On ne fait pas de cochons!* » *Faire un cochon,* c'est donc jeter la *truie* de place en place, de telle sorte que les joueurs qui défendent le trou ne puissent l'atteindre, protégée qu'elle est par le bâton du *porcher*.

Comme j'ai beaucoup joué à ce jeu dans mon enfance, vous pouvez en croire mon expérience ; et cette explication donne une grande force (*aut ego fallor*) à l'étymologie que vous avez donnée. (*Nota.* Dans mon pays on dit *truiotte*.)

A propos du mot *gassouiller*[1], vous pouvez ajouter un troisième exemple en faveur de votre étymologie. Je me trompe, ce n'est pas un exemple, mais un autre mot qui appartient à la même famille.

Quand une laveuse de lessive ou une ménagère a bien enduit son linge de savon, qu'elle l'a battu et frotté, elle le jette à l'eau, l'agite vivement à droite et à gauche pour en faire sortir le savon ; cela s'appelle, en patois bourguignon et champenois, *gasser* le linge. Cela répond parfaitement à votre première définition : *Dibatter cose liquide dentro a un vaso*, et mieux encore à la deuxième. De *gasser* à *gassouiller*, il n'y a que la distance de la racine au dérivé ; car *guazzare* a fait directement *gasser*, qui est très-employé, et *gasser* a fait *gassouiller*.

Agréez, monsieur, etc.

H. DIDELOT,
Censeur des études, à Carcassonne.

Je suis heureux de voir mes allégations confirmées et ma timidité rassurée par un juge aussi compétent et aussi distingué que M. Didelot. Quand il m'aurait aussi bien convaincu de la témérité qu'il me persuade de l'exactitude de mes conjectures, je ne lui en serais pas moins obligé, puisque après tout, ses remarques tournent à l'avantage de l'érudition, et que je mettrai toujours cet avantage bien au-dessus des satisfactions de mon amour-propre.

---

1. Voy. chapitre VIII.

M. Didelot aurait pu également me rappeler qu'il est sans doute aussi question de la *truotte* dans Rabelais (liv. I, ch. *des Jeux*), quoique ce jeu y soit désigné sous un autre nom. Ce qu'il a de certain, c'est que la *choule* était aux quatorzième et quinzième siècles un morceau de bois rond qu'on chassait avec des crosses, et que cet exercice s'appelait *chouler :*

Les supplians sioient de leur bois.... à biloter comme à faire *chaules*.
(*Lettres de rémission* de 1481.)

Comme le premier jour de janvier.... plusieurs jeunes gens de la ville et paroisse de la Chelles, en Beauvoisis, fussent assemblés pour *chouler* à la crosse les uns contre les autres.
(*Autres* de 1381.)

Toutefois la *choule* (on disait aussi *chaule*, *soule*, et *chole*) était aussi une paume ou un ballon qu'on chassait avec le pied. C'est même de ce mode d'impulsion où la semelle du soulier jouait le role de la crosse, que lui serait venu, selon du Cange, cette dénomination.

La *chole*, selon l'abbé Corblet, était fort en vogue en Picardie, au treizième siècle, et est encore en usage dans quelques localités de la Somme et du Pas-de-Calais. C'est une espèce de ballon rempli de son, qu'on place sur la limite de deux villages, et que les habitants des deux communes chassent à coups de pied. La victoire appartient à ceux qui parviennent à la garder sur leur territoire.

Ce jeu est également cher aux Bretons, et est la cause de luttes très-vives entre les paroisses, qui se portent des défis à cette occasion. On le pratiquait de même chez les Grecs, sous le nom d'*harpaste ;* mais on y jouait des mains aussi bien que des pieds. On se partageait en deux troupes. L'une et l'autre s'éloignaient à égale distance d'une ligne nommée σκύρος, que l'on traçait au milieu du terrain, et sur laquelle on posait la *choule*. On tirait derrière chaque troupe une autre ligne qui marquait de part et d'autre les limites du jeu. On s'élançait ensuite vers la ligne du milieu, chacun s'efforçant de chasser la *choule* au delà de ses limites respectives. Le gain de la partie était à cette condition. Jusque-là les joueurs s'*arrachant* la *choule* (ἁρπάζω, d'où ἁρπαστὸν), et s'y aidant des pieds et des mains, se poussaient les uns les autres, se donnaient des coups de poing et se renversaient. Cet exercice tenait à la fois de la course, du saut, de la lutte et du pancrace. C'est à Pollux que nous en devons la description, et c'est de ce même jeu que le poëte Antiphane a voulu parler, lorsqu'il dit : « L'un prenant la balle, la jetait gaiement à un autre, esquivait en même temps le coup de celui-ci, poussait celui-là hors de sa place, et criait de toute sa force à cet autre de se relever. »

Athénée (liv. V) donnait la préférence à ce jeu sur tous les autres qui sont du ressort de la sphéristique, et nos paysans bretons, sans avoir lu Athénée, sont de cet avis.

Cela dit, je passe à la seconde lettre :

Monsieur,

Dans votre neuvième article inséré dans la *Revue de l'instruction publique* du 15 novembre[1], vous attribuez au mot *pouraille*, en tant que synonyme de *canaille*, l'étymologie de *poure*, qui anciennement a voulu dire homme de néant, va-nu-pieds. Je ne suis pas un savant qui prétende discuter avec vous sur l'origine des mots de notre langue ; c'est seulement en ma qualité d'humble Gascon que j'ose soumettre une solution nouvelle à votre compétente appréciation. La voici. Dans le patois des Pyrénées et des Landes, monsieur, le mot *poure* signifie poulette ou poularde, et *pouraille*, qui en dérive régulièrement, s'emploie pour volaille. C'est là la signification propre de *pou-*

[1] Voy. chapitre ix.

raille; mais de même qu'à Paris, poulet et poulettes servent à nommer tout autre chose que des gallinacés, de même à Mont-de-Marsan, Pau, Tarbes et Bayonne, *pouraille* désigne très-fréquemment des gamins, bruyants et querelleurs comme des cochets jaloux. Dans ce cas nous disons en notre patois : *Acassat-me akere* ou *aquere pouraille*. Comme, Parisiens, vous dites : *Chassez-moi cette canaille*.

La métaphore me paraît naturelle et facile; je la préjuge contemporaine du premier sens. Dans la suite, la synonymie se sera ensuivie par un trop fréquent emploi de la figure. Je ne serais pas surpris que ce fût là une de ces expressions que Montaigne empruntait au gascon, quand le français ne pouvait *arriver* à rendre toute sa pensée.

Dans l'exemple que vous citez :

> En cele part que j'ai descrite
> Que li rois Jouan leur ot dite,
> Ou li *poure* homme de l'ost ierent,

il se pourrait faire que *poure* fût simplement le synonyme de pauvre, abstraction faite de l'idée de mépris. L'expression *pauvre homme*, en français, n'implique mépris qu'appliquée au moral d'un homme, non à sa fortune.

J'admettrais donc *poure* comme primitif de pauvre, et je le refuserais hardiment à *pouraille*, mot pour lequel je revendique la glorieuse origine gallino-gasconne. Je m'en remets néanmoins avec confiance à votre jugement, car c'est à vous qu'il appartient, entre tous, de changer en certitudes les *conjectures étymologiques*.

Agréez, etc.   N. D.

Le 30 novembre 1860.

Il est possible que mon honorable correspondant ait raison. *Pouraille* peut être un emprunt fait aux patois des Pyrénées et des Landes, et la métaphore à laquelle il a donné lieu peut être aussi du même cru. Cependant, quelle nécessité y avait-il à ce que le français dérobât *pouraille* au gascon, quand il était en possession d'un mot qui signifie la même chose, et qui n'en diffère

dans la *forme que par une lettre? Ce mot, c'est poulaille*.

> Ventre bieu! vivons ensemble.
> Posé soit ores que je tremble,
> Sang bieu! je ne vous crains maille.

Cy dit ung quidam : Coquelicocq!

> Qu'esse-cy? J'ay ouy *poulaille*
> Chanter cheuz quelque bonne vieille;
> Il convient que je la réveille.
> *Poulailles* font icy leurs nidz.
>
> (*Le Franc Archier de Baignolet.*)

Le français distinguait donc *pouraille* de *poulaille*, et si celui-ci vient de *poule*, celui-là vient nécessairement d'ailleurs. Or, je l'ai dit et je le répète, *il vient de poure*, et, dans le passage que j'ai cité, il signifie le menu peuple, les pauvres diables, tous ceux qu'au temps de la féodalité on confondait généralement sous ce terme méprisant, et qu'on a depuis appelé *canaille*.

Mais la *brièveté de ma citation sur le mot poure a fait* croire à M. N. D. que j'ai mal rendu ce mot, et « qu'il est possible qu'il soit simplement le synonyme de pauvre, abstraction faite de l'idée de mépris. » La faute en est à moi, je le reconnais, et non à la citation que j'ai faite trop courte. J'avais craint jusqu'ici d'en donner de trop longues; M. N. D. m'en découvre l'inconvénient. Désormais j'aurai moins de scrupules. En attendant, je complète la citation qui a réveillé les siens, j'avais dit :

> En cele part que j'ai descrite
> Que li rois Jouan leur ot dite
> Ou li *poure* homme de l'ost ierent.

J'ajoute :

> Anglois par les loges se fierent,
> Qui ça et la aus avenues
> Vont ociant les gens menues.

Et plus loin, les chevaliers que le poëte appelle *li haut*

homme, accourent, et tancent ainsi cette *pouraille* qui s'enfuit :

> Qu'est-ce, compaignie couarde?
> Cui doutez vous? vous n'avez garde,
> Vous meismes vous destruiez.
> Cheitive gent, pourquoy fuiez?
> Par vos mauvaises couardies
> Sont celes tourbes enhardies
> Des Anglois, et en sont plus fieres.
>
> (G. GUIART, *la Branche des royaux lignages*,
> v. 3447 et suiv., édit. Buchon.)

Voilà bien, ce me semble, la *pouraille* définie : *genz menues, cheitive gent, compaingnie couarde*. Je crains, après cela, que l'étymologie gallinacéo-gasconne revendiquée par M. N. D., ne perde un peu de son assurance, et qu'on n'en dise, avec plus de justice sans doute, ce que la Fontaine a dit de certains serments :

> Ceux des Gascons et des Normands
> Passent peu pour mots d'Évangile.

MONSIEUR,

Je lis toujours avec plaisir vos instructives et curieuses *Conjectures étymologiques*, qui ont souvent un caractère de certitude.

Permettez-moi de vous proposer une conjecture sur la singulière locution : *Il a de l'oignon*[1]. En latin *unio* est une grosse et précieuse perle telle que Cléopâtre en avait une; dès lors il a une *unio*, il a une telle perle, il est riche, et par corruption *il a de l'oignon*. D'ailleurs le mot *oignon* dérive même de cette *unio*; et le latin désigne un objet unique singulier.

Quelle est l'origine de cette locution : *Faire danser les anses du panier*, si redoutée des ménagères?

Cela tient peut-être à quelque événement oublié, comme *la vache à Colas*, dont l'origine tient à l'histoire huguenote.

---

1. Voy. chapitre x.

Peut-on ramener *frusquin* au *fresco* italien, ou à *frixatura*, fricassée, friture, fricot, et peut-être frasque? L'étoffe *futaine* est peu probable.

Agréez, etc.   O. TERQUEM.

Paris, 12 décembre 1860.

Malgré tout le respect que je professe pour la science et la personne de mon docte et aimable correspondant et ami, j'ai regret de n'être pas d'accord avec lui sur ses différentes propositions. Il est bien vrai que notre mot *oignon* est formé du latin *unio*, parce qu'en effet la perle a la forme de ce légume; mais il me paraît, je l'avoue, extrêmement difficile que ce soit à cause de cette ressemblance, et parce que la possession d'une ou de plusieurs perles implique la richesse, qu'on ait dit d'un homme riche : *Il a de l'oignon*. Ce dicton est d'origine toute populaire; il est presque de l'argot; il ne se trouve pour la première fois que dans les poëtes sortis du peuple, comme Villon, et par conséquent les moins propres à tirer leurs métaphores du latin ou du grec. Je crois donc que l'honorable M. Terquem ne doit pas hésiter à faire l'abandon de son étymologie.

J'oserai lui conseiller le même sacrifice à l'égard de celles qu'il me fait l'honneur de me proposer pour *frusquin*. Toute cette fricassée de mots qu'il met en avant pour s'appuyer rappelle un peu trop (qu'il me pardonne de le lui dire) la cuisine de Ménage et de le Duchat. J'ai l'honneur de lui offrir ici deux plats de leur métier. Ils ne sont pas des plus fins, mais ils sont copieux. Les mots *ragot* et *trouver* en sont le fond :

Transverbus, transversicus, transversicotus, traversicotus, trasicotus, tracotus, RAGOT.

Recuperare, recuberare, reuberare, treuberare, treuverare, treuvare, treuver, TROUVER.

« L'étoffe *futaine*, ajoute M. Terquem, est peu probable. » Je ne reviendrai pas sur ce que j'ai établi pour prouver le contraire ; je ferai seulement observer à M. Terquem que ce n'est pas *futaine* qu'il faut dire, mais *fustain* ou *fustein*, qui est la forme primitive ; que *fustein* a été dit ensuite par extension pour toute espèce de hardes, de vêtements ; qu'enfin le peuple n'a pas cessé de le prendre dans ce dernier sens, bien qu'il en fasse quelquefois l'application à l'argent seul.

J'ajoute que *fustein* n'est pas le seul mot où le *t*, comme dans d'autres mots où cette lettre est la première de la syllabe finale, ait été changé en *q*. Je pourrais citer de nombreux exemples de cette prononciation vicieuse. Je me contenterai d'un seul qui est concluant. Il est tiré des *Deux Dialogues du langage françois italianizé* de Robert Estienne :

> Et notez que plusieurs disent *busque* au lieu de *buste*, encore que l'Italien die *busto*, appelant ainsi un corps sans teste, et que les dames usent aussi autrement de ce mot *busque*. Car elles appèlent leur *busque* un os de baleine ou autre chouse, à défaut de ceci, qu'elles mettent par-dessous leur poitrine, au beau milieu, pour se tenir plus droites.

Le *d* qui est le *t* adouci, aujourd'hui même encore, et dans la bouche du peuple de Paris, se change en *g*, qui est le *q* également adouci. *Mon Dieu* devient *mon guieu*, et *Le diable m'emporte* sonne comme *Le guiable m'emporte*.

Quant à la question de M. Terquem, relative à l'*anse du panier*, je ne rougis pas de convenir qu'il y a longtemps que j'en cherche la solution, et que je suis encore à la trouver. Si elle ne m'a pas donné d'insomnies, c'est uniquement parce que j'ai eu toujours soin, en me couchant, de n'y pas penser. C'était assez d'y rêver le jour ; c'était trop pour un si mince objet, quoiqu'il en soit des plus petites choses pour l'érudition comme des calculs les plus minutieux pour les mathématiques. Mais enfin, et quant à présent, j'ai renoncé à cette entreprise ; j'y reviendrai dès que je ne croirai plus, comme je suis en train de le faire, que c'est chercher midi à quatorze heures. En attendant, voici des variantes de ce dicton, qui serviront sans doute à des chercheurs plus tenaces et qui aideront peut-être le docte M. Terquem à répondre lui-même à sa question :

« La Responce des servantes aux langues calomnieuses qui ont *frollé sur l'ance du panier* ce caresme, etc. »

Tel est le titre d'un opuscule imprimé à Paris en 1636, in-8; j'y ai recueilli de plus les deux passages suivants :

Depuis le commencement du caresme, je perds plus de six escus, car ma maistresse va tous les jours à la halle, et moy après elle, avec un grand panier; je ne gaigne pas pour faire mettre des bouts à mes souliers, depuis que *je ne gouverne plus l'ance du panier*.

Elle s'amusera à se faire brave *aux despens de l'ance du panier*.

> Je m'acostois souvent de certaines servantes
> Que je voyois toujours propres, lestes, pimpantes,
> Et qui, pour soutenir l'éclat de leurs atours,
> *Sur l'anse du panier faisoient d'habiles tours.*
> (*La Maltôte des cuisinières, ou la Manière de bien ferrer la mule....* S. l. n. d.)

> Sur chaque fourniture il vous revient un droit !
> Rôtisseur, épicier, chandelier, tous vous doit.
> *De porter le panier* ne soyez point honteuse,
> Et faites-vous *payer le droit de la porteuse*.
> (*Ibid.*)

Voilà, jusqu'à cette heure, tout ce que je sais sur l'étymologie d'*anse du panier*. J'espère en savoir plus long sur l'étymologie du mot *panier;* en tout cas, j'en parlerai davantage.

Panier. Du latin *panis*, vient naturellement *panier*, ustensile propre à porter le pain. Ainsi s'expriment, ou à peu près, les dictionnaires tant anciens que modernes, et à l'unanimité. Pour moi, s'il m'est permis de le dire, je n'en crois rien.

Si *panier* était un dérivé de *panis*, nos pères eussent formé *panisier*. Il serait plus juste de dire qu'il vient de *panarium*, comme grenier de *granarium*, casier de *casearium*, cellier de *cellarium*, etc. Seulement, tous ces mots signifient, non pas un ustensile propre à porter du pain, du blé, du fromage, etc., mais un lieu propre à *conserver* ces différents comestibles [1]. *Panarium*, dit Varron, *dicitur ubi panis servatur, granarium ubi granum reconditur, et panerium ubi penora custodiuntur*.

On peut m'objecter ceci : En admettant votre hypothèse, il en résultera toujours que *panis* d'où vient sans conteste *panarium*, entre pour quelque chose dans la formation de *panier*, puisque si on ne conserve pas le pain dans un panier, on y en met du moins quelquefois.

A quoi je réponds, que c'est précisément parce qu'on met *quelquefois* du pain dans un panier, et *toujours* toutes sortes de provisions, que ni *panis*, ni *panarium* n'ont servi à former *panier*.

Remarquez, dans la phrase de Varron, cette proposition *Penarium ubi penora custodiuntur*. Voilà votre *panier*.

Le *penarium* était l'endroit où l'on mettait en réserve toutes les victuailles, le manger aussi bien que le boire. Ce mot vient de *penu* indéclinable, ou *penus*, au génitif *penoris*, tiré, je crois, de πένομαι, j'apprête (πένεσθαι ἄριστον, préparer, apprêter le dîner; dans l'*Iliad.*, XXIV).

---

1. On disait autrefois *paneire* pour huche, ou meuble à serrer le pain. C'est le vrai dérivé de *panarium*. Roquefort, qui le donne, n'indique pas, selon son usage, ses autorités.

Penu, selon Cicéron (*De nat. deor.*, II, c), *est omne quo vescuntur homines*; *penora*, selon Festus, *dicuntur res necessariæ ad victum cotidianum*; *penus*, ajoute le jurisconsulte Scevola, *est quod esculentum aut potulentum est*.

Le nom du contenu *penu* étant donné, on trouva bientôt celui du contenant, *penarium*. Seulement ce nom de *penarium*, qui est un nom de lieu, nous l'avons appliqué à un ustensile qui en est pour ainsi dire l'abrégé, puisqu'il remplit les mêmes fonctions, et nous l'avons appelé, non pas s'il vous plaît *panier*, mais *penier*. Au quatorzième siècle, *panier* était un solécisme. Qui disait *panier* et non *penier* se faisait moquer de lui. Écoutez plutôt.

Un varlet que l'en appelloit, si comme l'en dit, Perrin Frémil, lequel il (le suppliant) ne cognoissoit, lui dist que un enfant que ycellui Perrin tenoit, il meist dedans ses *peniers* pour le porter, et le dit Jehan considérant que ce n'eust pas esté l'aisement de l'enfant ne de sa beste, mesmement que les *panniers* estoient parfons comme bachoes, lui dist que il le mettroit devant soy. Et le dist Perrin respondi que non, et dist que n'en feroit riens, se il ne le mettoit en *paniers*; lequel Jehan, quant il le oy ainsi fourchier en langaige, en disant *paniers*, prist à rire et dist par esbatement : Meschance aviengne à la vieille qui te aprist à parler. Lequel Perrin en soy attaynant de ce, respondi : Mais à vous, ribaut.

Du Cange (au mot *Panerius*) qui me fournit cette autorité considérable à l'appui de ma conjecture, ne s'est pas aperçu qu'elle contredisait la sienne, car il est pour l'étymologie de *panis*.

Ménage dit bien que *panarium* signifiait un lieu où l'on mettait le pain, mais, ajoute-t-il, « il a signifié ensuite un panier en général, » et il cite cet exemple tiré de Suétone, dans la vie de Caligula : *Sparsit et missilia rerum, et* panaria *cum obsonio viritim dimisit*. Je ne crois pas du tout que *panaria* veuille dire ici panier, au sens où nous l'entendons aujourd'hui; en tout cas, il ne tirait nullement son nom du pain qui y était contenu, puisque les mots *cum obsoniis* indiquent qu'il contenait toute autre chose que du pain. *Obsonia* est tout aliment cuit sur le feu, tels que fricots, ragoûts, etc. Les Gloses d'Isidore disent de *panarium, excipulum*. Or *excipulum* signifie vase, ou, comme on dirait ajourd'hui, récipient. Les autres exemples de Ménage ne sont pas plus concluants. Aussi, n'éprouverai-je aucun scrupule à dire que dans l'exemple tiré de Suétone et dans tous les autres que produit Ménage, il y a eu altération du mot par les copistes, et qu'au lieu de *panarium*, c'est *penarium* qu'il faut lire. Il est vrai qu'alors *penarium* ne pourrait signifier un *lieu* à mettre des provisions de bouche ; il serait donc un *penarium* portatif, un panier, si l'on veut, ou, comme nous avons commencé par dire, un *penier*.

Soupe. — On dérive ce mot de *sorbere, sorbillare, sorbillum*, humer, boire à petits coups, potion ou tisane. Il serait peut-être imprudent de rejeter cette étymologie. Mais peut-être aussi qu'en cherchant davantage, on en trouverait une autre. Je crois l'avoir trouvée ; le lecteur en décidera.

On disait en basse latinité *ypa*, pour soupe à l'eau, et *vipa* ou *vippa*, pour soupe au vin.

> Enfant, se tu fais en ton verre
> *Souppes de vin* aucunement,
> Bois tout le vin entièrement,
> Ou autrement le gette à terre.
>
> (*Les Contenances de table*, au t. I, p. 190, des *Anciennes Poésies françoises*, édit. Jannet.)

C'est ce qu'on appelle encore en quelques provinces, notamment en Bourgogne, une *trempée*. Du Cange, ni les auteurs de ses suppléments, ne donnent *ypa* ; mais le Glossaire roman-latin du quinzième siècle, tiré d'un manuscrit de la bibliothèque de Lille, et publié par M. E. Gachet, ne l'a pas oublié; il le traduit par *souppe en yawe*.

Selon Hermolaus Barbarus (lib. V, ch. v, *Corollar. in Dioscoridem*), le déjeuner, chez les anciens, consistait en une soupe au vin que les barbares appelèrent *vipa*, de *vinum* et *panis*. Il ne serait pas difficile de trouver en notre langue des exemples de ce genre d'apocope. Ainsi, le mot *démocsoc*, expression populaire fort en vogue, il y a quinze ans, est la forme apocopée, si l'on peut dire, de démocrate et socialiste.

Dans le *Manuale sacerdotum* du diocèse d'Amiens, édition de 1554, au chapitre *de Ritu matrimonii*, on lit : « Qu'après la bénédiction du pain et du vin, le « prêtre faisait trois soupes, *vippas*, l'une pour lui, « l'autre pour les époux, la troisième pour l'assistance. « Quand le prêtre avait mangé sa soupe, il donnait « l'autre aux époux et la dernière aux gens de la noce. « Après quoi, il aspergeait d'eau bénite le poêle et les « mariés qui étaient dessous. »

Cet usage m'a paru assez singulier pour valoir la peine d'être rapporté.

Je reviens au mot *ypa*, primitif de *vipa*. Si ce mot, comme je le pense, est celui dont on a fait soupe, c'est que la première voyelle *y* étant l'*upsilon* grec, on aura pris cet *y* pour un *v*, et l'on aura écrit *vpa*; puis, on aura prononcé le *v* qui est l'*u* long des Latins, comme ceux-ci le prononçaient, et l'on aura dit *oupa*. Plaute (*in Menæchmis*, act. IV, sc. II) :

PENULUS. *Tu, tu istic, inquam; vin' adferri* noctuam
Quæ tu, tu *usque dicat tibi?*

Tou, tou, comme la chouette.

Je voudrais expliquer aussi simplement pourquoi l'on a mis ensuite une *s* devant l'*u*; mais cela, je l'avoue, n'est pas aussi facile. Serait-ce que, comme, par exemple, dans les mots *serpe* (autrefois *sarpe* qu'on dit encore en Bourgogne) venant de ἄρπη, et *serpolet* venant de ἕρπυλλον, nous avons suivi la méthode des Éoliens qui mettaient quelquefois un σ devant les voyelles, nous ayons encore suivi cette méthode dans la formation du mot *soupe?* Si cette conjecture ne prévaut, en voici une autre.

En prononçant le son *ou* fortement, ainsi que le prononçaient sans doute les barbares dont parle Hermolaus Barbarus, on fait sentir plus ou moins l'*f* ou le *v* devant cette diphthongue, tout comme on sent très-bien l'une ou l'autre de ces consonnes dans la particule *oui*. On croit entendre *voui* ou *foui*, de même *vou* ou *fou*. Les Espagnols disent *ouste* en gloussant; on penserait qu'ils disent *vouste*. Or, de toutes les lettres dont le son se rapproche le plus de la sifflante *s*, ce sont les labiales *f* et *v*. Elles se seront à la longue perdues dans l'*s*. Cette conjecture devient plus probable encore, si l'on fait dériver *soupe* de *vipa*. Ici, en effet, le *v* n'est pas imaginaire, il est très-réel, et a dû favoriser d'autant plus le passage à l'*s*.

Soit donc que *soupe* vienne d'*ypa*, soit qu'il vienne de *vipa*, la forme ancienne qui s'en éloigne le moins est l'anglo-saxon *sype*. On trouve ensuite le roman *sopa* qui s'est conservé dans l'espagnol, l'italien, *suppa* ou *zuppa*, l'allemand *supp* et *suppe*, enfin le français *soupe*.

Mais c'est assez parler de soupe, il est temps d'aller la manger.

FAIRE, pris dans le sens de DÉROBER. — Je trouve dans Apulée, au livre IV de *la Métamorphose*, une expression singulière qu'on croirait un gallicisme transplanté de la langue des filous dans la langue latine. Quand un filou a dérobé un mouchoir, une montre, ou tout autre

objet de petit volume et de soustraction facile, il dit :
J'ai *fait* une montre, j'ai *fait* un misérable mouchoir, un
portefeuille d'où les billets de banque étaient envolés, etc., etc. Les voleurs, dans Apulée, ne s'expriment
pas différemment. L'un d'eux, appartenant à une troupe
qui avait fait un butin considérable, et volé entre autres
des monnaies d'or et d'argent, de la vaisselle plate et des
étoffes de soie brochées d'or, gourmande ainsi une autre
troupe qui était de compte à demi avec elle, et n'avait pas
eu le même bonheur :

> Vous, vous êtes de ces discrets voleurs, bons pour les filouteries domestiques, qui se glissent timidement et à quatre pattes dans les bains et dans les taudis de vieilles femmes, pour y *faire* quelque méchante loque (*scrutariam facitis*).

Je sais qu'on peut entendre par *scrutaria*, des vases
de peu de prix, en terre ou en bois peut-être. Budée et
Turnèbe l'ont ainsi entendu, le faisant dériver de *scrutum*, c'est-à-dire vase, en basse latinité. Mais, outre que
la basse latinité proprement dite ne commence pas à
Apulée, *scrutum* est un mot formé du grec γρύτη, et
signifie la même chose : vieux habits, vieilles loques,
friperies. Γρύτη a fait γρυτάρια, d'où *scrutaria*, lequel
voulait dire également *commerce de fripier*. Mais ici il
est l'objet même de ce commerce. C'est donc à tort qu'au
Glossaire de du Cange (v. *Scrutaria*), dom Carpentier
définissant ainsi ce mot : *Ars scruta seu veteramenta
vendendi*, cite le passage de *la Métamorphose*. Il ne
fallait pas citer ce passage, car il a pour but d'établir un
contraste entre les coups de main de la première troupe
et ceux de la seconde, l'une *faisant* les étoffes de soie
brochées d'or, tandis que l'autre *faisait* la chemise et les
sandales des baigneurs, la jupe ou la zone des vieilles
femmes. Le contraste n'existerait plus s'il s'agissait du
trafic de ces objets, et la raillerie du voleur n'aurait plus
de sens.

Au reste, les fripiers ne vendaient pas que des habits ; ils étaient quelque peu ce que nous appelons aujourd'hui bric-à-brac. Ils vendaient de la ferraille, de vieilles armures et de la *vieille vaisselle*. Le mot *scrutaria* impliquait vraisemblablement toutes ces choses. Mais, dans ce cas même, il laisserait subsister la différence dont je parle plus haut entre les objets dérobés par l'une et par l'autre troupe ; car au lieu de consister dans des étoffes, elle consisterait dans des vases, des pots et autres ustensiles analogues.

Refaire, en style populaire, est tromper quelqu'un dans un marché, une transaction quelconque ; c'est, en bon français, voler. Au figuré, c'est le faire tomber dans un piége, le duper, se jouer de lui. Ce mot n'est peut-être que le réduplicatif de *faire*. Cependant, il est impossible de n'être pas frappé de la ressemblance de forme et de la conformité de sens qui existent entre *refaire* et *reffare* employé dans la loi salique. On lit dans cette loi, au titre XXIX, § 6 : *Si quis messem alienam per furtum metere aut* reffare *præsumat,* 500 *denarios qui faciunt sol.* 15, *culpabilis judicetur*. Sans doute que *reffare* est ici l'équivalent de *rapere*, lequel exprime la violence dans l'exécution du vol ; *faire* et *refaire* n'expriment que l'adresse. Mais le résultat étant le même, il n'y a pas d'équivoque.

ESCALABREUX. — Je ne sais où M. de Chateaubriand a trouvé ce mot ; il l'a, selon toute apparence, inventé.

Mon Gil Blas, grand, maigre, *escalabreux*, les cheveux poudreux, le front chauve, toujours criant et rigolant, met son chapeau rond sur l'oreille, me prend par le bras, et me conduit à l'imprimerie Baylie, où il me loue sans façon une chambre au prix d'une guinée par mois.

(*Mémoires d'outre-tombe.*)

Escalabreux me semble exprimer ici un homme monté

sur des jambes grandes comme des échasses, ou maigres comme des échalas. Je ne vois rien dans le vieux français qui ressemble à ce mot, si ce n'est *escalborder* ou *escalaborder*. Suivant Borel, cité par Roquefort, ce mot signifie monter, parvenir, comme dans ces vers des *Métamorphoses* d'Ovide, par Philippe de Vitry :

> L'âme *escalborde* de rechef,
> A duel, à honte, à meschief.

M. de Chateaubriand allait peu à la recherche des vieux mots, et s'en permettait de nouveaux volontiers. Je ne sais si *escalabreux* trouvera faveur, et pénétrera jamais dans le Dictionnaire de l'Académie; mais il fait image, a de l'énergie, et n'est pas déplacé dans la langue où il s'est introduit[1].

CLAMPIN. — Par cette onomatopée populaire, on désigne communément un homme qui agit et surtout qui marche lentement et en se dandinant, qui est paresseux, lourdaud et comme empêché dans l'exercice de tous ses membres. C'est le sens figuré et celui auquel on l'emploie le plus souvent aujourd'hui. Au sens propre, *clampin* a voulu dire boiteux, infirmité qui implique à peu près tous ces défauts. Charles Nodier, dans son *Dictionnaire des onomatopées*, dit : « J'ai lu *clanpin*, boiteux, dans des mémoires de la fin du dix-septième siècle, où l'on désignait ainsi le duc du Maine. » Ainsi, à cette époque, la tradition n'avait point encore altéré le sens primitif de *clampin*.

En breton, on dit *campin*, aux sens propre et figuré.

Les étymologistes assurent que ce mot est une altération de *clopin* qui vient de *cloper*, *clocher*, en latin, *claudicare*. *Clopin* a fait *clopiner*, puis *clopinel*, surnom

---

[1]. Voyez au chapitre XIV la condamnation de tout ce paragraphe.

donné à Jehan de Meung, parce qu'il boitait. Cette assurance ne me persuade point. Je trouve dans le Glossaire de Lacurne de Sainte-Palaye le mot *acclamper*, qui signifie lier, nouer, et qui est formé lui-même du mot anglo-saxon *clamps*, lien, nœud. A la longue, la lettre augmentative *a* ayant disparu, comme elle a disparu d'une foule d'autres mots, tels que *acconduire*, *acconditionner*, *accompter*, *accomparer*, on a pu dire simplement *clamper*, d'où l'on a fait *clampin*. Mais en admettant même qu'on n'ait jamais dit *clamper*, il est assez naturel de croire que *clampin* a pour racine *acclamper*, puisqu'un boiteux et un noué se meuvent et se balancent à peu près de la même manière.

Souris. — « Aimez-vous la souris?
— Non, ni le chat.
— Pour moi, j'en fais mes délices.
— Ah! et du chat aussi?
— Non pas; mais quand elle est tendre et que le morceau est cuit à point, rien n'est plus délicat que ce muscle charnu qui tient à l'os du manche et qui le joint au fémur.
— Quel galimatias parlez-vous là?
— Je parle bon français. N'appelle-t-on pas *souris* cette partie du gigot de mouton, que je viens de décrire, et qu'en général on dédaigne, la plupart du temps, sans en avoir goûté?
— Certes. Mais qui s'y attendait? Au fait, pourquoi nomme-t-on ce muscle *souris?*
— Il est vrai qu'il eût mieux valu l'appeler *rat*, puisque aussi bien ce muscle se dit μῦς en grec et *musculus* en latin, et que l'un et l'autre signifient *rat* et *muscle* également. Cependant le mot *souris* a prévalu. Il doit cet honneur à la médecine, qui appelle ainsi le muscle qui est au-dessous du bras et qui le fait mouvoir.

Du muscle à l'os la transition est toute marquée ; je voudrais donc savoir ce qu'on entendait jadis par l'*os de l'avocat*. D'Assoucy (*Avantures*, ch. v) m'apprend bien que c'était un os du gigot ou de l'éclanche, mais il ne dit pas lequel.

> Car enfin, dit-il, est-il un plus grand plaisir au monde que de commander dans son petit empire, d'y estre maistre de son plat, et d'y recevoir, au sortir de la broche, une éclanche de mouton encore toute brûlante ? Quel plaisir d'affiler un couteau contre un autre pour en faire la dissection, et cette dissection faite, en voir au fond d'un plat nager les pièces encore demy sanglantes dans une chopine de jus ! Est-il quelque capilotade de perdrix qui, sans compter l'*os de l'advocat*, vaille les précieux ragoûts qu'un sage friand comme moy y rencontre ?

Cette dernière phrase est ambiguë, et l'on ne voit pas bien si l'incidente « sans compter l'*os de l'advocat*, » se rapporte à la perdrix ou à l'éclanche. Je crois pourtant qu'il s'agit de l'éclanche ; la suite du passage paraît l'indiquer :

> Quel plaisir, à l'exemple des sages chiens qui se mocquent de nous quand on leur en jette les os, premièrement de les bien ronger comme eux, et puis, après les avoir bien rongez, les casser adroitement sur la paume de la main,... d'en tirer la moelle et la convertir en nostre propre substance !

Des os de perdrix n'ont pas cette moelle et ne procurent pas ces jouissances ; il n'en est pas de même de ceux du gigot ; croyons-en d'Assoucy et notre expérience.

Notons, en passant, que notre auteur, suivant l'usage de son temps, appelle indistinctement le gigot éclanche, et l'éclanche gigot :

> *Éclanche* de moy tant chérie,
> Près de qui jamais étourneau
> Au sage humain ne fit envie,
> Auprès d'une perdrix rostie,
> *Gigot*, que tu me sembles beau !

Éclanche, dit le *Dictionnaire étymologique* de Ménage, autrement *gigot de mouton.*

Mais éclanche ou gigot, les os en sont également fournis de moelle, et fort prisés des amateurs. L'*os de l'advocat* en était sans doute le meilleur. Quel est ce meilleur ? Mes lumières gastronomiques ne sont pas assez étendues pour que j'en décide. Je conjecture seulement qu'il revenait de droit à l'avocat, à cause de la réputation de gourmands et de chercheurs de franches lippées qu'avaient autrefois ces messieurs. Vous n'êtes pas sans avoir entendu, il n'y a pas encore bien longtemps, ce dicton :

> Les avocats
> Sont des lèche-plats ;
> Les procureurs
> Sont des voleurs.

Les avocats ont changé de mœurs et gardé leur nom ; les procureurs ont changé de nom, mais ils grossoyent, ils grossoyent, et les charges valent de cent mille à cent cinquante mille écus.

J'ai vu, je pense, le dernier des avocats gourmands. C'est il y a quelque quarante ans. Je n'étais qu'un gamin, mais j'étais curieux comme le sont tous les gamins ; j'observais et gaussais à l'occasion. Or, maître Pingot arrivait toujours en visite à l'heure du dîner. Un de ses confrères, homme aussi excellent qu'il avait d'esprit, était, à cet égard, l'objet de ses préférences. Mais tout facile qu'il était, parfois les politesses de Pingot envers son pot-au-feu ne laissaient pas de l'incommoder. Pingot avait le nez fin. Un jour que son confrère était à table, ayant devant lui un poulet froid, pris dans sa gelée, comme un navire entre les glaces, la porte s'ouvre, Pingot entre et sourit. On lui sourit de même, on l'invite à s'asseoir. Mais l'invitation était superflue ; déjà Pingot s'est attablé. On allait, suivant l'usage, mettre un couvert de plus, quand la servante, sur un signe du maître, ferme le buffet et s'esquive. Pingot ne sourit plus; il a l'œil morne ; il baisse la tête ; il a surpris le signe du maître et compris la fuite de la servante. Tout à coup : « Pingot, dit l'autre, aimez-vous le poulet froid ? » Pingot se redresse, son teint se colore, son regard s'allume, ses lèvres clapotent : « Oui, certes, et beaucoup mieux que le chaud. — Eh bien ! faites-le cuire la veille, et mangez-le le lendemain. » Et, attaquant la bête, l'impitoyable confrère en découpe une aile, puis l'autre, les mange et laisse Pingot se manger la langue.

Un disner d'advocat, selon Cotgrave, était *à large dinner*, un copieux dîner, car les clients en étaient les pourvoyeurs, d'où le proverbe, *à l'advocat le pied en main*, à savoir, toujours selon Cotgrave, *de perdrix, faisans, chapons*, etc.

Outre l'os de l'avocat, il y avait aussi *l'os du maistre clerc*. C'est, dit Oudin (*Curiositez françoises*), « un certain petit os qui se trouve au-dessus du manche du gigot. » Ce qui se trouve au-dessus du manche du gigot, c'est le papier avec lequel on enveloppe ce manche, ou l'espèce d'étui en métal ou en bois dans lequel on l'enferme, pour que le découpeur ne salisse pas ses mains. Je ne comprends donc pas Oudin. Faut-il lire *au-dessous* pour *au-dessus*, ou bien s'agit-il du pied de mouton, qui est le prolongement du manche du gigot ?

Abouler. — Dans la langue actuelle de l'argot, cette expression signifie accoucher. Je ne vois donc pas comment elle peut venir d'*advolare*, comme le veut M. Francisque Michel, bien qu'elle signifie également venir et aboutir. Dans le premier sens, elle est évidemment le synonyme d'*affouler ;* ou plutôt elle est ce mot même, sauf un léger changement dans la première syllabe.

Affouler voulait dire accoucher avant terme, *se blesser*, comme on dirait aujourd'hui, enfin avorter.

> Lequel Frobert conseilloit à icelle femme qu'elle beust de la rue ou de l'eau ardente, et que c'estoit la chose au monde qui plustost la feroit *affouler* d'enfant.
> (*Lettres de rémission* de 1447.)

C'est de l'italien *affolare*, au propre *blesser*, que nous avons tiré *affouler*. D'*affouler* vient le verbe pronominal *se fouler*, pris dans ce sens : il *s'est foulé* le bras, la main, le pied. On dit aussi, mais au figuré, d'un homme indolent, froid, égoïste, qu'il ne *se foule* pas la rate, surtout quand il s'agit d'obliger les gens ou de leur rendre justice. Rien n'est plus à l'abri de cet inconvénient que la rate d'un parvenu ou d'un favori.

Abouler signifie encore donner, apporter, mais l'idée de sommation ou de violence en est inséparable. Le patois et l'argot, auxquels il est commun, l'entendent tous deux ainsi. Que le patois l'ait pris de l'argot ou l'argot du patois (ce que je ne décide pas), il est sûr qu'on n'en fait pas moins d'usage dans l'un que dans l'autre, que la plupart de nos provinces se le sont approprié, et qu'il fleurit même parmi le peuple de Paris. MM. du Méril (*Dictionnaire du patois normand*, p. 3) le tirent de « boule, globe de plomb qu'on lançait avec une fronde ou de *boulon*, trait d'arbalète. » Je respecte beaucoup cette étymologie, mais je n'y ai qu'une foi médiocre. Tout semble, au contraire, attester les rapports étroits qui existent entre *affouler* et *abouler* : rapports de son, rapports d'orthographe, rapports d'idée. Dans l'une comme dans l'autre, l'action qu'ils expriment est celle qui résulte de la pression et de la violence. Une femme *affoule*, parce qu'on lui administre des drogues qui tuent son fruit et en précipitent l'issue; un homme *aboule*, parce que l'objet qu'on veut de lui, on le lui extorque plutôt qu'on ne le lui demande, et qu'on le lui prendrait par force, s'il faisait mine seulement de le faire attendre. Le peuple ne se sert-il pas du mot *accoucher* pour faire sentir et la peine qu'on a à se défaire d'une chose quelconque, et la difficulté qu'on éprouve parfois à s'exprimer?

CHAPITRE XIV.

Net comme torché. — Locution proverbiale que j'ai vainement cherchée dans tous les recueils. Elle n'a pas besoin d'explication. On ne l'emploie en Bourgogne que dans le sens figuré. Ainsi, quand on allègue une proposition qu'on estime évidente, on dit : c'est *clair et net comme torché*. Cependant la forme primitive de ce proverbe est: *net comme torchon*. Elle est purement ironique. On désignait ainsi un objet ou un homme dont la saleté était excessive :

Ita quod in brevi tempore, mon gallant (l'enfant prodigue) fut mis en cuilleur de pommes, habillé comme ung brusleur de maisons, nud comme ung ver ; *vix ei remansit camisia*, *nette comme ung torchon* de cuisine, nouée sur l'espaule pour couvrir sa pauvre peau.
(Ménot, *Sabbat. secundæ domin. Quadrages.*)

L'auteur de la *Nouvelle Fabrique des excellents traits de vérité*, Philippe d'Alcrippe, dit à son tour :

Je ne souhaiteray autre chose sinon que je souhaite que nostre veau guarisse des dartres tous ceux qui luy mettront le doigt au trou du.... Ce qui advint, comme depuis on l'a veu par expérience de plusieurs ayans des dartres, eux retourner dudit veau, après avoir fiché leur doigt, etc., clairs et *nets comme torchons*.
(Page 154, édit. Jannet.)

Ouvrez la porte. — Autre locution proverbiale, également oubliée des compilateurs. Lorsqu'un gausseur effronté et connu pour tel débite une histoire invraisemblable, et que, avec cet aplomb propre aux Gascons et qui n'est en Bourgogne qu'un flegme plein de finesse, il donne cette histoire pour un fait avéré, on se garde bien de lui dire qu'il en a menti ; on est trop poli pour cela ; mais on dit, s'adressant à une personne de la compagnie : *Ouvrez la porte*, afin de livrer passage à la craque. Si celle-ci est trop forte, on ajoute : *et la fenêtre*. Si elle dépasse toute proportion, on dit : *Abattez les murs*, de peur que la violence de la charge ne fasse éclater la maison. Cette farce se répète tous les jours et ne fait éclater que de rire.

Je trouve quelque chose d'analogue dans les *Additions* à la *Nouvelle Fabrique des excellents traits de vérité*, p. 172, au titre *Avis* :

N'avons nous pas de nos jours l'histoire moulée d'un nez.... arraché à belles dents, foulé dans la bouë, puis ramassé, lavé dans le ruisseau, ensuite essuyé dans du vin chaud, puis remis si habilement en sa place qu'il s'y reprit comme de bouture, ainsi qu'un grosillier. — *Gare ; range-toi ; hau ! qu'il passe*, direz-vous ?

A Lille, quand un homme entame quelque récit où la vérité semble avoir moins de part que l'imagination du conteur, et où celui-ci n'avance qu'en tâtonnant, on murmure de temps en temps et même on lui jette à la face ce mot : *coule, coule*. On aimerait assez que ce mot, comme la formule précédente, exprimât l'impatience où l'on est de voir les mensonges triompher des obstacles qui arrêtent leur cours, et un vœu pour qu'ils s'*écoulent* avec facilité ; mais la vérité est, selon toute apparence, que ce mot vient du vieil anglais *coll*, fourbe, trompeur : « A *coll* fox, ful of sleigh inequitee. » (CHAUCER, *Cant. Tales*, v. 15221) « *Cole* prophet and *cole* poyson thou art booth. » (HEYWOOD, *Cent.* VI, *ep.* 89.)

On distinguait dans cette compagnie un grand nombre de manquants. — Cette manière de s'exprimer appartient à la langue militaire, à celle de la garde nationale, veux-je dire. Quand une compagnie est convoquée pour un service de conséquence, et qu'il y a beaucoup de vides, les chefs, généralement plus ferrés sur le chapitre de la discipline que sur la grammaire, ne négligent pas d'en faire leur rapport et de dire : « La compagnie n'eût laissé rien à désirer, si on n'y eût remarqué un grand nombre de manquants. » Maintes assignations devant le conseil de discipline sont la suite de ce rapport, et la prison de la rue de la Gare se fait remarquer à son tour par un certain nombre de présents. Ainsi va le monde. Ce que l'un perd, l'autre en bénéficie.

Il y a probablement dans toutes les langues de ces locutions vicieuses qui s'y introduisent à la faveur d'un accident, qui y demeurent et y prennent consistance, encore qu'elles blessent non-seulement toutes les règles de l'art de parler et d'écrire, mais aussi le sens commun. Par exemple, je trouve dans un historien grec (il est vrai que ce n'est ni Hérodote ni Thucydide), une licence du genre de celle que j'indique, et encore plus hardie. J'ignore si M. Prudhomme, mon capitaine, la connaît : en tout cas, elle lui fera plaisir. Et, comme il peut se faire que, sachant tant de choses d'ailleurs, M. Prudhomme ne sache pas le grec, je lui traduirai la phrase en français. Le grec sera pour les pédants, comme il les appelle dans ses moments de gaieté.

Il alla au devant de lui (Antipater), contre son attente, une grande solitude. — Παρυπήντησε δὲ αὐτῷ παρὰ δόξαν ἐρημία πολλή.

(Josèphe, *Guerre des Juifs*, liv. I, chap. xxxi, § 4.)

Qu'on trouve, si l'on veut, une certaine grandeur dans

cette image bizarre ; pour moi, j'aimerais mieux quelque chose de plus simple et qui fût vrai.

Bonaventure Despériers offre un exemple de cette éloquence prudhommienne, si je puis dire, dans sa première *Nouvelle*, mais je pense qu'il n'en est pas dupe, et qu'il veut se moquer.

<blockquote>Suivant propos, saint Ambroise (c'est-à-dire l'abbé de Saint-Ambroise) un jour estant accoudé sur une galerie à Fontainebleau, devisant avec quelques siens familiers, avisa en la cour basse un homme qu'il pensoit bien cognoistre, lequel estoit *seul de sa compagnie*, et avoit la contenance d'un nouveau venu.</blockquote>

On rencontre encore de braves gens qui, sortant de chez quelqu'un qu'ils ont trouvé seul, disent, en prenant congé de lui : Au revoir, messieurs, mesdames et la compagnie.

Coiffé comme saint Roch. — J'ai vu plusieurs fois appliquer ce dicton à des gens qui portaient le chapeau de travers, ce qu'autrement on appelle *en crâne*. La vérité est que saint Roch, si on en croit ses images, portait son chapeau légèrement incliné sur l'oreille, en quoi le bon saint n'entendait certainement pas malice, et ne voulait imposer à personne. Il le portait de plus retroussé par devant, « en façon de mauvais garçon. »

<blockquote>
Un feustre noir, blanc de vieillesse,
Garny d'un beau cordon de gresse,
Qu'il ne sçauroit avoir perdu,
Non plus qu'engagé, ni vendu,
Sans se voir aussi tost nu-teste,
Couvroit la hure de la beste,
Troussé par devant en saint Roch,
Avec une plume de coq.

(Saint-Amant, *le Poëte crotté.*)
</blockquote>

Le chapeau de saint Roch était celui des pèlerins. Il fleurit toujours en Espagne, sur le chef des ecclésiastiques, et avec des dimensions prodigieuses. De plus, au lieu d'être relevé par devant, il l'est de l'un et de l'autre côté, de sorte qu'il donne à ceux qui en sont coiffés, l'air de porter un bateau sur la tête.

Les soldats adoptèrent le chapeau de saint Roch, et il est vraisemblable que les Catalans en donnèrent l'exemple, puisqu'on appelait cette coiffure *chapeau à la catalane* :

> Elle fait fermer les boutiques,
> Tendre les chaisnes, prendre les piques,
> Desrouiller les armes à feu,
> Battre le fer, jurer un peu,
> Retrousser aux gens de soutane
> Leurs chapeaux *à la Catalane*.

(SAINT-JULIEN, *le Courrier burlesque, envoyé à Mgr le prince de Condé*, etc., 1650.)

C'est un chapeau de cette sorte qu'avait Châteaufort, le capitan du *Pédant joué*, et dont il disait si agréablement :

> Toutefois, ô pauvre paysan, sçache que je porte à mon costé la mère nourricière des fossoyeurs; que de la teste du dernier Sophi je fis un pommeau à mon espée; que du vent de mon chapeau je submerge une armée navale, et que qui veut sçavoir le nombre des hommes que j'ai tués, n'a qu'à poser un 9, et tous les grains de sable de la mer ensuite qui serviront de zéros.

(CYRANO DE BERGERAC, *le Pédant joué*, act. II, sc. II.)

Il est sûr du moins que, du vent d'un tel chapeau, on eût fait tourner les ailes d'un moulin.

ÇA LUI VA COMME UN TABLIER A UNE VACHE. — C'est un de ces nombreux dictons par lesquels on entend que telle chose n'est pas faite pour tel individu, qu'elle le dépare ou le rend ridicule. On disait de même, et l'on dit encore : *comme une chemise à un cochon, un bonnet à une chèvre, une bride à un oison, à une mouche, à un pou, comme des gants à un chien, des pantoufles à un chat,* etc. Les vieux poëtes français sont pleins de dictons de cette nature. Aucuns même ont enseigné la manière de mettre en pratique les idées extravagantes qui y sont exprimées, et dont il n'est peut-être pas une seule qu'il ne soit impossible de réaliser.

> Ge sui bon saigneurs de chaz,
> Et bon ventoussières de bucz....
> Si sai bien faire frains à vaches,
> Et *ganz à chiens, coifes à chièvres.*
>
> > (Dialogue de *Deux Bordéors*, cité par M. Lenient, dans *la Satire en France au moyen âge*, p. 35.)

> Qu'il vauldroit bien mieux sans dez
> Crier masse en possédez,
> Au moins avecques des hommes,
> Que d'estre comme nous sommes,
> Parmy des *oysons bridés.*
>
> > (SAINT-AMANT, *E. Barberot.*)

S'il vous falloit aller d'icy à Cahuzac, qu'aymeriez-vous mieulx, ou *chevaulcher ung oyson*, ou mener une truye en laysse? J'aymeroys mieulx boyre, dist le fourrier.

> (RABELAIS, liv. I, chap. XII.)

POUR GARDER LES POUX DE VOUS MORDRE.

> Si de mordre voulez garder
> Les poux, ainsi comme je cuides,
> Faites-les moy trestous *brider*
> Comme chevaux, de bonnes *brides.*
> Cela faict, ayez bonnes guides
> Pour les abbrever d'une tire,
> Et s'ils n'ont le ventre fort vuide,
> Vous les ferez crever de rire.
>
> > (*La Médecine de maistre Grimache*, dans le tome I, page 166, des *Anciennes Poésies françoises*, édit. Jannet.)

POUR GARDER QUE LES MOUSCHES NE MANGENT LES RAISINS.

> Pour bien préserver que les mousches
> Ne vous gastent raisin ou grappe,
> Mettez-leur soudain en leurs bouches
> A chascune une chausse-trappe,
> Et de peur que ne leur eschappe
> *Bridez-les* par sus les aureilles,
> Et pour aussi vrai que suis pape,
> Ne gasteront vignes ni treilles.
>
> (*La Médecine de maistre Grimache*, t. I, p. 165,
> des *Anc. Poés. franç.*, édit. Jannet.)

POUR GARDER QU'UN CHAT NE VOUS ESGRATIGNE.

> Si vous vous deffiez qu'un chat
> Ne vous morde ou vous esgratigne,
> Faites-luy *chausser* tout à plat
> A chascun pied une *bottine*,
> Et l'emplissez de poix raisine
> Toute chaulde, quoyqu'il s'en deulle;
> Après mettez luy, s'il s'obstine,
> Un lopin de liége en la gueule.
>
> (*Ibid.*, p. 174.)

Ce valet sans doute aurait fait tout cela, qui cherchant un maître, et voulant montrer qu'il n'y en avait pas de si capricieux, de si exigeant qu'il ne pût servir, publiait un prospectus où il donnait le détail de ses innombrables talents, et disait entre autres :

> Je suis bon retondeur de toilles,
> Et bon tisserand de papier....
> Je fais chanter les asnes cler....
> Je fais d'un sabot une malle....
> Je guaris les chats de la toux,
> Je scay prendre les loups-garoux....
> Je scay rompre les huys ouverts....
> Je fais des fromages de cresme,
> Y meslant jus de limaçons....
> Je fais *belles coiffes à chèvres*,

Aussi esperons à rats,
Lesquels s'accordent avec chats.
Quand je veux, et de bonne grâce,
Je feray une gaigne à harce.

(*La Médecine de maistre Grimache*, t. I, p. 75 et suiv. des *Anc. Poés. franç.*, édit. Jannet.)

Quoi que j'en aie dit plus haut, ces rapports ne sont pas toujours des jeux de l'imagination. Il en est qui sont fondés sur des faits qu'on peut croire y avoir donné lieu. Ainsi est-il du dicton cité au commencement de cet article. Quand les bestiaux sont à la pâture, aux prés ou dans les bois, il arrive souvent que, pour une raison ou pour une autre, on ne veut pas que le taureau fasse son devoir avec les vaches. A cet effet, on lui met un tablier qui est un obstacle à ses entreprises. On fait de même à l'égard des béliers et des boucs. Ce procédé, pour celui qui n'en comprend pas l'objet, semble d'abord assez ridicule; mais, dès qu'on l'a compris, on le trouve aussi naturel qu'on le trouve absurde, appliqué aux femelles; car la fonction du tablier est de couvrir le devant, et c'est pourquoi, en quelques provinces, on l'appelle encore *devanté*.

De même pour les oies. Allez dans les provinces de l'Ouest, et vous verrez paître le long des routes et dans les champs des oies *bridées*. La bride est une cordelle passée autour de leur cou, à laquelle est suspendu un bâton gros et long qui se présente de travers et qui demeure toujours en équilibre. Certes l'oie n'a pas besoin de cet appendice pour être un animal ridicule, ou du moins très-risible; aussi bien n'est-ce pas pour rendre ce défaut plus apparent qu'on l'accoutre de cette façon, c'est afin de l'empêcher de passer à travers les haies qui bordent les champs, de s'introduire dans la propriété et de manger l'herbe d'autrui. Les chèvres sont bridées de même et pour la même raison.

Coq en pâte; être, vivre comme un coq en pâte. — Si l'on en croit M. Quitard, dans son *Dictionnaire des proverbes*, « c'est être dans son lit bien chaudement, enveloppé de couvertures et d'oreillers, comme un coq-faisan dans un pâté d'où l'on ne voit sortir que sa tête par une ouverture de la croûte de dessus. »

Un *coconnier* ou coquetier du pays du Maine trouverait cette explication fort ingénieuse, mais il ne se gênerait pas pour dire qu'il n'y a qu'un pâtissier qui ait pu la suggérer. Il ajouterait que, dès qu'il s'agit de volaille, il a voix au chapitre, et sans consulter grammaire ni dictionnaire, il dirait tout de suite : « Un *coq en pâte* est un coq mis à la retraite, qu'on engraisse avec force *pâtée*, et qu'on tient captif à cet effet sous un panier. C'est pour lui faire l'honneur de le manger qu'on en prend tant de soin, et c'est parce qu'il ne s'en doute pas, parce qu'il a l'imagination comme le corps en repos, et parce qu'il a tout à souhait, qu'il profite si bien. »

Qui oserait contredire ce coquetier ? Croyez-en d'ailleurs Bonaventure Despériers, qui était Bourguignon, et qui avait vu engraisser ainsi la volaille, sous des paniers appelés *benetons* dans le pays. Il s'exprime ainsi dans sa soixante et unième *Nouvelle :*

Ils luy envoyoient mille présens, comme gibiers, ou flaccons de vins, et ses femmes luy faisoyent des maucadons et des camises. Il estoit traitté comme un petit *coq au panier*.

Il y avait même une expression latine correspondante à *coq en pâte*, et qui n'en peut être que la traduction; c'est *pullipastus*. On la trouve dans les *Capitulaires*, au chapitre *de Villis*, de même qu'on trouve *pullipasta* dans les *Fragments* de Pétrone, p. 54, et dans quantité de chroniques et chartes du moyen âge. Partout il s'agit de volaille, mâle ou femelle, engraissée à la maison, κατοικίδια ὄρνις (*Novelle* LXIX); mais on va voir que par *pul-*

lipastus, on est libre d'entendre plus particulièrement le coq. *Pullus* avait en effet cette signification ; les exemples en sont nombreux. En voici deux ou trois :

La première veille commence le soir; la seconde va jusqu'à minuit; la troisième passe le chant du coq (*pullorum*) ; la quatrième finit au lever du jour [1].

La coutume et de plus un puissant instinct naturel, commande aux coqs (*pullis*) de marquer par leur chant les divisions de la nuit. Ils chantent pour éveiller les autres ; ils dorment au contraire quand les autres veillent [2].

Au premier chant du coq (*pullorum*) il accomplit les mystères divins [3].

Il va sans dire que, pour engraisser des coqs, on n'engraissait pas moins des chapons ; seulement les coqs soumis à cette opération, en subissaient préalablement une autre qui les assimilait complétement à ceux-ci. En un mot, on les mettait en état de ne plus dépenser et de toujours réparer.

J'ajoute que des coqs comme des chapons et des poules on faisait également des pâtés, *pasticii* ou *pastilli*. Mais alors ils ne s'appelaient pas *pullipasti*, coqs en pâte, *pullipasta*, poules en pâte, mais *pastillati* et *pastillatæ*. Humbert II, Dauphin du Viennois, voulait qu'à son souper, le dimanche, on lui servît deux pâtés, d'une grosse poule chacun, et, à défaut de poule, de deux poulets [4].

---

1. « Prima custodia a vespere incipit, secunda ad medium noctis « attingit, tertia *pullorum* cantus transit, quarta vigilia matutina « quæ in ortum luminis adimpletur. » (ARNOBE le jeune, *Commentaire sur le psaume* XXXIX.)

2. « Consuetudo, imo vis quædam naturaliter imperat *pullis* ut « suo cantu dividant noctem, qui clamant quidem ut alios excitent, « ipsi vero cunctis vigilantibus dormiunt. » (ID., *Commentaire sur le psaume* CXLVIII.)

3. « Et a primo *pullorum* cantu agens mysteria Dei. » (ORDERIC. VITAL., lib. II, p. 407.)

4. « Item volumus et ordinamus quod in cœna diei dominicæ

La *Medicina salernitana*, p. 152, Paris, 1622, donne la manière de préparer ces pâtés :

Au reste, en ce qui regarde l'assaisonnement des chapons et des poules grasses en pâté, ils n'y faut presque employer autre chose que des épices douces en petite quantité, avec du verjus pendant l'été, et du très-bon vin pendant l'hiver [1].

En voilà assez, je pense, pour établir la distinction qu'il faut faire entre coq en pâte et coq en pâté. Cette distinction d'ailleurs ne peut intéresser que ceux qui mangent ; elle n'importe guère à ceux qui sont mangés.

ATTENDRE L'OMNIBUS. — Lorsqu'un voleur fait le guet à une heure indue et dans quelque endroit isolé, il répond aux agents qui l'ont surpris et lui demandent ce qu'il fait là, *qu'il attend l'omnibus*. Tout le monde sent la justesse et l'ironie de cette expression. Rien ne rappelle, en effet, l'attitude du voleur qui se tient aux écoutes, pendant que ses complices font leur main, comme celle du bourgeois ou de la bourgeoise qui attend l'omnibus.

LE PRÉSIDENT. Vous êtes accusé d'avoir assassiné un invalide qui rentrait à l'hôtel.
BOULARD. De quoi ?.... C'est pas vrai.... Ah !
LE PRÉSIDENT. Que faisiez-vous sur l'esplanade des Invalides à une heure du matin ?
BOULARD. De quoi ?... *J'attendais l'omnibus*.... Ah !

(ALPH. KARR, *les Guêpes*, déc. 1843, p. 23.)

« serviatur nobis pro persona nostra de duobus *pasticiis*, et quod
« in quolibet *pasticio* sit una magna gallina, aut duo pulli, si non
« habeantur gallinæ. » (*Ordinatio Humberti II super numero et ordine mensarum, ac ferculis apponendis*, t. II *Histor. Dalphinat.*, p. 311.)

1. « Cæterum pro caponum et gallinarum pinguium *pastillata-*
« *rum* condimento, præter exiguam specierum dulcium copiam,
« nil penitus adhibendum est, per æstatem quidem cum ompha-
« cio, per hyemem vero cum optimo vino. »

Et en attendant l'omnibus, cet honnête coquin tuait l'invalide.... pour lui voler son nez d'argent! Il paya ce nez de sa tête.

Les voleurs ainsi surpris s'excusaient autrefois en disant qu'ils cherchaient leur chien. On les appelait *chercheurs de barbets*. (OUDIN, *Curiositez françoises*.)

Toute invention nouvelle est la source de quantité d'expressions qui passent bientôt du sens propre dans le sens figuré, et donnent lieu à une foule de métaphores. C'est par là que les langues s'enrichissent, que les idées s'étendent et deviennent plus claires, parce qu'on a plus de mots pour les exprimer. C'est au goût à faire le choix de ces mots et à les appliquer.

FIER COMME UN COQ. — Puisque je tiens le loup par les oreilles, ne le lâchons pas encore. Il n'est pas besoin de truchement pour faire comprendre ce que cette expression signifie : *fier comme un coq* ou *fier comme un paon*. Ces deux volatiles en sont les fidèles interprètes. Ils ne pèchent pas par excès de modestie, et l'on voit assez qu'ils ont la conscience de leur force et de leur beauté. On peut dire qu'ils sont vains depuis l'ergot jusqu'à la crête. Mais le coq a cet avantage qu'il ne règne pas seulement sur les poules et ne trône pas seulement sur le fumier, il prend son vol dans l'empyrée, et, du haut des clochers où il se pavane, il étend sa domination sur les villages, les bourgs et même les cités. Cette situation n'est pas si étrangère qu'on le pense à la réputation qu'il a d'être *haut*, et au parallèle dont il est l'objet.

Dans les *Stances pour un gentilhomme qui estoit à Bourbon*, Scarron s'exprime ainsi :

> Je scay que l'honneur vous est cher,
> Que vous avez l'âme insensible,

Que vous estes moins accessible
Que n'est le *coq d'un haut clocher*.

Ce n'est là, direz-vous, qu'un jeu de mots comme s'en permettait le prince des poëtes burlesques; j'en conviens. Mais il faut convenir aussi qu'on ne pouvait rendre par une image plus plaisante ni plus vive le ridicule et les difficultés de l'abord de certains glorieux.

Tu ne grandiras plus.

S'il avient que aucun ou aucune engambe par-dessus un petit enfant, sachiez que jamais plus ne croistra, se cellui ou celle mesmes ne rengambe au contraire et retourne par-dessus.
(*Les Évangiles des quenouilles*, 1ʳᵉ journée, chap. xxiv.)

On m'a dit bien des fois, quand j'étais petit, ces paroles cabalistiques, non sans les accompagner de la cérémonie nécessaire pour en assurer l'efficacité. Je n'en ai pas moins grandi depuis et vieilli. Aussi, avais-je été *rengambé au contraire*.

Manger des cerises a la derraine. — C'est ainsi qu'on s'exprime dans les pays bourguignons. En français, on dirait : *A la dernière*.

Trois ou quatre personnes, plus ou moins, se réunissent autour d'un panier de cerises, et les mangent une à une et tour à tour jusqu'à la dernière. Celui à qui elle échoit paye les cerises, ou, si elles ont été payées, en paye de nouvelles. C'est tout ce qui reste aujourd'hui d'un usage où les jeunes gens du temps passé cherchaient autre chose qu'une occasion de s'indigérer à peu de frais. Ils y interrogeaient le sort, et leurs questions avaient pour principal objet : l'amour, le mariage et la fortune.

Je vous dy pour aussi vray que Évangile, que jones filles ne doivent jamais *manger cerises à la derraine*, avec leurs amoureux, car souvent avient que cellui à qui vient la derrenière, demeure le dernier de tous à marier.

(*Les Évangiles des quenouilles*, 1ʳᵉ journée, chap. XVI.)

CHAUSSER LE PIED DROIT LE PREMIER. — Quand j'étais enfant, ma bonne ne manquait jamais de faire attention à ce que, en mettant mes bas, je chaussasse la jambe droite la première. De même pour les souliers. Il n'y avait, suivant elle, que malheur à attendre, si l'on commençait cette opération par la gauche. Le contraire avait lieu, en commençant par la droite, et il n'était pas impossible que, dès qu'on avait mis le pied dehors, les alouettes vous tombassent toutes rôties dans la bouche.

Quant aucune femme porte des chappons à la bonne ville, pour les vendre, ou autres choses, s'elle, d'aventure, *chausse* au matin *son pied droit le premier*, elle aura bonheur de bien vendre.

(*Les Évangiles des quenouilles*, 2ᵉ journée, chap. XVI.)

Ici il fallait, pour qu'elle portât bonheur, que l'action de chausser le pied droit le premier, eût lieu par hasard. Ma bonne ne s'y fût pas fiée. Elle aimait mieux maîtriser le sort que de compter sur ses caprices.

Cette superstition est aussi vieille que le monde. Elle règle encore tous nos mouvements, et elle est cause qu'on est si maladroit et si faible des membres du côté gauche, parce qu'on nous accoutume dès l'enfance à les sacrifier à ceux du côté droit.

EN FAIRE DES CHOUX, DES RAVES. — Locution très-commune en Bourgogne, qui se dit d'un objet dont on ne sait que faire, et dont on est libre par conséquent de faire ce qu'on voudra.

On disait autrefois : *En faire des choux, des pâtés.*

Alaigre. Mais encore en faut-il faire quelque chose ou rien.

Lidias. *Fais-en des choux ou des pastés*, et ne la garde non plus que de la fausse monnoye.

(*La Comédie des proverbes*, act. I, sc. ii.)

Propre comme un sou. — Autre locution familière aux habitants de la même province. La propreté, l'éclat même que contracte le sou, en circulant de main en main, et en étant soumis à un continuel frottement, explique assez cette métaphore. Scarron a dit, par la même raison : *Net comme un denier.*

> C'est la parfaite Déiopée,
> Un vray visage de poupée ;
> Au reste, on ne peut le nier,
> Elle est *nette comme un denier.*
>
> (*Le Virgile travesti*, chap. i.)

Oudin (*Curiositez françoises*) donne cette variante : *Propre comme l'escuelle d'un chat*, ajoutant que c'est une « phrase vulgaire, pour dire qu'un homme est propre. » Le Roux (*Dictionnaire comique*, etc.) donne à la même variante une signification diamétralement contraire. Lequel a raison ? Je crois que c'est Oudin, rien n'étant plus propre, ou, du moins, plus net qu'une écuelle où un chat a promené sa langue.

Se lever le derrière devant. — Ce proverbe n'est point en usage dans la bonne compagnie ; je doute même qu'il le soit à Paris, si ce n'est parmi quelques provinciaux transplantés, et conservateurs obstinés des traditions et du langage de leur pays. En effet, il n'y a pas une bourgeoise en province qui, lorsque son fils n'est pas de bonne humeur, ne lui dise, en employant le mot propre, qu'il s'est levé le *derrière* devant; car c'est là ce que cette expression signifie. Nos vieux auteurs, amoureux des crudités, n'ont eu garde de laisser échapper celle-là :

> Si un homme pond en se levant,
> Ou un petit après bientost,
> S'il *se lève le c.. devant*,
> Il mangera un jour du rost.
> Soit chez baillif, juge ou prévost,
> Si la cuisine n'est meschante,
> Du rost aura, sans nul dépost,
> Veu qu'au matin le c.. luy chante.
>
> (*La Médecine de maistre Grimache*, au t. I, p. 173, des *Anc. Poés. franç.*, édit. Jannet.)

THESAURUS. Qui vous fait mal, Macée, pour nous faire une mine pire qu'un excommuniement? Vous vous estes *levée le c... le premier*; vous estes bien engrongnée.

(*La Comédie des proverbes*, act. I, sc. v.)

Je crois que ce proverbe vient de la difficulté qu'ont certaines gens, et en particulier les enfants, à quitter leur lit le matin. Si vous avez jamais remarqué une personne étant dans ces dispositions, vous avez dû voir qu'elle se ramasse sur elle-même, qu'elle se pelotonne, pour ainsi dire, offrant d'abord à la sortie du lit les parties postérieures, et ne pouvant se résoudre à lever la tête, comme si cette partie était encore accablée par le poids du sommeil. Il n'est pas étonnant que cette répugnance à se lever donne à ceux qui l'éprouvent de la mauvaise humeur, et qu'on ait appliqué le proverbe à ceux qui se montrent tels, même dans le cours de la journée.

ET PUIS? CITERNE. — Espèce de propos amphigouriques fort usitée dans quelques provinces et particulièrement en Bourgogne.

Deux individus conversent ensemble. L'un qui manque

de mémoire ou qui n'a pas le don d'exprimer rapidement sa pensée, coupe fréquemment son discours par les mots *Et puis, et puis*.... L'autre impatienté de cet éternel refrain, l'interrompt par le mot *Citerne*. La moquerie n'est pas fine, mais elle est sentie ; elle force le causeur à aller au fait, ou elle lui ferme la bouche. Elle a été ainsi employée dans l'ancien théâtre français :

LE PREMIER GALANT.

Et *puis.*

LE SECOND GALANT.

Et *fontaine.*

LE PREMIER.

Et *rivière.*

Ce sont toujours de tes manières ;
Tu te gaudis.

(*La Farce des cris de Paris*, dans le t. II, p. 303, de l'*Anc. Th. franç.*, édit. Jannet.)

LES COUTEAUX COUPENT L'AMITIÉ ; LES PETITS CADEAUX L'ENTRETIENNENT. — Le premier de ces proverbes est aussi faux que le second est vrai ; mais la superstition a perpétué son empire, et encore aujourd'hui dans la plupart de nos provinces, on n'accepte pas le don d'un couteau ou d'une paire de ciseaux, et l'on sait très-mauvais gré aux gens qui sont assez maladroits pour vous les offrir. Pour tous autres cadeaux, c'est le contraire ; si petits qu'ils soient, on les reçoit toujours avec un nouveau plaisir, et l'on refuse encore moins les gros.

Cette influence attribuée aux couteaux date de loin.

Cellui qui estrène sa dame par amours, le jour de l'an, de *couteaux*, sachiez que leur amour refroidira.

(*Les Évangiles des quenouilles*, 2ᵉ journée, chap. xxx.)

Mais en remontant plus haut que le quinzième siècle, on trouve que le don d'un couteau avait une signification très-différente. Il était à la fois la marque de la sainteté des transactions, l'appoint d'une concession quelconque fait par le seigneur au vassal, et la reconnaissance d'un droit restitué à ceux qu'on en avait privé. Dans l'un comme dans les autres cas, il se déposait sur l'autel, fermé ou ouvert. C'est ce qu'il est du moins permis d'inférer des exemples suivants, insérés au du Cange :

Il remit ce présent entre les mains du prieur avec ce même *couteau* et tous trois portèrent ledit *couteau* sur l'autel de Saint-Nicolas.

Et ipse donum istud in manu prioris fecit cum eodem cultello, *et ipsi tres eumdem* cultellum *super altare dominicum Sancti Nicolai portaverunt.*

(*Charta anni* 1095, *ex Tabul. S. Nicolai andegavensis.*)

Pour que le vicomte Savary octroyât ce don aux moines de Bourgueil, le dit Hubert donna dix sols; c'est pourquoi Savary lui remit un *couteau fermé*, en témoignage de la concession, afin qu'il le portât aux dits moines.

Ut hoc donum Savaricus vicecomes monachis Burgulii concederet, prædictus Hubertus decem solidos donavit. Et propter hoc Savaricus plicauit illi quemdam cultellum, *dando in signum concessionis, ut sic portaret eum prædictæ congregationi.*

(*Tabul. burguliense.* fol. 72.)

Et posant un *couteau fermé* sur l'autel du dit confesseur, non-seulement nous leur faisons remise solennelle de ces exactions, mais encore nous leur restituons tout ce qui d'ailleurs leur a été ravi injustement.

Et non solum exactiones solenniter posito super altare præscripti confessoris cultello incurvato, *sed etiam alia injuste eis ablata restituimus.*

(*Charta Gaufredi comitis andegav. an.* 1062, *ex Tabul. S. Florentii Veteris.*)

Le proverbe en question est évidemment un souvenir de cet ancien usage. Mais comment le sens s'en est-il perverti à ce point qu'il dise aujourd'hui tout le contraire de ce qu'il voulait dire autrefois ? J'avoue que pour moi cette contradiction est inexplicable. Heureusement que les contradictions de cette nature ne sont pas rares, et tous ceux qui ont voulu les expliquer, y ont déchoué. Observons seulement que la mauvaise réputation des couteaux, comme dons d'amour ou d'amitié, leur vient sans doute de leur propriété tranchante, et parce qu'ils *coupent* le lien qu'ils devraient resserrer. S'ils le resserraient jadis, c'est qu'ils avaient pris la place du glaive sur lequel ou par lequel on prêtait serment de fidélité, ou l'on contractait alliance. Dans la vulgarité de la descendance on reconnaît la noblesse de l'origine.

BEAU PORTIER, DONNE-MOI DE TES CHEVEUX. — Ce dicton n'est pas vieux ; il date tout au plus de trente ans. Ce n'est pas assez pour qu'on l'oublie ; c'est assez peut-être pour qu'on en oublie l'origine et le père.

Le père est mort, il y a quelques années ; mais il le serait depuis mille autres que, nonobstant les hauts emplois dont il fut revêtu pendant sa vie, et qui auraient pu faire de lui un personnage, il vivra plus longtemps dans les annales de la farce que dans celles de son pays. Il avait d'ailleurs de l'esprit, mais à l'allemande, c'est-à-dire avec préméditation. La spontanéité de l'esprit est une qualité essentiellement française. Le sien sentait la recherche et un certain travail préliminaire intérieur, comme chez les faiseurs de calembours. Aussi le dépensait-il surtout en actions, là où l'on a plus de temps pour y réfléchir et pour le développer.

Or, un jour après boire, et sous l'influence du lutin qui le possédait, il entra dans la première maison venue, et s'adressant au portier, il lui dit avec le plus grand sérieux du monde, qu'il désirait avoir de ses cheveux. Le portier surpris lui en demande la raison. L'autre avec le même sérieux, lui répondit qu'ayant remarqué depuis longtemps la beauté de ses cheveux, il avait, entraîné par une fantaisie d'artiste, senti le besoin d'en avoir une mèche. Le portier vit alors qu'il avait affaire à un mauvais plaisant, et il se disposait à le mettre à la porte, lorsque notre homme lui en évita la peine en décampant au plus vite. Mais il donna le mot d'ordre à ses amis, et depuis lors, le malheureux portier vit venir de temps en temps quelque farceur qui lui lançait cette apostrophe : « Beau portier, donne-moi de tes cheveux, » et qui disparaissait ensuite.

Le portier, dit-on, en dessécha de rage ; on ajoute même qu'il en mourut ; mais je n'en suis pas garant. Quoi qu'il en soit, l'anecdote est vraie au fond ; et l'on trouverait encore des gens qui y ont figuré comme acteurs ou comme témoins. Il en est même resté parmi les jeunes gens, quand ils veulent se moquer de l'un d'eux, cette locution : « Je voudrais bien avoir de tes cheveux. »

Cependant, l'idée qu'on attache à la possession d'une mèche des cheveux d'autrui est une idée respectable. On en donne aux personnes qu'on aime afin qu'elles se souviennent de nous, et réciproquement. Rien ne nous est plus cher que ceux des personnes auxquelles le sang ou l'affection nous unissait, quand elles ne sont plus. C'est un reste des mœurs de la chevalerie chrétienne plutôt qu'une tradition de l'antiquité, quoique l'antiquité ait eu cette coutume. Le don ou le sacrifice de ses cheveux était très-fréquent au moyen âge, et les circonstances où il s'opérait étaient plus ou moins touchantes et solennelles. On les coupait, en prenant le voile ou le froc, en signe de servitude à l'égard de Dieu, car les serfs étaient tondus. Les premières mèches étaient alors coupées par de grands personnages ou par des amis de la personne qui se *vouait*, et on approchait les images de quelque bienheureux, afin que les cheveux tombassent, pour ainsi dire, dans son sein. C'est ce qui est rapporté dans une lettre de Michel le Bègue, empereur d'Orient, et de

Théophile, son fils, à Louis le Débonnaire, citée par Baronius (an. 824).

Les laïques se mettaient aussi sous la protection d'un saint, ou se recommandaient à lui, en lui offrant des cheveux. Dans la *Vie de saint Germère* (*Acta sanctor.*, 3 mai, p. 598), Clovis, s'adressant à ceux qui l'entouraient, leur dit : « Ce que vous me voyez faire, faites-le aussi. — Et il s'approcha et se recommanda à saint Germère en lui offrant un cheveu, et tous firent comme lui ; puis il l'embrassa et lui dit adieu. »

Il serait aisé de rapporter d'autres exemples de cet usage ; mais c'en est assez, je pense, pour constater le sentiment à la fois religieux et tendre qui accompagnait le don ou le sacrifice des cheveux, et combien il diffère de celui dont notre infortuné portier fut la victime.

Tout de go. — « Vous me direz au moins d'où vient celui-ci ?

— Ma foi non.

— Ce n'est pas obligeant. Il ferait bonne figure dans mon recueil !

— Que parlez-vous d'obligeance ? Je ne le dis pas, parce que je ne le sais pas.

— Eh bien donc, apprenez-le :

« Entrer *tout de go ; entrar senza picchiare*, dit le *Dictionnaire français-italien* d'Oudin ; c'est commé qui dirait, entrer sans façon, *à la gauloise*. L'*Ovide bouffon*, liv. II, p. 151, parlant du taureau et de l'enlèvement d'Europe :

> Voit le temps de faire esquaquo,
> Et l'emmène de *Gallico*.

C'est de *Gallico*, en sous-entendant *more*, qu'on a fait *de go :* par contraction, et par le changement de *gau* en *go : Gallus, gau, go*, comme de *Paul* on a fait *Pol*. »

— Cela est-il de votre cru?

— Non pas; c'est du le Duchat[1]. Que dites-vous de cette étymologie? Ne la trouvez-vous pas charmante?

— Et vous?

— Maussade en diable et demi. Aussi j'admire le sang-froid et la douceur du père Jacob, qui dit philosophiquement de cette étymologie : « Faire venir par un long chemin *go* de *gallico*, en sous-entendant outre cela *more*, je ne saurais goûter des étymologies si peu naturelles[2]. » Mais voyons si vous goûterez la sienne davantage.

Tout de go, dit-il, façon de parler adverbiale, pour dire, tout d'un coup, sans préparation. L'auteur d'une épître imprimée dans le *Mercure* de mars 1735, dit, en parlant des cérémonies et des formalités du mariage :

> Jadis tout alloit plus de *gô :*
> Une main mise l'une en l'autre,
> Sans curé, et sans conjungo,
> Fit leur hymen et rompt le nôtre.
> On se marioit *in petto*,
> Quelquefois même incognito,
> Sans cierges ni sans patenôtre.

Je dérive ce mot, poursuit le père, du verbe anglois *go* qui signifie aller, s'en aller, marcher, passer, partir, et qui est d'un grand usage dans la langue angloise. *Go*, dans cette langue, signifie aussi *allure*. On dit, en parlant d'un cheval : *This horse has a good go with him;* ce cheval a une bonne allure[3].

— Maintenant quel est votre avis?

— Ce n'est ni celui du père Jacob, ni, à plus forte raison, celui de le Duchat. Le père Jacob ne s'aperçoit pas qu'il se contredit. En effet, il explique *tout de go* par tout à coup, sans préparation; ce qui est vrai, et il déclare incontinent que *go*, en anglais, signifie *allure*. Or

---

1. Dans le *Dictionnaire étymologique* de Ménage, t. I, p. 681.
2. *Ibid.*, et l'article *Go*, qui est suivi d'un astérisque.
3. *Ibid.*

qui dit allure, entend par là une façon d'aller réglée, méthodique, sans emportement, sans écarts; ce qui est tout l'opposé de l'abord brusque, inattendu, qui frappe d'étonnement, sinon d'effroi. Cet abord est celui des gens qui entrent *tout de go*, tellement qu'on se sent alors plus disposé à les mettre à la porte qu'à les recevoir. Le père Jacob a donc déduit une conclusion fausse d'un faux raisonnement; laissons-le s'en tirer comme il pourra. Ce qu'il y a de certain, c'est qu'après lui le champ reste ouvert aux conjectures, et que, si l'on ne donne pas la bonne, il est permis d'en donner une autre. C'est ce que je vais faire.

« Avez-vous jamais remarqué comment un chien étranger, et même le chien qui est à vous, entre chez vous? L'un et l'autre y vont tout à fait sans cérémonie; le second surtout, parce qu'il se sent chez lui. Tous deux entrent *tout de go*. On chasse celui-là à coups de pied; on envoie celui-ci à sa niche, et tout est dit.

— Quelque sot....

— Un moment, s'il vous plaît. Savez-vous le wallon?

— J'en sais le fond seulement : *Si mononk, si matantt*, en français, *son mon oncle, sa ma tante*, pour son oncle, sa tante. J'ai entendu dire un jour à Bruxelles : *Mi mônonk, k'il et kô g'eônn omm, et m'matantt, k'el et todi geônn feie, m'aimet d'areg; si polêvet peté, v'omm la rig :* ce qu'on a eu la bonté de me traduire ainsi : « Mon oncle, qui est vieux garçon, ma tante, qui est célibataire, m'aiment avec passion; s'ils pouvaient crever, je serais riche. » Voilà tout ce que j'en sais.

— C'est quelque chose. Mais ce n'est pas tout. N'avez-vous pas ouï dire le nom du *chien* dans le même dialecte?

— Non.

— Chien s'y dit *go*, quand on veut le distinguer de la chienne. Entrer *tout de go*, ne serait-ce pas entrer comme un chien?

— Cela se peut bien.

— Notez que *go*, qui, en wallon, signifie seulement le chien mâle, se prenait en roman pour le mâle et pour la femelle, et s'écrivait *goz :*

> As del semblan confraire
> El erisson et al *goz* et al lair.

Est en apparence confrère au hérisson, et au chien et au voleur.

(*Marcabrus*, dans RAYNOUARD.)

Les Catalans disent *gos*. Si je n'ai pas deviné, je jette ma langue aux chiens. »

P. S. — Je n'étais pas très-convaincu de mon étymologie, et je l'aurais été que je n'en serais pas plus fier. Si rien n'est plus respectable qu'une conviction, rien ne l'est moins que celle qui n'a pas pour fondement la vérité ou le sens commun. Tout le monde malheureusement peut en avoir une de ce genre, mais il n'y a que les entêtés ou les orgueilleux qui puissent y persister.

Je fis cette réflexion profonde, après avoir lu les deux passages suivants :

L'oyseau irrité de sa poursuite, quitta le mouton et print le berger, lequel il emporta aussi légèrement comme le milan le poussin, et tant volla à tout sa proye qu'il fut las ; au moyen de quoy s'assit en la vallée de Préaux, où il avalla le pauvre berger *tout de gob*.

(La Nouvelle Fabrique des excellents traits de
vérité..., par PHIL. D'ALCRIPPE, sieur de
Neri en Verbos[1], p. 82, édit. Jannet.)

Mais ainsi qu'il tiroit l'eau avec sa langue, comme font les chiens, il sortit du fond de l'eau un gros brochet qui lui vint prendre la langue à belles dents, et l'attira roidement à luy dedans l'eau, où il l'avalla *tout de gob*.

(*Ibid.*, p. 142.)

---

1. C'est l'anagramme de Rien en bourse.

Ainsi, *avaller tout de gob*, c'est *gober* ou faire entrer les aliments dans le gosier sans les mâcher. *Entrer tout de go*, c'est faire passer sa personne au travers de la porte, sans les préliminaires requis par l'usage et la politesse. On voit clairement l'analogie et non moins clairement l'étymologie. J'avais donc bien fait de jeter ma langue aux chiens.

Second P. S. — Je reçois une gracieuse lettre de M. Paul François, d'Évreux, et je l'en remercie. Il goûte ma recette pour faire la soupe [1], et cependant il m'en envoie une qui a bien son prix. Serait-il parent de Mlle Françoise, un fameux cordon bleu, dont j'ai invoqué ci-devant l'autorité? Mais il est Normand; je l'aurais cru Limousin. Les Limousins se connaissent en soupe, comme les Bourguignons en moutarde. Quoi qu'il en soit, sa recette est excellente; elle a la simplicité des vers de Racine, qui font dire qu'on en aurait fait de pareils si l'on y avait pensé. La voici :

<small>Vous éprouvez quelques scrupules en présence de l'*s* qui est venue se placer devant l'*u* ou l'*ou* (de *ypa*); j'avoue, monsieur, que c'est cette *s* qui m'a convaincu de la provenance du mot soupe et de sa dérivation directe d'*ypa*.... Pourquoi cette *s* en effet? Pour figurer l'esprit rude ou l'aspiration. Pourquoi une *s* dans *serpo*? Pour représenter l'aspiration et l'esprit rude de ἕρπω. Pourquoi une *s* dans *sub, super* et beaucoup d'autres? Pour remplacer l'esprit rude de ὑπο et ὑπερ. Il y a de nombreux exemples de l'aspiration remplacée par l'*s*, aussi bien que par le *v* ou l'*h*. *Sou* = ὑ. *Soupa* ou *soupe* n'est autre chose que la traduction écrite de la prononciation ὕπα.</small>

Voilà qui est parlé.

M. Paul François, qui n'est pas seulement un érudit, mais un homme d'esprit, me fait aussi des objections sur le mot *poure*. C'est tout bonnement de l'anglais, dit-il.

---

1. Voy. chapitre XIII.

Pardon; c'est du français qui a passé la Manche avec Guillaume le Bâtard, laissant une queue en Normandie, où le mot est encore en usage. Il est bel et bien indigène; ne le traitons pas en sujet rapatrié.

Pour le mot *patois* que M. P. François recommande également à mon attention, puisque « six hommes, » y compris M. Paul François lui-même, n'ont pu venir à bout de déterrer son étymologie, comment un seul le pourrait-il? J'y penserai pourtant.

Après l'approbation la contradiction. Chateaubriand n'a point inventé le mot *escalabreux*, et j'en ai donné une étymologie chimérique[1]. Ce mot est dans Brantôme, et il vient, selon le docte M. Mérimée, de l'ancien espagnol *descalabrado*, crâne, mauvaise tête, bravache. Le très-savant auteur du *Lexique comparé de la langue de Corneille*, M. Frédéric Godefroy, me fait l'honneur de m'écrire pour m'en avertir, et il ne me cite pas moins de *sept* exemples de ce mot, tirés du même Brantôme. C'est une charge à fond. Je ne puis y résister et je n'essayerai même pas de parlementer; je me rends. Au surplus, voici ces exemples :

> J'y ay cogneu d'autresfoys une fort belle et grande dame que je ne nommeray point, estant fort sujette aux médisances, quitta un serviteur fort favory qu'elle avoit, le voyant mal à départir de la main, et ne braver et ne quereller, pour en prendre un autre qui estoit un *escalabreux*, brave et vaillant, qui portoit sur la pointe de son espée l'honneur de sa dame, sans qu'on y osast aucunement toüscher.
>
> (*Les Dames galantes*, VIe disc.)

> M. de Mareuil, fort *escalabreux* et vieux routier d'armes et de guerre, luy respondit....
>
> (*D'aucuns duels*, édit. Buch., p. 744.)

Tous deux estoient braves et vaillans, tous deux hauts à la

---

1. Voy. chapitre XIII.

main, qui ne vouloient céder d'un poinct l'un à l'autre, et tous deux poinctilleux, harnieux et *escalabreux*.

(*D'aucuns duels*, édit. Buch., p. 756.)

A quoy ne vouloit entendre le capitaine Bourdeille, car il estoit un jeune homme *escalabreux*.

(*Ibid.*, p. 759.)

Bien qu'il fust un jeun' homme fort *escallabreux*, querelleux et prompt de la main.

(*Grands Capit. estrang.*, I, 81.)

« Brantôme, observe M. Godefroy, dit aussi *escalabrous* :

Il estoit mutin, fort *escalabrous* ; il le montra à l'empereur au retour du voyage d'Hongrie ; mais l'empereur le luy rendit bien.

(*Grands Capit. estrang.*, I, 19.)

« Enfin, il emploie, toujours dans le même sens, la forme syncopée *escabroux*.

« Sainte-Palaye, dans son glossaire manuscrit du vieux français, donne pour définition d'*escalabroux*, « comme qui diroit brusque, prompt à s'échauffer, à se mettre en colère. » M. Mérimée, qui a commencé, avec le concours de M. Lacour, dans la *Bibliothèque elzévirienne*, une édition enfin correcte et complète de l'auteur des *Vies des grands capitaines*, définit *escalabreux* « crâne, mauvaise tête, bravache. » Cette définition est encore plus exacte que celle de Sainte-Palaye. M. Mérimée fait dériver *escalabreux* de *descalabrado*, qui avait en effet cette signification dans l'ancien espagnol. On lit dans le *Diccionario de la lingua castellana, por la Academia española*, édit. 1826, « DESCALABRADO, DA, p. p. de DESCALABRAR. — Adj. ant. Impudente, arrojado. »

CHAPITRE XV.

SECONDE DIGRESSION SUR LE PATOIS.

Éceurjou et Écorjou. — On appelle ainsi un enfant chétif, étiolé, malingre, de mauvaise mine enfin, soit que cet état résulte de la misère, soit qu'il résulte de la dépravation morale. Il n'est pas nécessaire de connaître l'idiome bourguignon pour sentir ce qu'il y a d'énergique et de pittoresque dans cette expression. Quoiqu'elle ait, comme toutes les autres, son étymologie propre, il semble aussi que, comme beaucoup d'autres, elle en ait plusieurs, et qu'il faille tâter longtemps avant de mettre le doigt sur la bonne.

En roman, *esquirar* signifiait déchirer, égratigner, estropier.

Eschari, escarri, dans la *Chronique des ducs de Normandie*, t. I, v. 7663, veut dire maigre, chétif, de triste apparence :

> Herbert le conte traitor
> Crienst mult et ce Huon le Maine ;
> Od mult *escharie* compaigne
> Passa la mer en Engleterre.

Escarchar, aussi en roman, est déchirer, mettre en pièces :

> Las cogullas lur *escharchet*.
> (*Vie de saint Honorat*, cité par Raynouard.)

Il leur déchira leurs capuchons.

De ces trois formes, toutes venues du latin *excoriare*, la dernière a produit notre mot *écorcher*, qu'on a écrit d'abord *escorcer*, *escorger*, formes sous lesquelles il signifiait piller, ravager. Du substantif *escorcheux* on a fait *écorjeu*, puis *écorjou*, et enfin *éceurjou*. Cette étymologie me paraît la bonne, et indiquée non-seulement par la logique, mais, comme j'espère le prouver, aussi par l'histoire.

On appelait *escorcheux*, *escorcheurs*, au quinzième siècle, des bandes d'aventuriers qui exercèrent principalement leurs ravages dans le Hainaut, en 1437, lors de la révolte des Pays-Bas contre le duc de Bourgogne. Une chronique manuscrite de l'abbaye de Vauxelles, citée dans du Cange, en parle ainsi :

> Le trente-sixième abbé fut le seigneur Arnold Daire de Tournay, ruiné par les guerres terribles et atroces qui eurent lieu de son temps. La plus insupportable fut celle des *Escorcheux*. On les appelait ainsi parce qu'ils pillaient les vases tant sacrés que profanes. Ils n'avaient ni capitaine, ni chef légitime; si ce n'est un comte de Ligny, maraudeur et pillard[1].

Monstrelet en parle aussi à l'année 1437 (t. II, f° 150 verso) :

> Lesquels on nommoit en commun langage les *escorcheurs*; et la cause pour quoy ils avoient ce nom, si estoit pour tant que toutes gens qui estoient rencontrés d'eux, tant de leur party comme d'autres, estoient devestuz de leurs habillements tout au net, jusques à la chemise. Et pour ce, quand iceux retournoient, ainsi nuds et devestuz, en leurs lieux, on leur disoit qu'ils avoient esté entre les mains des *escorcheurs*.

---

1. « XXXVI abbas fuit dominus Arnoldus de Tornaco.... suis
« temporibus diris atrocissimisque bellis enervatus. Nam hoc du-
« rissimum bellum quod vulgo Scoriariorum, gallice *Escorcheux*,
« hoc nomine ipsis appropriato, quia omnia tam Ecclesiæ quam
« profana rapiebant vasa, sub nullo duce aut capitaneo legitimo
« degentes, nisi sub comite de Ligniaco cursorio et deprædatore. »

Or, ce qui distingue les gens qualifiés aujourd'hui en Bourgogne du nom d'*éceurjous*, convenait à tous égards aux *escorcheux*, et ce nom d'*éceurjou* a pu justement leur être appliqué.

La mine des *escorcheux* n'était pas précisément celle qu'offrent aux regards du parterre les brigands d'opéra-comique. Elle se ressentait de leur métier, de leur indiscipline, des privations et de la misère qui étaient leur lot, puisque après avoir dévoré le produit de leurs brigandages, ils se trouvaient ensuite aussi pauvres que ceux qu'ils avaient dépouillés. Aussi leur nom, leurs exploits, leur physionomie ont laissé de tels souvenirs dans les États de la domination des ducs de Bourgogne, que le mépris, le dégoût, l'effroi même dont ils étaient l'objet, ont passé à leurs héritiers, mais de nom seulement, les écorcheurs d'animaux. Encore aujourd'hui, cette profession est en horreur en Bourgogne, et l'on chante dans le Châtillonnais ce couplet de quelque chanson oubliée, où l'on se moquait de je ne sais quel écorcheur de chiens fameux :

>Nicolas Tac-tac,
>Marchand d'allumettes,
>Écorcheur de chiens
>Avec une lancette.

Dans une ancienne *Farce*, un savetier et sa femme se reprochent mutuellement la condition de leurs pères :

>LA FEMME.
>Le tien estoit tousjours breneux
>Et s'appelloit maistre Fy Fy.
>LE SAVETIER.
>Et le tien tuoit les chiens
>Et *escorchoit* en sa maison.

Je trouve presque lettre pour lettre *éceurjou* dans le mot *escoregut*, de roman pur, donné par Roquefort. Malheureusement celui-ci ne cite pas d'exemple, omission déplorable et trop commune chez ce lexicographe. Je ne puis donc savoir si *escoregut*, que Roquefort traduit par encouru, confisqué, est traduit exactement. J'en doute jusqu'à plus ample informé, et j'aime à voir dans la forme *escoregut* notre *éceurjou*.

GUERNIPILLE. — Ce mot, comme le précédent, se rattache à un fait historique, et rappelle des souvenirs également malheureux. C'est le nom qu'on donne à un mauvais drôle, un coureur, un maraudeur.

Je lui trouve deux étymologies, également probables, datant du quatorzième siècle, c'est-à-dire de l'époque où la Bourgogne était ravagée par les Anglais, et du quinzième. Après la bataille de Poitiers (1356), « la noblesse se réunit à Châtillon, sous le maréchal de Turey, pour s'opposer aux Anglais. Elle montra au combat de Brion-sur-Ource ce que peut la valeur ; mais elle succomba sous des forces trop supérieures. Les Anglais victorieux, maîtres de la campagne, brûlèrent Châtillon, pillèrent Tonnerre, où le bon vin les arrêta cinq jours, et s'emparèrent de Flavigny, dont ils firent leur place d'armes. On ne put se délivrer de ces hôtes dangereux qu'en leur offrant deux cent mille moutons d'or par le traité de Gaillon, en 1339[1]. »

Il y avait alors dans l'armée anglaise, comme dans toutes les armées d'invasion, au moyen âge, quantité de mauvais garnements, plus prompts à piller et à assassiner qu'à se battre, que les rois lançaient sur les populations envahies, pour en débarrasser leur pays, et dont le nom devenait synonyme de coquin, dans tous les lieux où ils avaient séjourné et exercé leurs rapines. Ceux de l'armée du prince Noir, comme aussi de l'armée de Henri V, ap-

1. COURTÉPÉE, t. IV, p. 174, édit. de 1848, in-8.

partenaient sans doute à cette classe de malfaiteurs dont il est parlé dans une charte de la treizième année du règne d'Édouard III, en ces termes : *Nec non de illis qui dicuntur homines otiosi et malefactoribus qui etiam* Kernys *dicuntur*.

Non enrôlé, le *kerny* était un coupeur de bourses, un voleur de grands chemins, qui travaillait isolément et avait en perspective le gibet; soldat, c'était un pillard agissant de compagnie, autorisé, et ne mettant ni frein, ni limites à ses excès. Ce nom même de *pillard* lui était également propre, et je ne doute pas qu'il n'en fût aussi fier que nos soldats le sont de celui de *grenadier* ou de *voltigeur*.

Le *Nouveau du Cange*, au mot *Pilardi*, nous fournit plusieurs exemples où il est question de ces pillards, et où l'on voit qu'ils étaient Anglais. En voici deux :

Des gendarmes bretons et des *pillards* passèrent par ces quartiers, et enlevèrent ses bêtes au témoin,... et tant qu'ils y demeurèrent, on osait à peine se mettre en route et s'exposer à être vu d'eux.

Per illas partes transierunt gentes armorum, Britones et Pillardi*, et amoverunt ab ipso teste jumenta sua.... Et dum sic erant in illis partibus, gentes vix audebant itinerare vel se talibus* pillardis *exhibere*.

Ce Jean fut pris par des gendarmes anglais, et conduit à une certaine place forte nommée la Roche (?), où il était gardé par six *pillards*.

Captus fuit per gentes armorum de Anglicis, et fuit deductus ad quoddam castrum Ruppis, et iste Johannes ad partem custodiebatur per sex pillardos.

D'après ces exemples, il peut paraître naturel que les populations de la Bourgogne, jetant, à l'approche de ces brigands, le cri d'alarme « sauve qui peut, les *kernys pillent*, » aient fini par fondre ces deux mots en un seul, et aient appelé, en adoucissant la première lettre, *guernipilles*, ceux de leurs propres compatriotes dont les habitudes avaient plus ou moins de rapport avec celles des *kernys*.

La deuxième étymologie est plus simple. Ne serait-elle pas aussi la meilleure ?

Les chansons normandes des quinzième et seizième siècles sont remplies d'allusions au séjour des Anglais en France, et à leurs déprédations. On les peint faisant la guerre aux bestiaux, aux volailles surtout, vidant les celliers, se gorgeant de cidre et de vin, affamant enfin les populations pour le service et le contentement de leur insatiable appétit. Mais leurs expéditions dans les caves et les poulaillers semblent avoir frappé, plus que toutes les autres, l'imagination des poëtes. L'un d'eux s'exprime ainsi :

> Entre vous, genz de village,
> Qui aimez le roy francoys,
> Prenez chascun bon courage
> Pour combattre les Engloys....
> Ils n'ont laissé porc ni ouë,
> Ne *guerne*, ne *guernillier*.
> Tout entour nostre cartier.
> Dieu s'y mect mal en leur jouë !
>
> (*Choix de chansons normandes*.... P. 213. Paris, Delahays, 1858, in-12.)

Un autre, sans doute après le départ des Anglais, leur lance cette menace :

> Si les Engloys venoyent piller,
> Nous les mectrons à tel martyre
> Que nous les garderons de ryre
> Et d'aller à nostre *poullier*.
>
> (*Ibid.*, p. 219.)

Guerne et *guernillier* voulaient dire en normand poule et poulailler. Ce dernier se disait aussi *poullier*. On comprend donc comment de *pilleur de guernes* on a pu former *guernipille*. Ce qui m'étonne, c'est que ce mot si expressif et d'une origine si considérable, n'ait pas trouvé place dans la langue française. Il y avait autant de droit que le mot *houspilliers*. C'étaient aussi des soldats anglais, des descendants des *kernys* et des *pillards*, qu'on appelait par mépris de ce nom injurieux. Jeanne d'Arc, dans sa prison à Rouen, était gardée jour et nuit par cinq *houspilliers*[1], comme le *Johannes* dont il est parlé dans le passage ci-dessus. Ce nom devint même le sobriquet des Normands qui s'étaient rangés sous la bannière de Henri VI. Il s'est écrit *housse-poulier*, *housse-pallier*, *housse-pillier* :

> Vive tel gent,
> Telz *houspailliers*, telz soudards.
> Or vienne de ces papelars
> Cy hardiment demy douzaine,
> S'ils eschappent, malle sepmaine.
>
> (*La Résurrection de N. S. Jésus-Christ*, par *personnages*; au commencement.)

Il est formé des deux mots anglais *house*, maison, et *pyll*, piller, ou *pyllar*, voleur, selon l'orthographe de Palsgrave. Le Duchat (*Rabelais*, II, 30) n'est pas de cet avis. « *Houssepaillier*, dit-il, de *housse* et de *paille*, signifie proprement un garçon malpropre, dont l'habit est tout semé de brins de paille. » C'est une étymologie tirée de l'assonance, mais démentie par l'histoire. Il est vrai qu'on appelait ainsi autrefois, dans les colléges de Paris, les garçons de cuisine : « *Hic mediastinus*, dit Mat. Cordier (*De corrupt. serm. emendat*, ch. XXIV, n° 26), ung soullon de cuisine, un *houspaillier*,... ung marmiton. » Mais ce sobriquet était une injure qui s'appliquait à leur caractère, à leurs habitudes, et non à leur accoutrement. C'étaient en général des enfants mal nourris, maltraités,

---

1. *Notice et extraits des manuscrits de la Bibliothèque royale*, t. III, p. 378.

ayant tous les vices qu'engendrent les coups et la diète forcée, voleurs, *licheurs*, *happe-lopins*, comparables enfin à ces soldats pillards dont ils avaient reçu le nom.

Édane. — Quand une personne manie du bois et qu'il lui en entre quelque petit fragment dans le doigt, on dit qu'elle a une *édane* dans ce doigt. C'est ce qu'en français on appelle aujourd'hui écharde, qu'on écrivait autrefois *escharde*. Nicot dit que c'est « cette petite esclature ou tronçon de festu qui s'élève, quand on fend du bois. »

Eschardeus, dans le roman de *la Rose*, est une épithète qu'on donne à des arcs dont le bois est à peine dégrossi, et d'où s'élèvent, çà et là, comme dit Nicot, « de petites esclatures. »

> Ces cinq floiches d'une manière
> Furent, et moult bien ressemblables ;
> Moult par lor estoit convenables
> Li uns des arcs qui fit trideus,
> Et plains de neus et *eschardeus*.
>
> (Vers 976.)

Les Champenois ont, avec le mot *écharde*, conservé l'ancienne orthographe *escharde*. Les Manceaux disent *échias*, *échiace* ; les Angevins *éjarde*, selon Ménage. Le danois *skaar* est probablement le père ou radical de toutes ces variétés. Les Messins disent *chène*.

Mais comment les Bourguignons se sont-ils si fort éloignés de la forme primitive ? Ils ne sauraient alléguer l'euphonie, puisque dans certaines contrées du Châtillonnais, par exemple, on dit *édaigné* pour *édane*, et *édaigne* n'est pas précisément aussi harmonieux que la lyre d'Amphion. Ne serait-ce pas une altération du mot *épane*, en champenois épine ? Il y a tant de rapports entre les patois de ces deux provinces qu'on voit bien qu'elles se font des emprunts réciproques, et que chacune d'elles trouve son bien chez sa voisine comme chez soi.

La conjecture la plus probable, la voici :

On appelait autrefois *estelle* ou *estoille*, un fragment de bois informe, un copeau tel qu'en produit la hache du charpentier, ce qu'on appelle encore aujourd'hui en beaucoup d'endroits une *bûchette* ou petite bûche. *Estelle*, dit Duez, *pezzetto di legno tagliato*. Des *Lettres de rémission* de 1425 portent ceci : « Icellui Charmillon print une busche à faire feu, nommée esclat ou *estoille*. » D'autres de 1396 portent : « Icellui Astruc d'un *estenet* de bois.... féry ledit Vigier un cop sur la teste. » D'autres enfin de 1460, citées comme les précédentes, dans du Cange (v. *Estella*), ont *eytène*, même signification. C'est d'*éteyne* que semble venir directement *édane*.

Le mot *ételles* qui se dit aussi *étaules*, *éteules* et *étoules*, et qui exprime le chaume restant sur pied après la moisson, n'est peut-être qu'une application d'*estelle*, restreinte à un plus petit objet. Ce chaume est en effet un fragment, et, si l'on peut dire, un copeau de la paille. C'est par une restriction de ce genre qu'on appelait aussi *estelle*, selon Cotgrave, une verge, une baguette ou petite branche. Il se pourrait toutefois qu'*ételles* ou *éteules*, dans le sens de chaume, vînt de *stipula*. Je ne répugnerais pas non plus à croire, avec M. Mignard, que ce mot vient du breton, *taol*, partie du tuyau de blé comprise entre deux nœuds, s'il m'était prouvé par des exemples que le mot breton est plus ancien que le mot français, et que le premier n'est pas un emprunt fait au second.

CANCOUETTE. — Femme sans tenue, ni retenue, qui s'agite, se cogne à tous les angles, parle à l'étourdie, est importune à tout le monde. Les Auvergnats disent *canquet*.

C'est une altération de *cancoile*, qui signifiait autrefois *hanneton*, et que les Champenois ont gardé sous la forme de *cancouelle*. Une telle femme est en effet un hanneton.

Roquefort donne *cancoile* sans ajouter d'exemples. Le vieux français a *henneton*.

> Beax filz ne pris un *henneton*
> Losange, n'amor de bricon.
>
> (*Fabliaux;* cité par LA CURNE.)

Cancouelle ne viendrait-il pas de *cancrelle* dont on aurait fait *cancrelat* ? Le cancrelat est la blatte. La plupart de ses caractères conviennent au hanneton : tête cachée totalement ou presque totalement sous un prothorax en forme de bouclier ; antennes longues ; élytres plates, se recouvrant l'une l'autre sur la ligne médiane. Mais il diffère par les pates qui sont essentiellement propres à la course, et par les ailes dont il ne fait aucun usage. Le hanneton, au contraire, vole et rampe.

Paris, le 30 août 1861.

MONSIEUR,

Vous attribuez au mot *éccurjou* ou *écorjou* trois origines différentes [1] : 1° *esquirar;* 2° *eschari*, *escarri;* 3° *escarchar*, entre lesquelles vous hésitez un instant pour vous décider en faveur du verbe *escarchar*.

Permettez-moi, monsieur, de vous faire remarquer que *écorjou* indique, suivant votre explication, un enfant chétif, étiolé, malingre, etc.; et que vous traduisez *eschari* par maigre, chétif, de triste apparence. Si cette interprétation est juste, et je n'en doute nullement, il me semble qu'il fallait rapprocher et élucider ces deux termes, sans vous préoccuper des deux autres qui expriment l'idée de déchirer, d'égratigner et d'estropier. J'ajoute que ce dernier sens (estropier) me semble au moins douteux.

1. Voy. page 259 et suiv.

Laissons donc de côté *esquirar* et *escarchar*, et examinons les mots *éceurjou* (*escœurjou*?) et *eschari* ou *escarri*. J'y trouve d'abord un même radical : le latin *cor*, français *cœur*, auquel vous ajoutez, à tort, la lettre *j*. A l'aide de ce radical, je trouve un dérivé appartenant au patois parisien, *écœuré*, mot que j'ai souvent entendu prononcer, et que je qualifie (comme vous le faites d'*écorjou*) d'énergique et de pittoresque. « Je n'en puis plus, disent les ouvriers, je suis tout *écœuré*, » c'est-à-dire épuisé (par le travail et le besoin de manger). « Le pauvre homme est tout *écœuré*, » se dit, par exemple, d'un mendiant amaigri et affaibli par un jeûne forcé.

Je conclus en disant que, suivant moi, *écorjou*, *escharri* et *écœuré* sont étymologiquement les mêmes mots, qui ne diffèrent entre eux que par des accidents de forme.

Agréez, monsieur, l'assurance de mes sentiments les plus distingués.

Adler-Mesnard.

Laissons de côté *esquirar*, comme le propose M. Adler-Mesnard, sinon comme douteux, au moins comme superflu ; mais gardons *escarchar*, s'il vous plaît, puisque de ce mot sont venus *escorcher* et *escorcheux*, et que ce dernier a produit *éceurjou*.

Il est vrai que c'est là mon sentiment ; celui de l'honorable M. Mesnard est que *éceurjou* vient d'*écœurer*. « J'y trouve, dit-il, un même radical (avec *eschari* ou *escarri*) : le latin *cor*, en français *cœur*, auquel vous ajoutez, à tort, la lettre *j*. » Moi ? je n'ajoute rien ; je prends le mot tel qu'il est écrit et tel qu'il se prononce en patois bourguignon ; je n'y ajoute ni n'en retranche un iota. Je ne fais que rendre compte de ce *j*, et j'y reconnais, avec toutes les marques de l'évidence la plus incontestable, un adoucissement du *ch* appartenant au mot *escorcheux*. Ah ! si ce *j* était de mon chef, et qu'on dît *éceurou* et non pas *éceurjou*, à la bonne heure ; l'étymologie de M. Mesnard aurait beaucoup de vraisemblance. Mais, je le répète, il n'en est rien. *Éceurjou* est en possession du depuis un temps immémorial, et nulle puissance au monde, pas même M. le préfet de la Seine, ne saurait l'en exproprier.

C'en est assez, je pense, pour renverser la conjecture que M. Adler-Mesnard me fait l'honneur de me proposer.

Quant au mot *écœuré*, auquel M. Mesnard donne la signification d'*épuisé, amaigri, affaibli par un jeûne forcé*, j'avoue que je ne savais pas encore qu'il eût cette signification, même dans le langage populaire. Je croyais qu'à Paris, comme dans toutes les provinces de France, ce mot, soit en français, soit en patois, voulait dire *dégoûté*. J'en pourrais citer nombre d'exemples. M. Mesnard me permettra donc de n'accepter son interprétation que sous bénéfice d'inventaire. Je conviens pourtant qu'au figuré, on pourrait dire d'un homme qui n'aurait pas de cœur au travail, au plaisir, qu'il est *écœuré*; mais je ne sache pas qu'on l'ait jamais employé dans ce sens. Cela, d'ailleurs, n'aurait aucun rapport avec l'épuisement, la fatigue et la maigreur, effets purement physiques et qui sont les signes auxquels on reconnaît l'*écœurjou*.

Brin d'air. — Quand la chaleur est excessive et qu'il n'y a pas la moindre agitation dans l'air, on dit en Bourgogne : « Il ne fait pas un *brin d'air*. » Il n'est pas plus possible de trouver un rapport quelconque entre *air* et *brin* qu'entre *brin* et *amour* par exemple, dans cette locution familière *brin d'amour*. C'est que, dès qu'il s'agit de petitesse ou de grandeur, dans l'ordre physique comme dans l'ordre moral, le peuple a coutume de prendre pour terme de ses comparaisons l'infiniment petit ou l'infiniment grand, quelle qu'en soit la substance ou la forme; il ne s'inquiète guère si la relation entre ces termes est plus ou moins juste, plus ou moins directe.

Les Wallons disent une *goutte de bois* : *Gi n'a nein n'gott di boi po fé de feu*. Ils disent aussi une *gott de pan*, métaphore également employée par un de nos vieux poëtes dramatiques :

> Hélas ! bonne dame, comment
> N'aurez-vous point pitié de my ?
> Il y a deux jours et demy
> Que de pain je ne mangeay *goutte*.
>
> (*La Farce du pasté et de la tarte. Anc. Théâtre françois*, t. II, p. 67, édit. Jannet.)

Atteindé n'gott, attendez un peu, autre expression wallonne.

Ainsi le bois, le pain, le temps, tout est passé à l'alambic.

Un sergent, requis d'ouvrir une enquête sur la manière dont un mari se comporte envers sa femme, dit à celle-ci :

> A-t-il rien fait ?
>
> LA DAME.
> Pas une *goute*.
>
> LE SERGENT.
> De cela je m'esbahis fort.
> Or dictes, que je vous escoute,
> A-t-il rien fait ?
>
> LA DAME.
> Pas une *goute*.
> Si j'en approche, il me déboute.
>
> (*La Farce des femmes. Anc. Théât. françois*, t. I, p. 118 ; édit. Jannet.)

Dans ce qui exprime l'étendue, le peuple supplée au défaut de connaissances précises des mesures, par des termes qui en donnent une idée vague, indéterminée, absurde même, mais qui du moins n'y sont pas absolument contradictoires. Ainsi, il dira un *bout* de chemin, ce qui se conçoit mieux qu'une *pièce* de temps, par exemple, expression qui est encore en usage dans quelques pays.

Quant on eut grant *pièce* tenu parlement de ces chemises qui estoient perdues, etc.

(*Les Cent Nouvelles nouvelles.* LXIII° *nouvelle.*)

Or vous dirai que vous ferés :
Une *pièce* vous tarderés
Du fort chastel aller veoir.

(Roman de *la Rose*, v. 7349.)

Grant pièce, c'est longtemps; *une pièce*, c'est un espace de temps indéterminé, et *pièça* pour *pièce il y a*, a le même sens que *grant pièce:*

Je dis donc que quand nous parlons ainsi, *pièça* qu'il est venu, c'est autant que si nous disions : Il y a bonne *pièce* de temps qu'il est venu.

(HENRI ESTIENNE, *De la conformité du langage français avec le grec*, liv. Ier, obs. 3.)

Toutes ces *pièces* viennent de *spatium, spatiari*. Une *bonne pièce* est autre chose. On appelle ainsi une personne qui cache sa malice sous un air de bonhomie. « *La bonne pièce!* dit-on ; on lui donnerait le bon Dieu sans confession ; mais ne vous y fiez pas. » *Pièce* ici vient de *species*. *Espèce*, qu'on dit aujourd'hui dans le même sens ironique, est la traduction littérale et exacte du latin.

ABRE MAUCABRÉ. — Les laboureurs et les bergers appellent ainsi les nuages en forme de rameaux qu'ils voient dans le ciel, et qui, selon eux, annoncent de la pluie. Ils ne se trompent pas. Les laboureurs, les bergers surtout, ne sont pas astronomes, ni physiciens, mais ils sont grands observateurs, et ils voient dans le ciel sans lunettes bien des choses que n'y voient pas les savants avec leurs télescopes. Vous pouvez également vous fier à eux pour les pronostics du genre de ceux qu'ils lisent dans les *abres maucabrés*. Ils jugent très-bien de l'atmosphère, suivant ses règles générales, et ils concluent avec raison que les nuées qui se forment à une très-grande hauteur en traînées blanches et effilées comme des rameaux, se résoudront en pluie, dès qu'elles ne seront plus éparpillées par les vents contraires, et qu'elles pourront s'accumuler.

Abre, c'est arbre. On prononçait ainsi à la cour, du temps de Vaugelas (*Observ.* 103). Monet semble dire que, du sien, on prononçait ainsi communément.

Cabré est une corruption de *cable,* adjectif *cablé. Cables* ou *caables* est le nom qu'on donnait autrefois aux arbres des forêts renversés par le vent, la foudre ou le poids des ans, ainsi qu'aux branches détachées de ces arbres. Le mot est resté dans la langue forestière, sous le nom de *chablis.*

Que sous ombre de *caable* ou aultrement, l'on ne face vente des chesnes ne d'aultres arbres en estant.

(*Ordonn. des rois de France*. t. VIII, p. 527.)

Aulcuns *cables* ou arbres abattus ou secz.

(*Ibid.*, art. 27.)

Le bois nommé *caables* qui chiet par avanture, ou est abatu par malfaiteurs ou autrement.

(*Lettres de rémission* de 1411.)

Mau est ici pour mauvais, par allusion à la nature du bois tombé de lui-même ou par accident, et qui est, en effet, du mauvais bois.

RACE ! — Exclamation de colère contre un polisson. C'est une des plus grosses injures qu'une mère bourguignonne puisse dire à son fils, et j'ajoute, à elle-même ; car *race* est dit par ellipse pour *race de chien.* C'est un emprunt fait au vieux germain *raki,* chien, ou plus immédiatement à l'italien, qui a dit encore communément : *razza di cane*, race de chien.

Alaigre. Taisez-vous, gros caffard. Si vous faites la beste, le loup vous mangera.

Alizon. *Race* que tu es, je ne scay comment je ne t'arrache pas la face, an courage qui me tient.

(*La Comédie des proverbes*, act. III, sc. vii.)

Sabat. — Qualification donnée à un enfant bruyant, tapageur, qui fait le diable à quatre. « Taise-toi donc, *sabat*, » lui disent les bonnes femmes de Bourgogne.

J'ai cru d'abord qu'on appelait ainsi l'enfant qui faisait du vacarme, à cause de celui qui avait lieu au sabbat des sorcières et des démons. Peut-être que je ne me trompais pas. Suidas nous apprend que *Saint-Sabadius* était un des noms de Bacchus, tiré d'un verbe grec σαβά-θειν, faire du tapage. Ce saint, bien entendu, n'est pas dans la légende, quoiqu'il puisse y en avoir presque d'aussi étranges, mais il est dans la *Métamorphose* d'Apulée, au livre VIII :

Vieille carcasse, s'écria-t-il ! crieur maudit, puisse l'omnipotente et l'omni-créatrice de Syrie, puisse *saint Sabadius*, Bellone et Cybèle.... te rendre muet et aveugle [1] !

De plus, on disait σαβάζω, c'est-à-dire crier σαβοῖ, ou *saboë*, comme faisaient les bacchantes, aux fêtes de leur patron, et les Σαβακαὶ ou Ménades ne passent pas pour avoir été des anges de paix.

Si ces motifs ne confirment pas ma première opinion, ils n'y sont pas du moins contradictoires.

Sabat est ici une simple altération de *rabat*, qui, en

---

1. « At te, inquit, cadaver, surdum et mutum, delirumque « præconem, omnipotens et omniparens dea Syria, et *sanctus* « *Sabadius*, et Bellona, et mater Idæa.... cæcum reddant ! »

vieux français, signifie littéralement *esprit frappeur*, revenant qui tracasse et remue la vaisselle et les meubles. C'est le mot sanscrit même, *ravas* (d'où les Grecs auront peut-être tiré leur σαβάζω), son, bruit, formé du verbe *rav*, jaillir, résonner. De *rabat* est venu *rabâter* ou *rabastre* :

Lesquelz supplians ouïrent *rabaster* parmi la maison, en telle manière qu'il sembloit que la foudre et la tempeste y fussent.
(*Lettres de rémission* de 1482.)

Aussi dit-on encore : « le tonnerre *rabâte*; les chevaux *rabâtent* dans l'écurie; ça *rabâte* dans le grenier, il y a peut-être des revenants. »

Je me souviens toujours, et j'en ai gardé une impression qui ne s'est point affaiblie, du *rabat* des mercredi et jeudi saints à l'office de *Ténèbres*. Je me souviens surtout d'y avoir joué mon rôle. A peine le dernier cierge était-il éteint, qu'une troupe d'enfants armés de crécelles ou *bruants*, de marteaux, de pierres et de bâtons, agitaient leurs crécelles et battaient les portes de l'église avec une telle violence qu'ils en faisaient quelquefois voler des éclats. Longtemps on toléra cet abus, où la piété de nos pères ne voyait qu'une image du trouble et du désordre de la nature, au moment où Jésus rendit l'esprit; il fallut enfin le supprimer. C'était d'ailleurs faire trop beau jeu à la passion des enfants pour le tapage et à leur instinct de destruction. Le *rabat des cordeliers* qui avait lieu, il y a environ trois cents ans, à Amboise, avait le même but, mais il était plus naïf et se pratiquait avec moins d'indécence. Les cordeliers, dit Ménage, disposaient « une grande quantité de petits cailloux sur plusieurs ais, au-dessus du lambris de bois dont leur église était voûtée, et le mercredi saint, aussitôt que le diacre avait prononcé, en chantant la Passion, les paroles auxquelles un chacun se prosterne, quelques novices qui avaient ordre de se tenir pour cet effet au-dessus de la voûte, renversaient chacun successivement ces ais-là : et ainsi, ces petits cailloux venant à rouler du haut en bas et de chaque côté du lambris, faisaient un grand bruit ; et cela s'appelait le *rabat des cordeliers.* » (*Dictionnaire étymol.*, au mot *Rabáter*.)

ESSOPER. — C'est-à-dire renverser quelqu'un d'un seul coup, *l'aplatir;* expression très-énergique dont la racine est *sop*, qu'on prononçait à la gasconne *essop :*

> Ce fut moy qui tuay la géline.
> Elle couroit je saulx a cop,
> A tout ma dague et feiz *sop ;*
> Je la frappay en trahison.
>
> (*La Farce de Colin*, fils de *Thirot le maire*,
> dans le tome II, page 397, de l'*Anc. Théâtre
> françois*, édit. Jannet.)

Et feiz sop, c'est-à-dire *sopai* ou *essopai;* car *essoper* et *faire sop* sont la même action.

On disait *escopir* pour battre, et spécialement *battre de verges*. Roquefort donne de plus *insulter*. C'est la forme francisée du latin *scopare* qui est dans saint Jérôme, et dont *scopæ*, brins de bouleau, balai, est la racine.

Je ne serais pas surpris qu'*essoper* fût une corruption d'*escopir*, et que le sens d'*essoper* ait lui-même souffert tant soit peu de cette corruption.

ARGUIGNER. — Railler, vexer, taquiner, telle est la signification de ce mot. *Argouirer* voulait dire autrefois la même chose :

Laquelle Alizon commença à se réjouir et à *argouirer* par paroles icelui estourmel qui estoit sur la table, en une cage de bois.

(*Lettres de rémission* de 1480.)

Argu, c'est-à-dire blâme, reproche, raillerie amère, offense, injure, est la racine d'*arguigner* :

> Lesquelles raffardes et moqueries, avec les autres injures et violences devant dittes, le suppliant print à grant *argu*.
> (*Lettres de rémission de* 1454.)

> Le mareschal de saint André s'estoit.... absenté de la cour, pour quelques paroles *d'argu* qu'il avait eu avec le roy de Navarre.
> (*Lettres d'Est. Pasquier*, t. I, p. 201, édit. in-12.)

Les Picards ont le mot *argucher*, dont le sens est le même que chez les Bourguignons *arguigner*, et mieux qu'eux encore, ils s'entendent à faire ce qu'il exprime.

Toutes ces formes viennent du latin *arguere*.

ACOUTER. — Selon le *Dictionnaire de Trévoux*, « ce n'est que parmi la populace » que ce mot est en usage ; « tous les honnestes gens disent *écouter*. »

J'ajoute que les *honnêtes gens* ont aussi dit *acouter* :

> Si aucuns en sont mal-contens,
> Passe outre, et n'*acoute* à leur dire.
> (*La Nouvelle Fabrique des excellents traits de vérité...*, par PHIL. D'ALCRIPPE. *L'Auteur à son livre.*)

L'italien *ascoltare* qui est, à une lettre près, le latin *auscultare*, est la source d'*acouter*, qu'on écrivit d'abord *ascouter* :

> Se une femme grosse d'enfant désire sçavoir quel hoir elle porte, *ascoutez*-la parler, et par elle-mesme le sçaurez.
> (*Les Évangiles des quenouilles*, 4ᵉ journée, chap. x.)

BOUILLOTS. — On appelle ainsi et exclusivement les deux paniers que porte l'âne, l'un à droite, l'autre à gauche, et où les paysans mettent les denrées qu'ils vont vendre au marché.

L'âne chargé d'éponges et l'âne chargé de sel, dans la Fontaine, portaient des paniers de ce genre. Ils sont du moins ainsi représentés dans la plupart des anciennes éditions des *Fables*, avec planches.

> L'un, d'éponges chargé, marchait comme un courrier ;
> Et l'autre, se faisant prier,
> Portait, comme on dit, les bouteilles.
> Sa charge était de sel.

C'est en effet le sel, ou plutôt la quantité de sel que jaugeaient ces paniers, qui leur a donné son nom. Le *boullon*, qu'il faut prononcer *boullion*, comme le bas latin *bullio* l'indique suffisamment, était une mesure de sel.

Pour ce que l'exposant, poure vallet saunier, faiseur de sel, lui avoit recous deux *boullons* de sel qu'il vouloit avoir de fait et lesquels *boullons* de sel estoient au maistre dudit exposant.

(*Lettres de rémission* de 1383.)

Ce panier était une espèce de manne, comme celles dont on se sert dans tout le midi de la France. J'ajoute qu'il était fait probablement d'écorce de bouleau, car les Picards appellent cet arbre *bouillet* ; ce qui ne diffère pas beaucoup du *bouillot* bourguignon. Les Champenois disent *billoux*.

Je me rappelle encore ce couplet d'une chanson que j'ai bien souvent entendu chanter dans mon enfance, et dont je regrette de ne pouvoir noter l'air aussi discordant qu'original :

> Si j'avais cinq sous vaillants,
> J'achèterais un âne,
> Un âne avec ses *bouillots*,
> Pour mener Annett' Flutôt
> Au diable,
> Au diable,
> Au diable !

C'est la parodie d'un couplet d'une chanson écrite en

1791 contre les fermiers généraux, après la suppression des fermes et maltôtes. Cette chanson se chantait sur l'air des *Fraises*.

> Si j'avais cinq sols vaillants,
> J'achèterais un âne.
> Un âne avec ses *paniers*,
> Pour mener les *maltôtiers*
> Au diable,
> Au diable,
> Au diable !

AMBRUER. — Se dit d'un cheval chargé qui se met en route. C'est à tort que Lamonnoye fait venir ce mot de la préposition *en*, et du substantif *bruit*. Il vient d'*ambleure*, *amblure*, lequel est formé d'*amble*, allure entre le pas et le trot. Les chevaux chargés, quand ils se mettent en route, commencent toujours par aller l'amble, soit par excès de zèle, soit sous l'impulsion du premier coup de fouet. Mais ils n'ont pas fait un kilomètre qu'ils prennent le pas ordinaire et le gardent jusqu'à la fin.

> Lors chevaucha grant aléure,
> Les grans tros, non pas l'*ambléure*.
> (Fable de *la Bourse pleine de sens*; ms. de la
> Bibl. imp., n° 7615, t. II, f° 125 recto, col. 1.)

> Ja l'*ambléure*, ne le pas
> Ne se fiert, emmi le tas,
> Mais tant com puet cheval aler.
> (*Athis*; ms. ibid., f° 116 recto, col. 2.)

Plustost que l'ambléure, signifie au trot, au galop, dans le passage suivant :

> A l'estor vinrent François grand aléure,
> Et li Flamenc plustost que l'*ambléure*.
> (*Anseis*; ms., f° 19 recto, col. 1.)

Amblure, est, selon la Curne, dans le roman de *Per-*

ceforest, vol. II, folio 46. Les Bourguignons en ont fait *amblurer*, et par corruption, *ambruer*.

Aimé Piron donne à ces mots un sens outré, dans ces vers :

> De moême qu'un oraige *ambrué* dedan l'ar
> Montre de sai fureu l'effor de tôte par.
>
> (*Le Monôlôgue borguignon*, 1724.)

Ce qui me fait croire qu'Aimé Piron pensait, de l'étymologie d'*ambruer*, comme Lamonnoye.

CHAPITRE XVI.

PATOIS (SUITE).

Goyotte. — Ce mot gracieux et d'une si douce sonorité veut dire bourse, poche, gousset. En patois messin, il signifie la fente d'une blouse, d'une jupe, par conséquent le chemin qui conduit à la poche, et s'écrit *gojote*. Mais d'où vient-il?

On appelait *goy*, *gouet* et *goiot* (Roquefort donne ce dernier), une serpe à l'usage des jardiniers, des vignerons, etc.

Icelluy Perrot prist un *gouet* qui estoit à sa courroie.
(*Lettres de rémission* de 1405.)

Ung *goe* ou serpe que le suppliant tenoit en sa main, de quoy il tailloit les vignes.
(*Autres* de 1470.)

S'il était permis, alors qu'une étymologie est douteuse ou multiple, d'en choisir une à son goût, celle-là ne me déplairait pas. Ici d'ailleurs, mon choix serait fondé sur une conjecture fort vraisemblable : c'est que (ainsi qu'il semble indiqué par ma première citation) les vignerons, quand ils ne se servaient pas de leur *goiot* ou serpe, la mettaient dans un étui ou poche qui pendait à leur ceinture, comme les faucheurs, encore aujourd'hui, mettent dans une corne suspendue de même, leur queue ou pierre à aiguiser. A la longue, le contenant aura usurpé le nom du contenu, et ce nom se sera étendu à toutes sortes de poches.

Mais puisque notre *goyotte* ou *goliotte* (car la forme et le son *yo* et *lio* sont à peu près les mêmes) signifie également bourse et poche, il y a grande apparence que ce mot vient de *goulière* en latin *crumena, marsupium*.

<blockquote>Le suppliant print les braies dudit Regniault qu'il avoit laissiées au chief de son lit, en la *goulière* desquelles il trouva six francs en or.
(*Lettres de rémission* de 1399.)</blockquote>

A ne considérer toutefois que la forme, la distance qui sépare *goulière* de *goyotte* est bien plus grande que celle qu'il y a de *goyotte* à *goiot*. Mais par la parfaite conformité du sens, *goulière* se rapproche de *goyotte*, et ne fait même avec lui qu'une seule et même chose. Quant à l'altération que *goulière* aurait subie dans le patois bourguignon, elle s'expliquerait, comme je l'ai déjà dit, par le goût du pays pour les désinences en *o*. Il serait aisé de former telle phrase en ce genre de patois, où la répétition de cette voyelle le ferait prendre pour du patois italien.

QUENETTER. — Marcher avec peine, aller cahin-caha, comme lorsqu'on est très-fatigué. « Faut que j' m'assete ; je ne peux pu *quenetter* ; » voilà ce qu'on entend dire sans cesse en Bourgogne, surtout dans le Châtillonnois.

On n'exprimait pas autrement l'allure de la cane. Aussi, est-ce du nom de cet animal appelé *quenette* au quinzième siècle, que les Bourguignons ont fait *quenetter*.

<blockquote>Une petite logete ou l'on met couchier les oes ou *quenettes*.
(*Lettres de rémission* de 1442.)</blockquote>

Cyrano de Bergerac et Guillaume Bouchet disent *caneter*, à la moderne, mais dans le même sens :

<blockquote>Magdelon, je suis bien malade,
J'ai les yeux cavés et battus,</blockquote>

La face terreuse et maussade,
Les genoux maigres et pointus ;
Ceux qui me voyent par la rue,
Jaune comme vieille morue,
Caneter en amont fourbu,
Estiment que c'est la vérole
Qui me fait aller en bricole,
Et m'enivre sans avoir bu.

(CYRANO DE BERGERAC, *le Pauvre Malade*.)

On luy demanda pourquoy ès montagnes sont boiteuses en plus grand nombre qu'ailleurs : il va respondre que c'estoit à cause que ceux qui habitent les pays montueux se foulent les nerfs des jambes, d'autant qu'ils marchent en *canetant*, allongissant plus un muscle que l'autre.

(GUILL. BOUCHET, XVIIIe *Serée*, p. 165.)

Le même mot est wallon, et s'écrit *kannté*; il signifie gambiller, ou, selon Cyrano, marcher *en fourbu* : ce qui appartient effectivement à la cane. « *Ley* kannté l'*éfan*, » laissez l'enfant gambiller.

CHIQUES. — Ce sont des billes de grès, de marbre ou d'agate, un des jeux les plus chers aux enfants. Le vrai nom est *chuque*, petite boule de bois ou d'ivoire, dont on a fait *chuquer*.

Bernard de Châteauneuf et plusieurs autres étudiants de Toulouse, jouèrent aux billes de bois ou *chuques*, du vin et des fruits.

(*Lettres de rémission* de 1416.)

Bernardus de Castronovo et nonnulli alii in studio tholosano studentes, ad ludum lignobolini sive chucarum *luderunt pro vino et volema.*

Comme iceulx jouassent à un jeu nommé au pays (Languedoc) *chuquer*.

(*Autres* de 1408.)

De même que *chuque* a fait *chuquer*, *chique* a produit

chiquer. Mais, en bourguignon, *chiquer* n'est pas jouer aux *chiques*, c'est être malheureux à un jeu quelconque, c'est trimer, comme on dit vulgairement, être vexé, tympanisé par ses camarades. C'est aussi *en manger*, comme disent encore les gamins dans le même sens, et *chiquer*, dans Rabelais, veut effectivement dire manger. Un synonyme bourguignon de *chiquer* est *bisquer*. Ou *bisquer* vient de *bisque*, espèce d'avantage qu'un joueur a sur l'autre au jeu de paume, ou il vient de *bisque*, vieux mot français qui voulait dire ruse au jeu, choix d'une occasion favorable pour faire tomber son adversaire dans le piége, ou enfin, et cette conjecture me semble plus probable, il vient de l'italien *bisca*, qui signifie maison de jeu de hasard. Ces jeux étaient le jeu de dés et le jeu de cartes, ce dernier connu et pratiqué en Italie, longtemps avant de l'être en France. L'un et l'autre étaient confondus dans une appellation commune rendue en bas latin par *biscatia*, ou *biscazaria*, ou *buschetta*, et tirée du nom du tripot où ils se jouaient. On lit dans les Statuts de Mantoue et dans ceux de Ripera, cités dans le *Nouveau du Cange*, aux mots indiqués ci-dessus :

Ils dénonceront ceux qui jouent aux dez ou à quelque *biscade*, et empêcheront qu'on ne tienne aucun jeu de dez ou de *biscade*.

Ludentes ad taxillos vel ad aliquam biscatiam.... *denuntiabunt, et prohibebunt etiam ne ludus taxillorum vel aliqua* biscatia *teneantur.*

Que nul n'ose jouer à un jeu de hasard, ni au dez, ni à aucune autre *biscazarie*, soit en public, soit en particulier.

Nulla persona audeat.... ludere ad ludum azari, neque ad taxillos, neque ad aliam biscazariam, *in aliquo loco publico vel privato.*

Que nul n'ose jouer aux dez et à la *buschette*, par où l'on entend toute sorte de jeux de dez ou de cartes.

Quod nullus audeat ludere ad taxillos et buschatiam, *qua intelligatur omnis ludus taxillorum et cartarum.*

RIBOULER DES YEUX. — Se dit d'une personne dont les yeux s'agitent avec colère, ou qui lance à droite et à à gauche des regards effrontés et provocants.

> Quelque vieille aux yeulx *reboulez*
> M'a faicte en la teste une emprainte.
>
> (*La Condamnation de Bancquet*, par Nicolas de la Chesnaye, p. 325; Delahays, 1859.)

Il est naturel de croire, et c'est l'opinion de M. Mignard, que ce mot vient du latin *revolvere*. Je ne puis m'empêcher toutefois de faire remarquer qu'on appelait *riboule* une ribaude, *yeux ribauts, regards ribauts*, le jeu comme on dit, de la prunelle, et les œillades tantôt agaçantes, tantôt menaçantes, des femmes coquettes et des prostituées.

> Vous ne doubtez point que plusieurs aultres telles gaillardes prouesses n'ait fait ce gentil Hercules avecque sa *riboule,* je dis encore en nostre Gaule.
>
> (BONAVENTURE DESPÉRIERS. *Discours non plus mélencholiques*, etc., chap. IV.)

Cette *riboule*, nommée Celtine, fille de Brettan, roi d'Albion, était enragée d'amour pour Hercule, et avait fait toutes les avances. Les yeux avaient parlé d'abord, la bouche ensuite, requérant le dieu, sans équivoque, de l'entendre et de la contenter. Il la contenta si bien, que de son commerce avec elle naquit un fils nommé Celte, « qui fut après roy en la Gaule, et du nom duquel furent depuis appelés *Celtes*, et la Gaule *Celtique*. »

Dans les deux passages qui suivent, on enseigne d'une part la manière d'appâter les yeux, si l'on peut dire, pour attirer la proie, de l'autre on montre les effets qui résultent de leur manége.

> Vous aurez recours à un miroir pour y puiser vos secrets, et apprendrez par iceluy à regarder si vostre visage est trop gay, trop triste, trop doux ou trop soucieux, et y réformerez et ad-

joubterez ce que vous y trouverez nécessaire. Par ce moyen, vous instruirez vos yeux à donner des regards doux, et vos bouches à former en un instant des petits souris pour les accompagner, et apprendre à jeter de rudes œillades, et quelquefois de doulces à ceux qu'il vous plaira.

(*La Descouverture du style impudique des courtisannes de Normandie à celles de Paris*, etc. Paris, 1618, in-8.)

O, de quels yeux ce nouveau basilic m'a œilladé! Il ne faut point que je jette la coulpe de ce mien mal sur moy, mais c'est elle qui seule en est cause. Elle devoit lancer autre part son *ribaut regard*. Car, à bon droict, on doibt appeler les yeux *ribauts*, puisqu'ils sont si hardis d'ainsi en chemin et passage assassiner un homme, et le laisser au moins touché de plusieurs playes.

(MERLIN COCCAIE, *Histoire macaronique*, liv. I.)

Ne pourrait-on croire, sans être taxé d'aimer le paradoxe, qu'en parlant d'une femme qui faisait un pareil usage de ses yeux, on ait dit qu'elle *ribaudait* ou qu'elle *riboulait* des yeux? Pour moi, je ne trouve pas mauvais qu'on ait cette croyance, et serais même tout prêt à m'y rattacher.

BIBI. — Nom donné à un petit objet, de quelque nature que ce soit, servant d'amusette aux enfants.

Je ne sache pas que ce mot, pris dans ce sens, soit usité en d'autres provinces que celles de l'ancienne Bourgogne. Dans les provinces du Centre, il signifie un imbécile, un idiot. En Normandie, c'est un petit mal d'enfant, un bobo.

Bibi est en outre une appellation commune à certains animaux. A Paris, la bourgeoise appelle ainsi son *king-charles*, et la portière de madame, son canari. L'une et l'autre appellent de même leurs fils, non-seulement quand ils sont à la bavette, mais encore lorsqu'ils vont à l'école.

Ces *bibis*-là ne sont la plupart du temps que des patauds.

On disait d'une bagatelle, d'une misère, d'un objet méprisable ou de nulle valeur, d'une affaire qui ne méritait aucune attention, c'est une chose de *bibus*. On disait un conte de *bibus*, une querelle de *bibus*, une noblesse de *bibus*, et même un poëte de *bibus*.

> Je ne voy rien que joustes et qu'esbats,
> Que jeux d'enfants, chocqs de marionettes
> Qui chantent clair leurs petites sornettes ;
> Que l'on me berce, et qu'après mains rebus
> On m'estourdit d'un conte de *bibus*.
>
> (SAINT-AMANT, *Épistre héroï-comique à Mgr le duc d'Orléans*.)

A quoy donc feuilleter tant de livres, apporter tant de passages, se mettre tant de fois en cholère, dire tant d'injures, exciter tant de divisions.... pour une querelle de néant, de picoterie, de bagatelle, et mettre toute la France et toute la chrestienté en peine, pour appaiser une querelle de *bibus*?

(*Remarques judicieuses sur le Livre de la fréquente communion*, par le P. PETAU. Rem. 17.)

> Lorsqu'un noble plus gueux qu'Irus,
> Plus larron que Rodilardus,
> Et plus valeureux que Pompée,
> Pour vous emprunter dix escus
> Sur sa noblesse de *bibus*,
> Vous fait une prosopopée, etc.
>
> (D'ASSOUCY, *Avantures*, chap. III.)

> Mais les rimailleurs de *bibus*,
> Nommez poëtes par abus, etc.
>
> (SCARRON, *Épistre à M. d'Aumale*.)

Le poëte dont les tristes aventures sont racontées dans une pièce du *Recueil des pièces en prose les plus agréables de ce temps* (Paris, Ch. de Sercy, 1661, in-12), est nommé *Sibus*. Ce sobriquet est si proche parent de *bibus* qu'il n'est peut-être que ce dernier mot, gâté par l'imprimeur.

Ainsi, l'analogie entre *bibus* et *bibi* est évidente, et celui-ci vient nécessairement de celui-là.

Bibelot est peut-être l'ancêtre de *bibus*. Au quinzième siècle on appelait *bibelots* des dés à jouer :

> Jehan Crousel et Jehan Doulches dirent qu'ilz avoient des *bibeloz*, et lesdits Jacotin et Suppliant dirent qu'ils estoient contens de y jouer.
>
> (*Lettres de rémission* de 1454.)

En picard, *bibelot* signifie jouet d'enfant ; en normand, c'est *bimbelot*, d'où *bimbelotiers* et *bimbeloterie*, formes définitives. Dans les patois de Valenciennes et de Douai, on nomme *bibelot* un petit bâton taillé en pointe à chaque bout, qu'on pose en travers du doigt, de manière qu'il fasse bascule. C'est un jeu, mais je n'en puis sonder la profondeur.

On tire *bibelot* de l'italien *bambolo*, poupée. Je crois qu'on a raison. *Biblotterie* est dans Georges Chastelain :

> En ce village, marchands aussi et marchandes qui vendent mercerie et *biblotterie*.
>
> (Cit. de Dochez, dans son *Nouveau Dictionnaire de la langue française*.)

C'est l'opinion la plus générale que l'argot a été inventé par les colporteurs de mercerie. Les *biblottiers* étaient des merciers, et *parler biblot*, c'était *parler argot*. Oudin traduit *bibelot* par *parola di zergo*, langage de l'argot.

On appelle aussi *biblots* les outils d'un ouvrier et généralement tous les objets de rebut, fonds de magasins, rossignols, défroques, etc.

CANÉ. — C'est-à-dire louche. N'est-ce pas un peu forcer les choses que de dériver ce mot de *carner*, heurter, rencontrer une *carne*, ou un angle, sous prétexte qu'un louche ne regarde pas droit devant lui, et se cogne à tous les angles? On sait bien que cela n'est pas vrai. Ce qui est vrai et ce qui n'échappe à personne, c'est que les strabites ont je ne sais quel air effaré, qu'ils regardent en tournant la tête, tantôt à droite, tantôt à gauche, à peu près comme s'ils avaient les yeux plantés à la manière des canes, l'un d'un côté de la tête, l'autre de l'autre. C'est ce qui fait dire qu'ils regardent en Champagne si la Bourgogne brûle,

> Ou en Poyctou se Brabant art.
> (*La Farce des cinq sens.* Lyon, 1545.)

On disait du temps de Louis XI un *canet* pour un petit canard, un caneton, et *ébahi comme un canet :*

Quant monseigneur le curé vit qu'on le vouloit bouter en la boyte aux cailloux (prison), il fut plus *esbahy que ung canet*, et requist à Monseigneur l'évesque qu'il feust ouy.

(*Les Cent Nouvelles nouvelles.* xcviᵉ nouvelle.)

Les Berrichons disent encore *canet* et *cani* pour signifier la même chose.

Il y a, je pense, une allusion à l'étourderie, à la marche en hustuberlu du *canet* dans les vers qui suivent :

> Le corbeau qu'on dit si vorace,
> Crev'roit bien d'faim près d'ta carcasse;
> Tu es *canée* comme un garçon,
> T'es faite comme un auge à maçon.
> (*La Trompette de carnaval*, dans le *Catéchisme poissard*, p. 7. Tours, Ch. Placé, s. d.)

Dans le patois d'Auvergne, *cané* signifie trompé, surpris, attrapé.

MARVOIR et MERVOIR. — Il vaut mieux écrire *mar voir* et *mer voir*. Cette expression, qui est demeurée dans le patois bourguignon, appartient à la langue française, dès la plus haute antiquité. C'était alors une espèce d'interjection qui signifiait *à la male heure (mala hora)*; aujourd'hui, c'est une interrogation qu'on se fait à soi-même, et par laquelle on exprime la crainte, le doute, l'incertitude, quelquefois même la curiosité, le désir, au sujet de quelque événement redouté ou impatiemment attendu. En effet, on dit en Bourgogne *mer voir s'il viendra,* soit qu'on appréhende, soit qu'on désire qu'il vienne en effet.

Le plus ancien exemple que je trouve de l'emploi de cette expression est dans *les trois Morts et les trois Vifs,* de Baudoins de Condé :

> Compagnons, dist li un des iij
> Vis hommes, je sui moult destrois
> De paour de ces trois mors là.
> Voiés de chacun que Mors l'a
> Fait lait et hideus pour véoir.
> Je ne puis en moi pourvéoir
> Tant de séurté que les voi.
> Trop sont lait ; valons ent no voie.
> K'a poi de paour ne marvoi. »
> Dist li autres : — « Compains *mar voi*
> Tel mirooir, se ne m'i mire. »
>
> (*Li III Mors et li III Vis.* Vers 28 et suiv.)

Le roman de *la Rose* m'offre aussi ces exemples :

> Biaus amis, folie et enfance
> T'ont mis en poine et en esmai :
> *Marveis* le bel tens de mai
> Qui fist ton cœur trop esgaier ;
> *Mar* 'alas onques umbroier
> Ou vergier dont Oiseuse porte
> La cfef dont el t'ovrit la porte.
>
> (Vers 3012.)

> En tex aniaus sera rivés
> Que jamès jor que vous vivés

> Ne le verrés aler par voie,
> Quant ainsinc nous trouble et desvoie;
> *Mar* l'eussiés-vous tant *véu*
> Par li sommes tuit decéu,
>
> (Vers 15133.)

Le sens qui se rapproche le plus du nôtre, est le sens du premier de ces trois exemples, celui qu'on pourrait appeler le sens primitif. Celui des deux autres en diffère en ce qu'il regarde le passé, et que le nôtre regarde l'avenir. La différence est considérable, mais n'est pas de notre fait. Au surplus, que la chose ait eu ou qu'elle doive avoir lieu, ç'a été et ce sera toujours *à la male heure*, et, selon qu'on le joigne au prétérit ou au conditionnel, *mar voir* aura toujours cette signification.

ÉGLANCHER. — C'est l'action de mettre le pied dans le ruisseau, et d'en faire jaillir l'eau sur la personne près de qui l'on marche. Peu de mots offrent une image plus juste et plus vive de l'action qu'ils veulent exprimer. On dit aussi *églicher* (avec *l* fortement mouillée), comme en Lorraine. Les Picards ont *églincher*, et les Champenois *églisser*, dans le sens général d'éclabousser. Au fond, tous ces mots sont les mêmes; mais si le bourguignon s'éloigne le plus de la forme primitive, il se rapproche le plus du sens primitif; le contraire a lieu dans le champenois : il a oublié le sens et gardé la forme. *Esglisser* voulait dire autrefois asperger d'eau sale :

> Le suppliant print de l'eau d'icelle foulerie et en *esglissa* ung pou icellui Colinet.
>
> (*Lettres de rémission* de 1443.)

La racine du mot est, ou *esclier*, faire voler en éclat, ou *esclin* qui, joint au verbe *faire*, signifie faire glisser, sauter, répandre avec profusion.

> Sor le destrier, les sauz menuz,
> Vait le duc ferir à bandon

> Parmi l'escu d'or à lion
> Que la lance froisse et *esclie*.
>
> (*Chron. des ducs de Normandie*, t. III, p. 64, v. 33666.)

> Pour contenter le fémynin,
> Nous ferions plus d'un *esclin*
> Qu'ung aultre de quinze royaulx.
>
> (*Dialogue de Mallepaye et de Baillevant*, dans VILLON, p. 333, édit. Jannet.)

Faire esclin de royaulx, c'est faire sauter, danser les écus.

Dans plusieurs localités, une *égliche* ou *églisse* est une seringue. En Haut-Maine, on appelle *canne giloire* une petite seringue en sureau que font les enfants. *Giloire* vient de *giler* qui, là encore, signifie jaillir en filet, et qui est lui-même tiré de l'islandais *gilia*, lancer de l'eau. Les Bourguignons, les Champenois et les Berrichons disent *gicler* et *gigler*; ceux-ci, de plus, *jiller* et *zigler*. La signification est la même partout.

Les habitants du Haut-Maine disent *éclancher*, pour travailler avec excès, se nourrir mal, maigrir. Mais la racine de ce mot est fort différente. Il vient de l'allemand *krank*, malade; mot encore usité dans l'Orne, avec la même signification, sous la forme de *cranche*, et dans le patois de Nancy, sous celle de *cranqua*, où il veut dire mourir.

DÉGRIMONNER. — On sent assez, je suppose, qu'un mot pareil n'annonce rien de gracieux, de tendre, de caressant. Il signifie en effet passer la main sur quelqu'un avec violence, tirailler ses membres, abîmer ses habits, les déchirer même, comme ferait un chat avec ses griffes. Ce mot a donc tout l'air d'une onomatopée. Cependant il a une étymologie.

Sa forme simple est *grimoner*. Je la rencontre deux

fois dans Cyrano de Bergerac : la première, avec les sens de murmurer, marmotter ; la seconde, avec celui de manigancer, tramer :

> Guieu bénit la cresquianté ! Je crois que le cœur l'y écarbouillit dans le ventre, car oul ne sonit jamais mot, et ne grouillit, sinon qu'il *grimonit* en trépassant : Guiébe set de la pie et des piaux !
> (CYRANO DE BERGERAC. *Le Pédant joué*, act. II, sc. III.)

> Ah ! par ma fy, je sommes logés à l'ensaigne de *J'en tenons*. Parmanda, j'en avouas queuque souleur, que cette petite ravodière-là l'y *grimoneret* queuque trogédie.
> (*Id., ibid.*, act. V, sc. x.)

Grimoner vient, selon toute probabilité, de l'anglo-saxon *grimman*, aigrir, mettre en colère, dont la racine est *grim, grimm*, irrité, furieux. Les Hollandais ont à peu près le même verbe, *grimman*, pour exprimer la même chose. Nous avons *grommeler*, qui n'a pas un sens aussi étendu, mais qui a le même que *grimoner*, dans le premier passage, et dont *grimoner* me paraît être le synonyme en patois.

Si le sens de *grimoner* a subi une altération assez grave relativement à *grimman*, il n'en est pas de même de *dégrimonner*; car il est sûr que l'action de *dégrimonner* quelqu'un n'est pas propre à le rendre calme, qu'elle l'aigrit plutôt et le met en colère. *Dégrimonner* se ressouvient donc de son origine; il y demeure surtout fidèle dans sa forme réfléchie ou pronominale, *se dégrimonner*. On dit d'un homme qui s'agite, qui tempête, qui se démène avec fureur, qu'il *se dégrimonne*.

Dégrimonner, en picard, c'est sarcler le chiendent. L'extraction de cette racine parasite et tenace exige, en effet, des efforts et une sorte de violence, qui correspondent assez aux mouvements de celui qui nous tire ou nous déchire nos habits.

Coco. — Œuf de poule. M. le comte Jaubert (*Glossaire du centre de la France*) fait dériver ce mot de *coque*. Pourquoi pas plutôt de *coq*? On ne dira pas du moins le contraire. La poule est une *cocotte*, parce qu'elle pond des *cocos*; cela est incontestable, et aussi parce que les coqs y sont pour quelque chose; ce qui l'est également. Un *coconier* est un marchand d'œufs; la foire où il débitait ses œufs, dans le Maine, s'appelait *foire coconière* :

> Ledit provost du chastel ne doit point afeurer les gens d'y coustumes ou nous prenons, mais les peut bien afeurer du paysage ou nous prenons rien, sauf en nostre *foire coquonière*.
>
> (*Livre des droits et exemptions et sens*, etc., extrait d'un manuscrit de l'an 1398 par l'abbé Tibergeau, dans la Bibliothèque publique de Saint-Calais, Sarthe.)

On dit aussi dans le Maine et quelques pays du Centre, *coquassier*.

Paris dit tout rondement *coquetier* :

> Quand malcontent, resveur, je pense
> Que vingt et cinq ans par la France
> J'ay faict ce malheureux mestier,
> Sans recevoir aucun salaire
> De tant d'ouvrages qu'ay seu faire,
> Oh, que j'eusse été *coquetier* !
>
> (BAÏF. *Épistre à M. de la Molle*.)

ROULLÉES. — Les œufs de Pâques sont des *roullées*, parce qu'en jouant aux œufs, les enfants les font rouler du haut d'une planche inclinée, dans le dessein de toucher ceux qui sont à terre, et de les gagner. On les nommait aussi *grollées*. C'est ce qui reste d'un usage particulier de quelques églises de France, et principalement de celles de Bourgogne, aux douzième et treizième siècles. On lit dans les anciens statuts manuscrits du chapitre de la cathédrale de Sens, que les chanoines qui faisaient leur stage, devaient des *pelottes* et des *roullées : Item canonici qui faciunt stagium, debent* pilotas *et* roulettas[1].

Si les chanoines mangeaient les œufs, comme cela est probable, ils digéraient en jouant à la pelotte, et cela en pleine église. Le fait est assez plaisant pour être raconté.

A Auxerre, le chanoine nouvellement reçu, se rendait dans la nef de l'église Saint-Étienne, à une heure ou deux après midi, portant une pelotte qu'il présentait au doyen ou au plus ancien dignitaire. Celui-ci, pour en jouer plus commodément, passait autour de son cou l'aumusse qu'il portait sur le bras, et, prenant un chanoine par la main, ouvrait une danse qui était suivie de celle des autres chanoines disposés en cercle ou d'une autre manière. Alors, on chantait le *Victimæ paschali*, avec accompagnement de l'orgue. Mais le plus beau de l'affaire était la circulation de la pelotte, et le renvoi qui s'en faisait du doyen aux chanoines et des chanoines au doyen. On ne sait si ce personnage n'était pas au milieu du cercle avec tous ses habits et ornements distinctifs. En tout cas, si tous les chanoines avaient leur aumusse passée autour du cou, et leur soutane vraisemblablement retroussée on peut juger de l'effet que produisait derrière eux l'agitation des queues de l'aumusse, qui voltigeaient tout à l'aise, en suivant toutefois la cadence. Cette cérémonie grotesque fut supprimée par arrêt du parlement de Paris, en date du 7 juin 1538.

1. *Mercure de France*, mars 1735, p. 430.

CHAPITRE XVII.

PATOIS (SUITE).

Caco. — Expression d'encouragement qu'on adresse aux enfants lorsqu'ils s'essayent à marcher. On s'acrcoupit devant eux, on étend les bras, et on leur dit *caco, caco*, pour les engager à venir s'y jeter. Ils avancent, mais en chancelant et cahin-caha. *Caco* ne dériverait-il pas alors de *cahot*?

Cacas ou Quecas. — Autre expression enfantine qui signifie noix. C'est une onomatopée. Faites rouler des noix, et à chaque soubresaut, elles rendront un son qui expliquera suffisamment cette appellation. Versez-les d'un sac, et ce son deviendra un concert.

<blockquote>Toutesfoys ilz les payarent au prix accoustumé, etl eur donnarent un cent de quecas, et trois pannerées de francs aubiers.
(Rabelais, I, chap. xxv.)</blockquote>

En Saintonge, on dit *calas*; sur quoi les commentateurs du Rabelais en neuf volumes font cette remarque : « C'est de là sans doute que vient le nom propre que le malheureux Calas a rendu si célèbre. Ce nom, qui signifie *noix*, devait être dans l'origine un nom de lieu. » Et voilà pourquoi il est devenu un nom d'homme! O merveilles de l'érudition!

Keulot ou Queulot. — En français familier, *culot*, nom du dernier né d'une couvée, et, par extension, le dernier des enfants. Disons tout de suite que je crois ce mot d'origine gauloise, et plutôt kymrique. Dans le *Liber Glossarum* d'Isidore de Séville (éd. Migne), on trouve *gnabat*, mot gaulois qui signifie fils, progéniture, lequel se rapproche du tudesque *knabe*, jeune garçon, et d'où est venu, selon toute apparence, notre mot *nabot*. Mais le kymrique *kenaw*, enfant, fils; *kenau*, petit d'un animal quelconque, me paraît survivre dans le *keulot* bourguignon, avec le seul changement de l'*n* en *l*. Il est vrai que le bourguignon a un sens plus restreint; mais rien, comme chacun sait, n'est plus commun que cet accident, et ici, plus que nulle autre part, il est aisé de l'expliquer.

Oudin (*Curiositez françoises*) met un *c* entre la première syllabe de *culot* et la seconde, et il traduit ce mot ainsi orthographié par le dernier enfant, le dernier petit d'un animal. Le *culot* fermerait ainsi la porte et en jetterait la clef. C'est donc une équivoque tirée de la conformation de ce mot qui a donné lieu à cette singulière étymologie, et qui en a, par conséquent, restreint la signification.

On intervertissait aussi les deux syllabes dont le mot d'Oudin est formé :

Et y a propos, ce biau marle, qui sublet si finement haut, eh bian, regardez, ce n'etet que le *clocu* filii David.

(Cyrano de Bergerac. *Le Pédant joué*, act. II, sc. III.)

Culot, en Berry, signifie croupion, et *chanculon* y est un des huit synonymes qu'on emploie pour exprimer ce que nous entendons par *culot*. Voilà une richesse bien placée !

Dans le catalogue « des beaulx livres de la librairie de

Sainct-Victor, » catalogue qui, au témoignage de le Motteux, dans les notes de sa traduction anglaise de *Gargantua* et du *Pantagruel*, » n'est pas simplement une raillerie aux dépens de ces gens de lettres qui remplissent leurs cabinets de méchants livres, ou qui n'en cherchent point d'autres dans les bibliothèques, mais encore une satire qui regarde quantité d'écrivains connus de son temps et diverses affaires d'importance, » Rabelais indique un ouvrage qui a pour titre : le *Cullot de discipline*. Si l'on en croit le bibliophile Jacob (*Catalogue de la Bibliothèque Saint-Victor*. Paris, Techner, 1862, p. 92), Rabelais a eu le dessein de se moquer ici des livres où l'on recommandait aux religieux de se donner réciproquement le fouet, et où on leur enseignait la manière de s'infliger convenablement cette correction. L'allusion de Rabelais, selon le même bibliophile, s'adresserait à l'ouvrage suivant, préférablement à tout autre :

Le livre de la Discipline d'amour divine : la répécition de la Discipline avec les propriétez d'amour séraphique. Paris, Regnault-Chaudière; sans date (1519). *In-8 goth.* Plusieurs fois réimprimé.

Il s'agit en effet, continue le hardi commentateur, soit de la correction fraternelle que les moines s'administraient entre eux, soit de la punition du fouet que la règle universitaire infligeait aux écoliers, lors même qu'ils avaient barbe au menton ; témoin l'exemple mémorable de saint Ignace de Loyola, qui était encore au collége à l'âge d'homme, et qui se laissait fouetter le plus dévotement du monde.

Les commentateurs, et Leduchat à leur tête, ont imaginé les explications les plus sangrenues pour une expression qui s'explique toute seule : le *culot de discipline* est mis la pour la *Discipline du culot*, et *culot* ne peut pas avoir d'autre sens que celui de la partie du corps à laquelle s'adressait nominativement la discipline.

Il existe plusieurs Traités imprimés dès ce temps-là

pour combattre ou pour défendre la correction fraternelle qui était en vigueur dans les couvents. En voici deux, par exemple, que Rabelais a pu voir dans les tablettes de la bibliothèque de Saint-Victor :

Tractatus de fraterna correctione, auctore quodam patre ordinis Carthusiensis, conventus Coloniensis. Coloniæ (S. D. 1490 ?), in-4.

Bernardini Arevalensis, ordinis Minorum, tractatus de correctione fraterna, editus opera F. Garsiæ de Castillo. Methimmæ Campi, Fr. a Canto, 1557, in-8.

Ce second traité a été rédigé bien longtemps avant la date de cette édition.

CALLE. — On appelle ainsi le choc d'une bille de grès, de marbre ou de bois, contre une autre. Le plus adroit à ce jeu est celui qui sait le mieux *caller*. Les Picards disent *caler* et l'expliquent par « lancer une balle contre quelqu'un. » Il vaudrait mieux dire « *toucher* quelqu'un avec une balle lancée contre lui. » En effet, on peut viser la bille et lancer la balle sans atteindre le but, et alors il n'y a pas *calle*; il n'y a que le dessein de *caler*; ce qui est bien différent.

Caler, dans Desportes, signifie *céder à, reculer devant* un obstacle :

Voilà par quels destours vagues ma fantaisie
Calant ore à l'amour, ore à la jalousie.
(*Élégies*, liv. I, xiv.)

Ii a le sens neutre. Les Bourguignons et les Picards le font actif. Il en est de même des Champenois. Mais actif ou neutre, *caller* implique toujours une idée de recul occasionné par le choc d'un corps contre un autre corps.

Caler la voile, au figuré, est céder et se soumettre, car les marins cèdent au vent, en *calant* la voile.

BLOUQUE. — C'est la forme primitive de *boucle*. La

langue fourchait à nos pères, quand il s'agissait de prononcer le signe *cl* suivi d'un *e* muet. Les deux consonnes se divisaient : l'une tirait d'un côté, l'autre de l'autre. Le même effet se produit encore dans le langage du peuple, de la campagne et des villes.

Mais point de fer, ne d'achier, ne broques, ne de fust, ne d'os, ne de nulle autre despoise ne puet seur li avoir, se n'est le *blouque* de son braiel, et cele *blouque* comme on a accoustumé a avoir a braies.

(*Fragment d'une coutume d'Amiens.* DUCANGE, v° *Campiones.*)

Si la hallebarde
Je peux mériter,
Près du corps de garde
Je te fais planter,
Ayant la dentelle,
Le soulier brodé,
La *blouque* à l'oreille,
Le chignon cardé.

(*Les Adieux de La Tulipe*, attribués à Voltaire, mais qui sont de Mangenot.)

Les paysans de la Bourgogne, et de la plupart même de nos provinces (je l'ai vu jusque dans les environs de Paris), portent encore de ces *blouques* dont ils attachaient leurs braies, au moyen âge, et dont ils ferment aujourd'hui leurs chemises, sur la poitrine. Elles sont circulaires et traversées par un ardillon mobile placé de telle sorte, qu'il joint les deux côtés de la chemise sans percer le linge.

Blouquette est le diminutif de *blouque*.

Et si ont les longues cornettes,
Et leurs solais fais à *blouquettes*.

(*Le Dict du Riche et du Ladre*, cité par M. le comte Jaubert, d'après M. le comte de Laborde.)

Sur quoi M. le comte Jaubert fait cette remarque :

« Qu'on a dit au moins *blouquettes*. » Il verra maintenant qu'on a dit *blouque* aussi.

CROTOT. — On appelle ainsi le creux de la nuque. C'est le diminutif de *crô*, creux à enterrer un mort, fossé, et généralement, creux :

> Passan, Blaizôte a dans le *crô*,
> Le prôve Gui di qu'el a quite
> De li jeté de l'ea benite,
> Ai n'é pu ran dans l'aiguerô.
> (*Glossaire de* LA MONNOYE, au mot *crô*.)

Mais *crotot* revendique également le sens de fossé :

> Bon-tan étô dans ein *crotô*,
> Vé lai tor de lai Pote d'Oûche,
> Ecrepi ansein qu'ene mouche
> Qu'ai n'allo n'au marché, n'au bor,
> Tan ai l'aivo pô dé tambor.
> (*Le Réveil de Bon Temps*, dans les *Mémoires pour servir à l'histoire de la Fête des Fous*, par DU TILLIOT, p. 92, édit. in-4.)

Crotum, en bas-latin est la traduction exacte de *crotot* ou *crô*; il exprime toute espèce de cavité, à l'exception du creux de la nuque; ce sens est tout bourguignon. Les Champenois écrivent *crottot*, et entendent par là une fossette, un petit trou.

BEUGNE. — Bosse à la tête qu'on se fait en tombant, ou qu'on reçoit de la main d'un ami un peu trop vif. A une lettre près, c'est ainsi qu'on écrivait ce mot au seizième siècle, et il avait la même signification. On disait mieux *bigne*.

> Sur ce rocher, au haut de la montaigne,
> J'ai entendu le galoys Colinot,
> Qui a sonner des chalumeaux se baigne.

Se me devoye au front faire une *beigne*,
Courir y voy plus viste qu'un linot.

> (*Églogue sur le retour de Bacchus*, dans le t. I, p. 240, des *Anc. poésies franç.*, édit. Jannet.

Je soupçonne que ce poëte, dont le nom m'est inconnu, était Bourguignon. Le sujet de son poëme l'indiquerait assez. Mais certainement il n'a pas mis *beigne* au lieu de *bigne* seulement pour la rime. C'est une intonnation du cru, et *beugne* y était en germe.

Je ne saurais décider si le *beugnet*, comme disent les Bourguignons, et le *beignet*, comme on le nomme en bon français, viennent, l'un de *beugne*, l'autre de *bigne*, ou si c'est le contraire qui a lieu. Ce qu'il y a de sûr, c'est que la couleur et la forme de la *bigne* ont une grande ressemblance avec celles du *beignet*. Celui-ci est renflé, noirâtre, surtout quand il y a excès de cuisson. Il faudrait n'avoir jamais eu de bosse au front pour contester cette ressemblance. De plus le *beignet* est frit dans le beurre, lequel prend, à l'ébullition, une teinte noire très-prononcée. Ne serait-ce pas le rapport qu'il y a entre ce beurre et le sang extravasé autour de l'œil, à la suite d'un coup de poing, qui a fait dire d'un homme ainsi défiguré qu'il a *l'œil au beurre noir?*

Le mot *biguenou*, qui dans le même patois indique un homme dont les yeux distillent de la cire, ne vient-il pas aussi de *beignet*, qu'on écrivait également *bignet?* Regardez les scories qui adhèrent au beignet et à la crêpe, sa sœur, dès qu'ils sont refroidis; rappelez-vous celles qui pendent aux cils d'un chassieux, et vous verrez la ressemblance.

Ne cognois-tu, pauvret, que où il te semble estre tant dispos, tu commances à cheminer le nez courbé vers la terre, *que tes yeux se crespent en estoile* tout à l'entour, et que la bave te tombe de la bouche?

> (LARIVEY, *La Vefve*, act. I, sc. III.)

M. Mignard, je le sais, fait dériver *biguenou* de *bigue*, tumeur, selon Nicot. Mais la chassie n'est pas une tumeur, c'est une humeur, et la différence est grande. Cette humeur s'appelle en breton *pikouz* ou *bikouz*; M. Mignard en fait aussi la remarque. A la bonne heure. Ce *bikouz* pourrait bien être, en effet, le père du *biguenou* bourguignon, et renvoyer par conséquent mon *bignet* à la poêle.

Manger des bignets après la Pentecoste est un proverbe qui signifie *recevoir des coups*, par allusion à *bigne*, qui voulait dire un coup sur la tête. Mais pourquoi ces mots : *après la Pentecoste?* Est-ce que, en pareille rencontre, les *bignets* de la veille ne valent pas ceux du lendemain ? ou bien, est-ce qu'une volée de bois vert, par exemple, retardée de quelques jours, a plus d'efficace que lorsqu'elle est administrée ou reçue immédiatement ?

Au moyen âge (et même encore aujourd'hui quelque chose d'analogue se pratique en certaines églises), il était d'usage, à la solennité de la Pentecôte, de jeter au peuple des pâtisseries, avec des feuilles de chêne, des fleurs, et des étoupes enflammées. A Rouen, ceux qui avaient cette charge étaient les gens du trésorier. Ils se tenaient dans les promenoirs inférieurs de la tour de l'église, et dès que l'officiant entonnait le *Veni Creator*, ils lançaient leurs projectiles au pied du crucifix, et autant que possible au-dessous du chœur. Au *Gloria in excelsis*, ils lâchaient des oiseaux ayant des *nieules* attachées aux pattes, et cela jusqu'au moment où on chantait l'évangile. La dépense était supportée moitié par le trésorier, moitié par le chapitre.

Là où il n'y avait pas de tours, la manne bienfaisante était lancée du haut des voûtes :

Ainsi que l'on gettoit des *oblyes* des voultes de l'église de Hauraincourt en bas, comme l'on a accoustumé faire audist jour de Penthecouste en plusieurs églises.

(*Lettres de rémission* de 1446.)

Les mêmes largesses pieuses avaient lieu à la table des communautés d'hommes et de femmes, non-seulement à la Pentecôte, mais aux douze principales fêtes de l'année, ainsi qu'il est rapporté dans le *Chronicon Gemblacensis Monasterii* (*Spicileg.*, t. VI, p. 534). Aux oublies on ajoutait des gâteaux, *placentas*, et d'autres friandises, *cum aliis bellariis*, parmi lesquelles, selon toute apparence, figuraient les crêpes, les gaufres et enfin les beignets. Mais ici la distribution en était faite avec décence ; on y mettait un peu plus de façon que dans l'église.

Ces détails ont leur importance. Ils répandent, selon moi, quelque lumière sur l'origine du proverbe : *manger des beignets après la Pentecôte* ; ils l'ennoblissent, si je l'ose dire, en empêchant qu'il ne soit qu'un plat et sot calembourg. En effet, la seule assonance de *bigne* et de *bignet* n'aurait pas le pouvoir de nous faire accepter ce jeu de mots, si d'ailleurs les circonstances que je viens d'indiquer ne lui donnaient en quelque sorte une valeur historique.

TUMER. — Il se dit principalement d'un œuf dont le contenu déborde, lorsqu'on y trempe la mouillette ; il se dit aussi de l'eau en ébullition, quand elle s'échappe du coquemar, et généralement de tout liquide qui coule par-dessus les bords d'un vaisseau trop étroit pour le contenir tout entier. Comme dans le vieux français, auquel il appartient, il est à la fois actif et neutre. « Prends garde, tu vas *tumer*, » dit la mère à l'enfant qui tourmente son œuf avec sa mouillette.

> Il a pris ung martiel qu'avecques lui porta,
> Et va férir Ricart qui de lui se garda ;
> Ly martiaus est chéus, et Goulias *tuma*.
>
> (*Godefroid de Bouillon*, v. 11231.)

Sire, ce dist Tangrès [1], c'est cieux qui vous jousta
L'autre jours bien priès d'Acre, dou ceval vous *tuma*.

(*Godefroid de Bouillon*, v. 24860.)

M. Mignard a raison de dériver *tumer* du latin *tumera*. *Tomber* en vient aussi, qu'on a écrit tour à tour *thumer*, *thumber* et *tumer*, et que les Provençaux emploient encore *activement*, comme quand ils disent, *tomber quelqu'un*. *Tumer* est la prononciation de ceux qui ne sont point enrhumés du cerveau. On sait en effet que le propre de cette indisposition est de supprimer le *b* après l'*m*, comme aussi de changer le *v* en *b*. « Je suis *enrhubé du cerbeau*, » dit le patient. Mais cette remarque était inutile; elle trouvera son emploi quand les effets du coriza seront des règles de grammaire.

Il faut remonter au sanscrit pour trouver la racine de *tumer* ou *tomber*. C'est *dhû* qui correspond à *thu*, et qui signifie mouvoir, lancer. *Dhû* a fait *dhûmas*, vapeur, fumée, lequel a fait en grec θυμὸς, colère, c'est-à-dire fermentation de la bile et agitation du sang. On calme l'un et l'autre, en déchargeant sa colère, en laissant *tumer* le cœur.

1. Tancrède.

CHAPITRE XVIII.

CAFIGNON. — Sécrétion des oreilles et des pieds.

L'érudition n'est pas comme l'abeille, qui compose son miel des fleurs les mieux *fleurantes* et les plus délicates; elle prend sa substance à peu près partout, et n'est pas difficile. Aussi le miel qu'elle pétrit est-il rarement apprécié des gourmets de la littérature. Il est la médecine qui purge le malade, comme elle est le médecin qui n'a pas de dégoûts. *Cafignon* est de son ressort. Ce mot est dit vulgairement pour *escafignon*, dont les significations sont nombreuses, et dont la plus ancienne est escarpin, pantoufle ou chausson.

<blockquote>
Il convie à son enterrement les colléges d'hommes séculiers, réguliers et mendiants, pour conduire la charogne, le jour que son cœur sera porté à Saint-Vincent.... Il donne à l'abbaye le rocher (rochet) de Monsieur Saint-Pierre de Luxembourg avec son *escaffignon*, et d'autres reliques qui sont dans son estrade.

(*Testament de Philippe de Luxembourg, abbé de saint Vincent du Mans*, dans le *Dictionnaire topograph. et historiq. de la Sarthe*, par M. Pesche; t. V, p. 680.)
</blockquote>

On n'est pas sans avoir senti plus d'une fois dans le monde, et là même où se réunissent les gens bien élevés, certaine odeur chaude et nauséabonde qui vient de bas en haut, s'exhale par bouffées et domine de temps en temps toutes celles dont se charge l'atmosphère, partout où il y a agglomération d'individus ; cette odeur est l'effet d'une émanation dont le siége est aussi bien dans la botte du gendarme que dans le soulier de satin de la petite maîtresse. On appelait cela autrefois *sentir l'escafignon; puzzar di scapino*, comme disent les Italiens. Il n'y a rien de plus insupportable que cette odeur, si ce n'est l'ignorance où paraissent être de ses propriétés ceux qui la rendent et la promènent partout. Il n'est parfums ni eaux qui puissent la combattre ; l'unique moyen de s'en garantir est de s'en aller. Elle prend son plus grand développement dans les casernes et dans les corps-de-garde, et c'est contre ses excès qu'un règlement de la garde bourgeoise, au temps de la Fronde, et de l'armée du parlement prescrivait ce qui suit :

Art. IX. Tout bourgeois ou soldat qui se trouvera indiscret jusqu'au point de roter, péter ou pisser dans le corps-de-garde, qui s'y *déchaussera*, sans le congé du caporal, doit payer l'amende, quoiqu'il n'ait *déchaussé* qu'un de ses souliers.

> (*Règles générales et statuts militaires qui doivent être observés par les bourgeois de Paris et autres villes de France, dans la garde des portes desdittes villes et fauxbourgs.* Paris, 1649, in-4°.)

Vers la même époque, les inconvénients du *gousset* se faisaient assez sentir chez les hommes pour que Scarron, qui en souffrait, en fît la remarque. En revanche, il se louait fort du gousset des dieux :

> Or, comme le *gousset* des hommes,
> Au moins dans le siècle où nous sommes,
> Put le plus souvent un peu fort,
> Et quelquefois plus qu'un rat mort,
> Il estoit des dieux au contraire ;
> Leur *gousset* ne faisoit que plaire,
> Et leur aisselle n'exhaloit
> Qu'odeur qui le nez consoloit.
>
> (*Triphon*, chant IV.)

On a cessé d'appliquer le nom d'*escafignon* au chausson ou à la pantoufle; il est devenu, mais décapité, celui de « la puanteur qui, dit Richelet, vient des pieds de certaines gens lorsqu'ils ont trop marché l'été, »et celui des sécrétions du tympan. Il signifie de plus, en patois du Puy-de-Dôme, un petit coin, un recoin; en picard, un trognon de fruit, et par extension, un enfant chétif, une chose petite : c'est aussi un terme de tendresse donné aux enfants. On ne peut s'éloigner davantage de la signification primitive. On s'en rapproche dans le patois du pays de Bray, en Normandie, où le *cafignon* est la corne qui termine les pieds des vaches, chèvres, cochons, etc.

« Je ne doute point, dit Ménage, qu'*escafignon* n'ait été fait de *scarpinus : scarpinus, scapinus, scapino, scapinonis, scapinone, escafignon:* » C'est simple comme bonjour, et faux comme un jeton.

Ce mot vient du grec σκάφιον, pris dans Pollux (X, 3) pour le *vas muliebre* que les Latins appelaient *scàphium*.

>   Aspice quo gemitu monstratos perferat ictus,
>   Et quanto galeæ curvetur pondere, quanta
>   Poplitibus sedeat, quam denso fascia libro,
>   Et ride, positis *scaphium* cum sumitur, armis.
>   (JUVÉNAL, IV, v. 264.)

Vois avec quel plaintif effort elle assène les coups qu'on lui montre, sous quel casque pesant elle courbe la tête, comme elle se tient ferme sur le jarret, le sein couvert d'une épaisse cuirasse? Et ris, lorsqu'elle détache son armure pour prendre son pot de chambre.

On en faisait d'argent et d'or même, et dans les testaments, ils étaient, comme les bijoux et les pierreries, l'objet de legs particuliers aux personnes à qui l'on voulait laisser une marque de sa considération ou de son amitié. Mais la loi, selon Ulpien, ne leur faisait pas l'honneur de les assimiler à l'argent monnayé ni aux médailles; elle les considérait comme meubles meublants :

Argento legato non puto ventris causâ habita scaphia *contineri, quia argenti numero non habentur.* (*Digest.*, l. XXXIV, tit. II, c. 27, éd. de 1663, in-f°.) *Sed sunt suppellectilis,* ajoute Pithou.

Martial fait honte à une coquine fameuse de son temps de mettre plus de luxe dans cet ustensile que dans son verre à boire, et à un raffiné dont il tait le vrai nom, de briser un Mentor ou vase ciselé par cet artiste célèbre, pour donner le même luxe à sa maîtresse :

> Ventris onus misero, nec te pudet, excipis auro,
> Bassa, bibis vitro, carius ergo cacas.
>
> (I, 38.)
>
> Te potare dent gemma qui Mentora frangis
> In *scaphium* mæchæ, Sardanapale, tuæ.
>
> (XI, 11.)

Mais « quand on a un pot de chambre d'argent, dit un proverbe champenois, les bords en sont minces; » pensée profonde qui veut dire que lorsque le goût du luxe s'étend jusqu'aux objets dont on ne peut faire montre en tout temps et à la face de tout le monde, il y a toujours dans ces objets quelque côté par où l'on voit qu'on a lésiné sur la matière ou sur la façon.

Le nom donné à ce vase, en grec comme en latin, lui vient évidemment de sa ressemblance avec un bateau, σκάφη, dont σκάφιον est le diminutif, et *scapha*. Il a conservé cette forme, comme on peut s'en assurer chez les marchands de faïence qui l'exposent pêle-mêle avec les pots à confitures. Il a même une petite anse qui rappelle le gouvernail d'un batelet.

Σκάφιον ou *scaphium* avait bien d'autres significations. C'était un vase à boire (Aristoph., *Thesm.*, 640; Plaute, *Pers.*; Cic. *Verr.* VI); une espèce de tonsure, de taille des cheveux en rond, à l'usage des courtisanes (Hésychius); la tête elle-même (Aristoph., *Ornith.*, 807). C'est de là sans doute qu'est venu notre mot *escoffion*, terme populaire qui se dit des femmes mal coiffées, et en beaucoup de pays de la coiffure elle-même : « Les harengères qui se querellent, dit le dictionnaire de Trévoux, s'arrachent leur *escoffion*. » C'était encore une pioche dont se servaient les athlètes pour s'exercer (*Schol. de Théocrite*, IV, 10); un vase qui marquait les heures, peut-être une espèce de clepsydre ou de sablier (Mart. Capella); une roue d'une seule pièce et sans rayons (Vitruve), etc., etc., toutes significations aussi nombreuses que contradictoires.

Les Italiens, au moyen âge, appelaient *scofoni* une espèce de chaussure (Murat. *Antiq. ital.*, t. II, col. 432) qu'on désignait en bas latin sous le nom de *scuffones* ou *scaffones*. Je ne pense pas qu'*escaffignon* en vienne, comme le dit Carpentier; je persiste à croire qu'il vient de *scaphium*, qu'on prononçait jadis *escaphium*, et qui est devenu *escaphignon*, puis *escafignon*, par le peu d'effort qu'il en coûte à la langue pour passer de l'articulation *ium* à celle d'*ignon*.

PISTOLET. — Chacun sait qu'on appelle ainsi un homme sans tenue, sans consistance, ou dont on fait peu de cas, un importun, un fâcheux, un mauvais plaisant, quelquefois un original. On dit : c'est un drôle de *pistolet*. Je ne vois pas l'analogie qui existe entre ce personnage et un pistolet, ni comment on peut l'assimiler en idée à cette arme à feu. On peut dire tout au plus que ce que le pistolet est au canon, ce personnage l'est à un homme d'importance et de poids ; mais cette découverte étant juste au niveau des efforts qu'on a déployés pour la faire, est immédiatement au-dessous de rien. Il est donc inutile de s'en prévaloir.

Remarquons d'abord qu'il y a trois cents ans moins quelque chose, en 1569, Henri Estienne a presque prédit l'emploi singulier qu'on fait aujourd'hui de ce mot. Il critique la manie de son temps, d'emprunter des mots à l'étranger et d'en faire des applications ridicules, puis il ajoute :

> A Pistoye, petite ville qui est à une bonne journée de Florence, se souloyent faire de petits poignards, lesquels estants par nouveauté apportez en France, furent appelez du nom du lieu premièrement pistoyers, depuis pistoliers, et en la fin pistolets. Quelque temps après estant venue l'invention des petites harquebuses, on leur transporta le nom de ces petits poignards. Et ce povre mot ayant esté ainsi pourmené longtemps, en la fin encores a esté mené jusques en Espagne et en Italie, pour signifier leurs petits escus. Et croy qu'encores n'a-t-il pas faict, mais que quelque matin les petits hommes s'appelleront *pistolets* et les petites femmes *pistolettes*.
>
> (*De la conformité du langage français avec le grec*; préface, f° iij ; édit. de 1569.)

Si aujourd'hui l'on n'appelait ainsi effectivement que les petits hommes, la prédiction d'Henri Estienne serait accomplie. Mais il n'en est pas ainsi, et sa prédiction ne s'accomplit pas, ni de son temps, ni même un siècle plus tard. On ne trouve en effet ce mot ainsi entendu ni dans Nicod, ni dans Cotgrave. Si d'ailleurs la petitesse n'est pas un obstacle à cette appellation, elle n'en est pas la cause première, et l'idée que nous nous faisons d'un *pistolet* porte sur le caractère et les mœurs de l'individu, et non sur sa stature. Je crois donc que sans songer aucunement à Henri Estienne ni à sa prophétie, nous avons tiré l'expression dont il s'agit d'une autre source, et cette source est *prestolet*. Comme *pistolet*, *prestolet* implique une idée de dénigrement et de mépris.

> Ce petit pédant *prestolet*
> . . . . La bile excite,

a dit Voltaire. Mais *pistolet* est d'une acception beaucoup plus étendue; car si ce mot ne s'applique plus exclusivement, comme *prestolet*, aux membres du clergé d'une conduite légère, il va directement à l'adresse de tous les originaux et fâcheux, à quelque condition qu'ils appartiennent.

Ce n'est guère qu'à la fin du dix-septième siècle qu'on a dit *prestolet*. On disait auparavant *prestolin*.

Ce que voyant un colporteur, il dit à l'espicier, en riant : « Vous avez donné le fait au *prestolin*; le voilà penaud comme un fondeur de cloches.

(*Les Contens et Mescontens sur le sujet du temps*, dans le t. V, p. 344, des *Variétés*, etc. édit. Jannet.)

Nous rencontrerons quelque garce
En équipage masculin,
Qui, suivant quelque *prestolin*,
Nous donnera sujet de farce.

(SAINT-AMANT. *Rome ridicule*, stance 76.)

Prestolet ou *prestolin* est, de l'avis de quelques-uns, un diminutif de *prêtre* ou *prestre*, comme on l'écrivit d'abord. Cette opinion est soutenable. Je dois pourtant tenir compte de cette autre qui faisait venir *prestolin* de *prestolant*, mot encore en usage au seizième siècle, et rendu, dans Cotgrave par *a steward, or overseer*, économe ou surintendant. Certains ecclésiastiques, dans les communautés régulières et séculières, exerçaient en effet les fonctions attribuées à cette sorte d'officiers, primitivement laïques.

Oudin, dans son *Dictionnaire italien*, traduit *prestolant* par *podesta*. Cela me rappelle que *præstula*, en basse latinité, signifiait un morceau de parchemin suspendu par un fil ou autrement à une charte, et sur lequel on appliquait le sceau. De *præstula* on a fait *præstulanus*, d'où *prestolant*, ou le juge ou intendant qui met son sceau sur la minute d'un arrêt ou d'une pièce quelconque émanée de la justice seigneuriale.

Je ne m'explique pas pourquoi *prestolus* n'est ni dans Ducange ni dans ses additions. Ce mot appartenait évidemment à la langue de l'Église ; l'exemple suivant, tiré de Bonav. Des Perriers, en est une preuve.

Or çà, dit-il, vos régents de Paris sont grands latins. Que je voye comment ils vous ont apprins. Puis que vostre père veut vous faire prestre, j'en suis bien aise; mais dites-moy un peu en latin un *prestre;* vous le debvez bien sçavoir ? — Le jeune filz luy respondit *sacerdos.* — Eh bien, dit le curé, ce n'est pas trop mal dit; car il est escrit : *Ecce sacerdos magnus ;* mais *prestolus* est bien plus élégant et plus propre ; car vous sçavez bien qu'un prestre porte l'*étole.*

(*Contes et joyeux Devis;* nouvelle XXIII.)

Cette étymologie est donnée par un curé de village ; elle n'en est pas moins une preuve qu'on traduisait au treizième siècle, prêtre, par *prestolus.* D'où *prestolinus* et naturellement *prestolin.*

ÉCLOPÉ. — On dérive ce mot de *claudus,* parce qu'il signifie la même chose, et parce qu'ils ont l'un et l'autre une syllabe qui sonne de même. Mais *éclopé,* qu'on écrivait autrefois *esclopé,* ne viendrait-il pas plutôt d'*esclop*, chaussure en bois ou sabots.

La langue romane disait *esclau,* pour trace, vestige, chemin. (Voy. Raynouard) ; on a dit ensuite *esclos ;*

> A la terre l'a jus geté,
> Et Ysengrin l'a regardé
> Qui près d'ilec le porsivoit
> Pour veoir que Renart feroit ;
> Renart s'en fuit tous les galoz,
> Et li vilains sieut les *esclos.*

(Le roman du *Renart,* v. 7895.)

Dans une charte de 1341, *esclos* est écrit *esclops* et signifie déjà des sabots:

Ils tirèrent desdites forêts des arbres de haute futaie, des poutres, des chevrons, des lattes, et autres matériaux nécessaires à la construction de maisons, de cabanes, de tonneaux, de coffres, d'*esclops*[1].

Si l'on pouvait douter du sens d'*esclops* dans ce passage, en voici d'autres qui ne laissent pas d'équivoques :

Giraut Germer se party du village de Fagiole, et s'en tira avec ses *esclops* ou solliers de bois chaussés. »

(*Lettres de rémission* de 1457.)

Si vos chartiers et nautonniers amenans pour la provision de vos maisons, certain nombre de tonneaulx, pipes et bussars de vin de Grave, d'Orléans, de Beaulne,... les avoyent buffetez et beus à demy, le reste emplissans d'eau, comme font les Limosins a belz *esclotz*,... comment en osteriez-vous l'eau entièrement ?

(RABELAIS, III, ch. LII.)

A *belz esclotz* est à pleins sabots.

Ils firent tant qu'ils le firent approcher d'un grand monceau de souliers de bûche, *alias* de sabots qu'ils disent en ce pays-là des *esclops* (si bien m'en souvient), lesquels *esclops* ils sont pointus par le bout pour la braveté.

(*Contes et joyeux devis*, de Bon. Des Perriers, 81.)

Avant l'invention des socques supplantés déjà depuis longtemps par la galoche en caoutchouc, on portait encore des *esclots*, à pointe relevée, *pour la braveté*, et ornés d'un nœud de ruban noir sur le coude-pied. Les dames surtout en faisaient grand usage. C'était le sabot perfectionné ; car outre le nœud de ruban, il se ployait au milieu, au moyen d'une articulation en cuir. J'ai vu cette chaussure coquette, mais je n'en ai point usé. Il me semblait préférable de marcher avec des souliers, et

---

1. « Item fustes, trabes, cabirones, latas et alia necessaria ad « ædificandum domos et cabanas, vasa vinaria, arquas, *esclops*.... « de dictis nemoribus et forestis acceperunt. » (Ducange, au mot *Esclava*.

j'eusse aimé mieux, je crois, marcher sans eux, c'est-à-dire, sur la *chrétienté*, que de chausser ce préservatif incommode contre l'humidité. Plus d'un ont failli s'y rompre le cou, et c'est là que je voulais en venir.

Quiconque, faute de souliers, ou par goût porte des sabots, quiconque, de peur de s'enrhumer, a porté des *esclops*, sait combien il est difficile de garder son équilibre, avec cette chaussure, et qu'on y est à peu près aussi solides que sur des échasses. On y va quelque peu du pas d'un ivrogne, cahin-caha, *clopin-clopant*, ayant pour tout dire, non pas seulement l'air, mais la chanson d'un *éclopé*.

LABRAX. Tetigisti acu.
GRIPUS. Videtur digna forma.
(PLAUTE. *Rudens,* act. V, sc. II.)

Nonobstant la vraisemblance de cette étymologie et l'approbation qu'y donnent Labrax et Gripus, quelques-uns, je le répète, dérivent *éclopé* de *claudus*, parce que l'un et l'autre signifient la même chose, et parce qu'ils ont le radical qui sonne de même. Si cela est vrai (et c'est au lecteur à en décider) *éclopé* viendrait du sanscrit, puisque *claudus* en vient. *Khaul*, en sanscrit, est chanceler, boiter, et *khaulas* et *khaulitas*, boiteux. Les Grecs en ont fait χωλός et χωλόθεις, et les Latins *claudus*.

DÉGINGANDÉ. — On le dit d'une personne dont le pas est mal assuré et les reins faibles, qui se balance comme le pendule, qui a l'air tout disloqué. Le Duchat, avec quelque apparence de fondement, fait venir ce mot du latin *de qua hinc*, *de qua hac*, et de l'italien *andare*. Soufflons sur cette étymologie, et elle s'évanouira. Car sans parler du latin qui sort de la cuisine de Le Duchat, comment admettre que dans le temps où cette expression fut introduite, et où l'on se contentait d'emprunter un mot à une langue ou à l'autre, et non pas à deux à la fois, on ait imaginé une combinaison si savante et si laborieuse, pour former celui-là? Les combinaisons de ce genre appartiennent à un langage plus raffiné, et sont par conséquent modernes. Or, on peut, sans être téméraire, faire remonter *dégingandé* au quinzième siècle. On écrivait alors *déguenguandé*. Rabelais dit *déhinguandé*. C'est cette forme qui aura suggéré à Le Duchat son *de qua hinc*. *De hinc* eût suffi ; on se demande pourquoi ce *qua*.

Roquefort donne *déguenguandé*, et l'explique par délabré, en mauvais état. Il ne cite pas d'exemple. Rabelais l'entend de même. Il dit, en parlant de l'effet produit par le contact d'un feuillet des Décrétales :

« Je me donne à tous les diables, si les rhagadies (gerçures) et hémorrhoïdes ne m'advinrent si très horribles que le pauvre trou de mon clouz bruneau en feut *déhingandé*.

(Liv. IV, ch. LII.)

Mais ce sens, pour n'être pas exactement celui que le mot a reçu et qu'il conserve en vertu de son origine, n'en est pas très-éloigné, puisque l'effet indiqué par Rabelais, ne peut être autre chose qu'un délabrement, ou relâchement excessif des fibres de la partie lésée.

Le radical de ce mot est, ou le roman *guandia*, *guanda* et *ganda*, au figuré, tromperie, tergiversation, détour ; au propre, tout mouvement de côté pour s'esquiver ; ou *guanche* et *guenche*, mêmes significations ; ou c'est de l'un et l'autre à la fois. Les verbes *gandir* et *ghenchir* ou *guencher* sont les verbes correspondants à ces substantifs.

Uncor douta Ernout mil tanz
Li traïtres, li soduianz,
Qu'or est il certains de morir,
Ne or ne sait il mais ù *gandir*.

(*Chronique de Normandie*, v. 17942.)

Hannequin de la Wagne, chaudrelier, cuida et voult estochier et férir ledit Jehan d'un coutel, s'eschiva et *ghenchit* ledit Jehan.
(*Lettres de rémission de* 1365.)

Il s'agit dans ces deux exemples de l'action de s'incliner, d'éviter, de s'esquiver, en se jetant à droite ou à gauche, par un mouvement prompt, et pour ainsi dire, irréfléchi :

Si que il ne *guenchi* ne à destre, ne à senestre.
Non declinavit *ad dexteram sive ad sinistram.*
(*Livre des Rois*, p. 423.)

Notre mot *gauchir* vient de là; il n'a que le sens figuré.

Un ministre veut m'enrichir,
Sans que l'honneur ait à *gauchir*.
(BÉRANGER.)

C'est au contraire et seulement du sens propre de *guencher* ou *guenchir* que participe *dégingandé*.

L'ancien haut allemand *wankjan, wenkjan,* si ce n'est *wachón* pencher, chanceler, est probablement l'auteur de *guencher*.

Guinchois formé de *guenchi*, a produit *guingois, guingoy;* à moins qu'on ne préfère dériver *guingoy* de *guigner,* lequel procède lui-même de *guincher*.

On disait donc, *regardeir de guingoy*, pour regarder de côté; *voiser de guingoy*, pour aller de ci, de là, en se dandinant. *Guinguoy* s'est métamorphosé en *guinguant*, qui est dans Coquillart. Peu à peu, la préposition *de* s'est fondue dans le mot qu'elle régissait, et *de guinguant* est devenu *deguingant*. Mettez un *d* à la place du *t* final, et vous avez une espèce d'adjectif, d'où est éclos naturellement le verbe *déguingander*, actuellement *dégingander*.

Mais le *dégingandement* se manifestant surtout par le jeu des jambes dont la longueur démesurée, où la faiblesse oblige à se balancer, à s'épanouir en quelque sorte, quand on marche, ce défaut a fait croire que le radical de *dégingandé* pouvait bien être *gigue*, synonyme populaire de jambe, d'autant plus que *dégiguenandé* est fort en usage dans certains patois du Centre. Je ne repousserais pas cette opinion, si j'avais la preuve que *gigue* était dit pour jambe, antérieurement à la création de *dégingandé*. Mais cette preuve n'existe pas. On voit seulement que, dès la plus haute antiquité de notre langue, la *gige* était un instrument de musique :

> Si ama biaus déduis de bos, de caurie,
> Harpe, viole et rote, et *gige*, et cinfonie,
> Et aultres estrumens, et doulce mélodie.
>
> (Le roman d'*Alixandres*, dans la *Légende d'Alexandre le Grand*, par le comte de Villedeuil, p. 19. Paris, 1853, in-12.)

Ferrari pense que c'était une sorte de flûte. Mais dans le Dante (*Parad.* IV, st. 40), la *giga*, comme elle est nommée, est un instrument à cordes. C'est peut-être le même que celui qu'on appelle en allemand *geige*, *geigen*, violon à quatre cordes.

Quoi qu'il en soit, il faudrait que, à une époque qu'on ne peut déterminer, mais qui doit remonter assez haut, on ait donné aux jambes le nom de l'instrument qui servait à faire danser, et qu'on les ait appelées *giges* ou *gigues*, de la même manière qu'on les appelle *flûtes* aujourd'hui. Dans ce cas, *gige* pourrait avoir produit *dégingandé*. Mais, je le répète, je n'en vois aucunes preuves. D'ailleurs la *gigue* était et est encore une espèce de danse avec accompagnement.

Si l'on était moins curieux qu'on ne l'est aujourd'hui, et si l'on voyait chaque mot en lui-même avec la même indifférence que les arbres, par exemple, dont la vue réjouit, sans qu'on s'inquiète de celui qui les a plantés, on pourrait croire, le jour où l'on s'aviserait de chercher la cause des noms, que le nôtre est né d'un mot d'hier, mot qui est le titre et qui indique le sujet d'un roman dont la publication est encore récente. Ce mot est *gandin*. Celui-là du moins le croirait qui, sachant sa langue comme on la sait quand on ne l'a jamais étudiée, voudrait un jour après boire, trancher de l'érudit, proposerait des étymologies à découvrir, et donnerait pour son compte celle de *dégingandé*. Il ne manquerait pas de dire que, comme les *gandins* ou habitués du boulevard de Gand, sont débraillés dans leurs mœurs, flageollants dans leur démarche, irréguliers et brusques dans tous leurs mouvements, ce sont eux sans doute qui ont donné lieu à l'épithète de *dégingandé*, laquelle indique, ou à peu près, tout cela. Ainsi parlerait notre homme. Mais nous voilà, je pense, bien avertis.

CHOSE. — Quand on n'a pas la mémoire des noms propres (ce qui est l'infirmité de quelques personnes), ou, quand on ne veut pas l'avoir (ce qui est la manie de beaucoup d'autres), on se sert communément de ce mot pour désigner l'individu qu'on ne peut ou qu'on ne veut pas nommer. On se rappelle sans doute que, dans une séance de l'ancienne Chambre des députés, un ministre du roi, interpellé par un orateur, dont il ne savait ou ne voulait pas savoir actuellement le nom, lui dit : « Je répondrai à Monsieur... » Il s'arrête à ce mot, puis reprend et ajoute : « Comment vous appelez-vous? » Évidemment, il s'en fallut de peu qu'il ne dit M. *Chose*. Mais sa réticence et la question qui la suivit, n'étaient qu'un détour pour ne pas le dire.

Ce n'est pas d'aujourd'hui qu'on emploie cette expression, et pour le même objet :

Parlons bas, *chose* nous écoute.
(Comédie *des Proverbes*, act. III, sc. VI.)

> Mais pourquoy fusse que sortis
> Du logis *chose?* J'en partis
> Pour ung petit de fantaisie.
> Sur moy y avoit jalousie.
>
> (*Le Caquet des chambérières*, dans les *Anc. poés. franç.*, t. I, p. 80, édit. Jannet.)

On désignait encore ainsi deux objets qu'il est inutile d'appeler de leur nom :

Ledit Adin luy dist plusieurs paroles injurieuses, entre lesquelles il le envoya à la *chose* de sa p.... de mère.

(*Lettres de rémission* de 1376.)

L'euphémisme est de bon goût, mais l'insulteur n'eut pas mal fait de l'appliquer au mot que j'ai laissé en blanc.

Robe, vertu de ma vie, fit Philippot, par la dague *Saint-Chose*, s'il faut que Martin baston trotte!

(Noel Dufail. *Propos rustiques*, ch. xi.)

La *chose de par Dieu* était l'amour :

Lambert. Doncques, Hélaine est vostre femme?
Philippes. Ouy, Hélaine est ma femme.
Lambert. Vous croiray-je?
Philippes. Oy, si tu veux, et te dy que j'ay faict laquelle *chose de par Dieu*.

(Larivey. *Le Morfondu*, act. V, sc. iii.)

Machin, Machine. — Échappatoires de la même espèce que le précédent. C'est, suivant moi, un vieux mot français dont le son s'est corrompu et le sens détourné. On disait *meschin, moischin,* pour jeune valet, jeune homme ; et *meschine, moischine,* pour jeune servante, jeune fille :

> Le Loherans fu a l'eschole mis,
> Tant comme il fu jovenciax et *meschins*....
> Alés en fuerre, s'il vous plaît, le matin
> Si vous sivrons et donzel et *meschin*.
>
> (Le roman de *Garcin le Loherain*.)

Une pucele ama un valet tant que ele promist par sa foy que ele le prendroit a mari. Li parent a la *moischine* qui ne le voloient mie, distrent qu'il avoit entre aus parenté, et issi les firent despartir.

(*Li Livres de jostice et de plet*, X, ch. 1.)

> Je viens tout droit d'une maison
> Où j'ay veu, dedans la cuisine,
> Ung galant avec la *meschine*.
>
> (*Sermon fort joyeulx pour l'entrée de table*, dans le t. II, p. 148, des *Anciennes poésies françoises*, édit. Jannet.)

Il me paraît hors de doute que *machin* et *machine* viennent de là. La preuve, c'est qu'aujourd'hui, lorsqu'on interpelle un jeune homme, dont on ne sait pas le nom, on lui dit familièrement *jeune homme*, apostrophe qui est la traduction exacte de *moischin* ou *machin*.

Ce serait donc se tromper que de croire que *machin* et *machine* peuvent être dits par métaphore. En tout cas, la métaphore n'aurait lieu qu'au regard de *machine*. Une machine quelconque est en effet un objet palpable, et sa signification qui ne convient qu'à ce mot, n'est transportée à l'individu qu'en vertu d'une comparaison qui se fait dans l'esprit. On dit donc bien d'un homme sans énergie, sans spontanéité : c'est une *machine*; on ne pourrait pas dire : c'est un *machin*, n'y ayant pas d'objet de ce nom auquel on puisse mentalement le comparer.

Quant à l'étymologie de *meschin*, on la tire, ou de l'arabe *miskin*, ou du chaldéen *mesken*, ou du syriaque *meschino*, ou de l'italien *meschino*, qui tous ont la signification de misérable.

Les misérables, à l'origine de notre société, étaient surtout les serfs, et *serf* et *mesquin* étaient synonymes. *Meschinus*, en bas latin, a positivement cette signification : *Do et concedo S. Juliano illos sex* mesquinos *quos habeo in Binies*, dit Ducange, d'après les *Antiquités navarraises*. Il a un sens général dans cette traduction provençale d'un passage de l'Apocalypse, 3 : « Tu es caitius, e *mesquis*, e paubres, e cex, e nuts » — *Tu es miser, et* miserabilis, *et pauper, et cœcus, et nudus.* Si le nom de *mesquin* ou *meschin* a été donné aux serviteurs et aux servantes, c'est qu'ils étaient de condition servile, et même quand cette condition s'est adoucie, le nom leur est resté. Les Picards disent encore une *méquaine*, pour une servante.

Moustique. — Espèce de moucheron très-commun dans les régions équinoxiales. C'est un mot que nous avons emprunté à la langue espagnole, en changeant de place ses deux dernières syllabes, et en lui donnant la terminaison de l'e muet, à la française. Les Espagnols disent *mosquito*. L'origine de ce mot est donnée par Isidore et Papias. C'est *mustum*, moût de vin, selon Isidore, parce qu'on croyait que cet insecte naissait dans le moût. De *mustum* on a fait *mustio*. Cette étymologie est absurde. La vraie et la bonne est le sanscrit *maksika*, forme que l'espagnol a à peine changée. Papias, qui avec plus de raison fait dériver moustique de *musca*, ajoute qu'on appelait aussi cet insecte *bibio*, apparemment parce qu'il *boit* la substance de laquelle il est né. Jean de *Janua* le dit positivement : « *Muscio* comme *mustio*, observe-t-il, et aussi *bibio*, parce qu'il boit le moût. » — Muscio *dicitur quasi* mustio, *quod mustum bibat, item et* bibio. Il boit aussi notre sang ; il fait l'essai de nos sauces, et il nous dirait, s'il pouvait parler, quel en est le goût. Il est cousin-germain du cousin, ou plutôt, c'est le cousin lui-même.

Quand il vole autour de l'homme, c'est aux yeux qu'il paraît en vouloir ; on en éprouve comme de légers vertiges. S'il parvient à y pénétrer, la douleur qu'il cause et l'impossibilité où l'on est de le déloger nous donnent des accès de colère. Pierre de Blois, dans son vingt-troisième sermon, en parle ainsi métaphoriquement :

> Chacun de nous sait par expérience quelles boissons empoisonnées l'ancien serpent verse dans l'alvéole de notre esprit, quelles diverses et vaines images il fait apparaître dans la chambre de notre cœur. Ces images, comme de tout petits *bibons*, volent aux yeux de l'esprit même ; bien plus, elles poursuivent les ministres du Seigneur jusqu'à l'autel du Dieu des vertus, afin qu'ils chassent ou n'aient plus que confusément le souvenir de Jésus crucifié.

Un *bibet*, en normand, selon Colgrave, est un moucheron ; un *bibiss*, en wallon, est un pou. Mais les deux font la paire. L'un et l'autre sont munis de pompes aspirantes qui ont le même objet, la succion du sang humain, et s'ils diffèrent de nom, ils méritent du moins et ont reçu le même sobriquet.

Je me rappelle à ce propos qu'il existe au Mexique, sur les côtes de l'Amérique centrale et dans les Guyanes, une mouche dont la plupart des traités d'entomologie ne font pas mention, et qui est cependant mille fois plus terrible que le moustique, la guêpe, ou que tout autre diptère. Cette mouche a pour l'homme une fâcheuse prédilection, ce qui lui a valu le nom de *mosquitto matasano* dans les pays espagnols et « mouche hominivore » dans la Guyane française. Elle pond ses larves dans le nez des hommes endormis, et c'en est fait de ceux qui ont eu l'imprudence de s'exposer à ses atteintes. Ils ressentent en s'éveillant un fourmillement léger auquel succèdent

---

1. « Novit enim unusquisque nostrum et in libro experientiæ « didicit quam venenificas potiones serat in alveolo mentis nostræ « serpens antiquus, quam varias et inutiles rerum imagines in « thalamo cordis nostri depingat, quæ tanquam minutissimi *bibones* « in oculos ipsius mentis involant, imo et ministros Dei usque ad « altare Domini virtutum prosequuntur, ut brevem ibi memoriam « Christi in cruce pendentis abjiciant vel conturbent. »

bientôt des douleurs qui, vingt-quatre heures après, deviennent intolérables. Les patients les comparent à des coups de marteau qu'on leur assénerait sur le front. Enfin, les vers rongent et percent les téguments de la face et se répandent en fourmillant de tous côtés.

Le docteur Manuel Forges raconte, dans la *Gaceta de Guatemala*, qu'il a vu plus de dix de ces infortunés condamnés à être dévorés vivants. Ils ont succombé, dit-il, après plusieurs jours d'effroyables tortures, malgré les soins les plus empressés et les remèdes les plus énergiques.

Cette mort affreuse rappelle le supplice des auges, qu'infligent encore assez fréquemment à leurs prisonniers de guerre les sauvages de la Corée et de la Mantchourie. Ils couchent en plein soleil le condamné entre deux auges, laissant sortir par des échancrures la tête, les mains et les pieds, qu'ils enduisent de miel. Des essaims de mouches arrivent bientôt et pondent leurs vers. L'agonie du malheureux ainsi exposé commence le lendemain et dure souvent douze ou quinze jours. Lorsqu'on enlève l'auge supérieure, on trouve ses entrailles totalement rongées et transformées en un mélange hideux de débris putréfiés et de myriades de vers.

Je reviens à notre mouche. C'est son impudence et son importunité qui ont fait appeler *mouchards* les curieux, les effrontés qui se fourrent partout, mettent le nez dans tout, et qui sans s'arrêter à l'épiderme, vont droit aux nerfs de leur victime, et la tuent moralement. Il est question des premiers dans ce passage :

C'est sur ce fameux théâtre des Tuileries qu'une beauté naissante fait sa première entrée au monde. Bientôt les *mouchards* de la grande allée sont en campagne au bruit d'un visage nouveau ; chacun court en repaître ses yeux.

(*Les Souhaits* (1693), scène de Colombine et Isabelle, dans le *Théâtre italien* de Gherardi, t. V, p. 65, 66.)

Sur ce passage, M. Francisque Michel fait la remarque que le mot *mouchard* n'a pas toujours eu la signification injurieuse qu'il a aujourd'hui, et qui est celle d'espion. Cela est vrai. Il ajoute que le premier exemple qu'il en ait trouvé, est dans les *Mémoires* de Sully, et dans l'*Usance du Négoce* de maître Estienne Clairac (1670). Je lui en indiquerai un autre qui est plus ancien ; il remonte à 1606 :

> Il n'y a mousches, *mouschars*, ni mouscherons qui puissent les empescher d'aller où bon leur semble.
>
> (*La Rencontre merveilleuse de Piedaigrette avec maistre Guillaume revenant des Champs élyzées.* 1606, in-8.)

M. Francisque Michel conclut avec Ménage que le mot *mouchard*, pris dans le sens d'espion, n'est pas ancien dans notre langue. Cela est également vrai ; mais on trouve *mousche* pour espion, dans le poëme d'Antoine de Saix, l'*Esperon de discipline pour inciter les humains aux bonnes lettres* (Paris, 1539, in-16), et *mouscher*, pour espionner, dans la *Légende* de Pierre Faifeu :

> Chacun cognoist un ouvrier par ses œuvres ;
> Les serpentins, plus infaitz que couleuvres,
> Jugent tousjours à leur intention
> Des mots exquis, et ont contention,
> Et qui plus est, *mouschent* par les provinces,
> Pour mieulx ouyr et rapporter aux princes.
>
> (Page 6, de l'édition de 1723.)

Par où l'on voit que ces *mouchards* sont appelés *serpentins*, expression énergique qui peint à merveille leurs allures insinuantes, tortueuses et rampantes.

Longtemps avant, Plaute avait appelé *mouche*, un personnage qui guette les allures d'autrui, et à qui rien n'échappe.

C'est une *mouche* que mon père ; on ne peut rien soustraire à sa vue. Quoi que vous fassiez, bien ou mal, il est sur vos talons.

> *Musca* est meus pater, nihil potest clam illum haberi,
> Nec sacrum, nec tam profanum quidquam est, quin
> Ibi inlico adsit.
> (*Mercator*, act. II, sc. III.)

Mercier dans son *Tableau de Paris* signale une espèce de *mouchards* qui en eût remontré à ce père trop curieux.

Le pont Neuf, dit-il, est dans la ville ce que le cœur est dans le corps. Les *mouchards* se plantent là, et quand au bout de quelques jours, ils ne voient pas leur homme, ils affirment positivement qu'il est hors de Paris.

Enfin, les Grecs appelaient *mouches* les parasites, les pique-assiettes qui s'invitaient d'eux-mêmes à souper, et forçaient quelquefois les portes pour arriver à la salle à manger. Témoin celui dont parle Antiphane le comique, en ces termes;

> Θύρας μοχλεύειν, σεισμός· εἰσπηνδᾶν ἄχρις
> Δειπνεῖν ἄκλητος, μυῖα.

FIN.

TABLE DES MATIÈRES.

Avant-propos. . . . . Page   i

Chapitre I.   1
Chapitre II.   15
Chapitre III.   32
Chapitre IV. 57
Chapitre V.   72
Chapitre VI. Digression sur le patois. 90
Chapitre VII. Patois (suite). 106
Chapitre VIII. Patois (suite). 118
Chapitre IX. 134
Chapitre X. 153
Chapitre XI. 173
Chapitre XII. 191

Chapitre XIII.	208
Chapitre XIV.	232
Chapitre XV. Seconde digression sur le patois.	259
Chapitre XVI. Patois (suite).	281
Chapitre XVII. Patois (suite)..	296
Chapitre XVIII.	306

FIN DE LA TABLE DES MATIÈRES.

INDEX ALPHABÉTIQUE

DES MOTS EXPLIQUÉS OU ALLÉGUÉS.

A

Abouler, page 229.
Abre mau cabré, 272.
Absthèmes, 23.
Acclamper, 226.
Accoucher, 231.
Achanter, 19, 22.
Acouter, 277.
Affoler, 124.
Affouler, 229.
Afioler, 124.
Aggraffer, 107.
Aggriffer, 107.
Aggripar, 107.
Aggripeur, 107.
Agricher, 108.
Agriper, 107.
Aiguillette, 2.
A l'advocat le pied en main, 229.
Amadouer, 1.
Amblure, 279.
Ambruer, 279.
Andouilles, 69.
Anse du panier, 214, 216, 217.
Argouiser, 277.
Argoulet, 193.
Argu, 277.

Argucher, 277.
Arguigner, 276.
Aria, 108.
Arié, 110.
Arlot, 192.
ARNOLD, 193.
Arroy, 108.
Art de la savatte, 102.
ARTUS DÉSIRÉ, 42.
Attendre l'omnibus, 242.
Au petit saing, 27.
Avaler tout de gob, 256.
Avertin, 49.

B

BACON (le chancelier), 68.
Baillant baillant, 149.
Bailler de l'oignon, 161.
Bane, 115.
Barbets, 243.
Beau portier, donne-moi de tes cheveux, 250.
Beaux hommes, 67.

INDEX ALPHABÉTIQUE.

Benne, 115.
Benneton, 115.
Bête d'amble, 5.
Beugne, 301.
Beugnet, 302.
Bibet, 323.
Bihi, 286.
Bibiss, 323.
Biblot et bibelot, 288.
Bibloterie, 288.
Bibus, 287.
Bidau, 141 (note).
Bigne, 301.
Bignet, 302.
Biguenou, 302.
Bilboquet, 94.
Bille, 163.
Billoux, 278.
Binouache, 118.
Bisquer, 284.
Blague, 194.
Blagueur, 194.
Blouque, 299.
Blouquette, 300.
Boisseau, 33.
Bonne pièce, 272.
Bouche (bonne), 171.
Bouchot, 102.
Bouillots, 277.
Boullon, 278.
Bousin, 38.
Bousingot, 36.
Boussole, 188.
Bout de chemin, 271.
Bragard, 194.
Braghes, 198.
Bragueur, 196.
Brayaud, 199.
Brayes, 198.
Brayettes, 198.
BRETTAN, 285.
Brin, 126, 270.
Bringuer, 131.
Brugier, 81.
Bruire, 81.

Busque, 216.
Buste, 216.

C

Cablé, 273.
Cables, 273.
Cabré, 273.
Cacas, 296.
Caco, 296.
Cadeaux (les petits) entretiennent l'amitié, 248.
Cafart, 169.
Cafignon, 306.
CALAS, 296.
Calfater, 7.
Calle, 299.
Ça lui va comme un tablier à une vache, 236.
Campin, 225.
Cancan, 179.
Cancouelle, 268.
Cancouette, 267.
Cancrelat, 268.
Cancrelle, 268.
Cané, 288.
Cane (mesure), 32, 34.
Caner, 36.
Canet, 289.
Caneter, 285.
Canne pétoire, 96.
Cant, 19, 22.
Canteau, 23.
Cantel, 19, 20, 23.
Canter, 19.
Cantiel, 19, 20.
Caquehan, 180.
Caquetoire, 182.
CARPENTIER (don), 47, 169.
Carreaux, 24, 25.
Casseur d'assiettes, 13.
CELTINE, 285.
Cens plan, 187.
Cerises à la derraine, 244.

INDEX ALPHABÉTIQUE.

Chamchram, 184.
Champ (sur), 19.
Champs (être aux), 154.
Champart, 74.
Chanculon, 297.
Chansons (payer de), 185.
Chanteau, 22.
Chantel, 19, 20.
Chanter (faire), 54.
Chanter pouilles, 8.
Charabia, 167.
CHATEAUBRIAND, 224.
Chats chaussés, 238.
Chausser le pied droit le premier, 245.
Chêne, 266.
Chercheurs de barbets, 243.
Cheveux, 250.
Chèvres coiffées, 238.
Chiens, 38-40.
Chique, 18, 283.
Chose, 319.
Chose de par Dieu, 320.
Chou, 41.
Chous ou chos, 128.
Choule, 210.
Chuque, 283.
Civé, Civet, 29.
Clampin, 225.
Claques, 84.
Clef à la main, 88.
Clef des champs, 86.
Clef sous la porte, 87.
Clef sur la fosse, 88
Clopin, 225.
Coiffé comme saint Roch, 235.
Coke ou coque, 97.
CONNÉTABLE (le), 176.
Conter fleurette, 6.
Coq-en-pâte, 240.
Coquecigrues, 15.
CORBLET (l'abbé), 3, 210.
Corde de pendu, 162.
Coule, coule, 233.
Courir l'aiguillette, 2.

Courir le guilledou, 2.
Couteaux (les) coupent l'amitié, 248.
Crôtôt, 301.
Croyez cela et buvez de l'eau, 10.
Cuco, 52.
Cuidériaulx, 79.
Culot, 297.
Cuquet, 52.

D

Dague (la) Saint-Chose, 320.
DECAEN (le général), 181.
Décanter, 19.
Dégingandé, 315.
Démocsoc, 221.
De quoy, 157.
Diable de Vauvert, 176.
DIDELOT (H.), 208.
Disner d'advocat, 229.
DOCHEZ, 2, 7, 8, 9, 179.
Donnant, donnant, 148.
Drôle de temps, 150.
Dymencherés, 132.

E

Ébrouer (s'), 81.
Éceurjou, 259, 268.
Escatignon, 306.
Écharde, 266.
Échiace, 266.
Échias, 266.
Éclanche, 228.
Éclopé, 313.
Écœuré, 269.
Écorcheurs, 261.
Édaigne, 266.
Édane, 266.
En faire des choux, des raves, 245.
Entrer tout de go, 254.

Épaffe, 38.
Épane, 266.
Épanté, 111.
Épaté, 112.
Épenté, 112.
Épicier, 205.
Éponter, 111.
Esbouffer, 80.
Esbrouffe, 80.
Esbrouir, 80.
Esbruier, 80.
Escalabreux, 224, 257.
Escarchar, 269, 268.
Escargaite, 57.
Escargot, 57-64.
Escharde, 266.
Escharri, 259, 268.
Eschaugaitier, 58.
Eschauguette, 58.
Esclau, 313.
Esclop ou Esclos, 313.
Escoffion, 310.
Escopir, 276.
Escorcer, 260.
Escorcheux, 260.
Escoregut, 262.
Escorger, 260.
Espèce, 272.
Essoper, 276.
Estelle, 267.
ESTIENNE (H.), 17.
Étaules, 267.
Éteules, 267.
Et puis? citerne, 247.
Être aux champs, 151.
Être comme un coq-en-pâte, 240.
Eytène, 267.

F

Faire chanter, 54.
Faire danser l'anse du panier, 214, 216, 217.
Faire la cane, 32.
Faire la figue, 42.
Faire la mine, 33.
Faire la nique, 42.
Faire, pour voler, 222.
Faire (se) tirer l'oreille, 83.
Faire un long civé, 29, 31.
Faire un peigne, 86.
Fap, 38.
Fendant, 199.
Fèves, 135 et suiv.
Fier comme un coq, 243.
Figue, 42.
Finasser, 8.
Flaiot, 93.
Fleur (la) des pois, 125-140.
Fleureter, 7.
Fleurettes (conter), 6.
FRÉDÉRIC (l'empereur), 45.
Fringant, 131.
Fringuer, 130.
Frisque, 133.
Frit (je suis), 12.
Frusquin, 153, 215.
Fustein, 153, 215.

G

Gala, 184.
Galant, 183.
Gandin, 318.
GARASSE (le P.), 4.
Garçon, 192.
Garder pour la bonne bouche, 171.
Garot, 24.
Garotter, 26.
Garouage, 178.
Gassouillat, 123, 209.
Gassouiller, 122, 209.
Gaza, 116.
GÉNIN (F.), 9, 10, 21, 22, 35, 72.
Ghenchir, 316.
Gige, 318.
Gigue, 318.

INDEX ALPHABÉTIQUE.

Gob (tout de), 255.
GODEFROY (Fréd.), 257.
Godelureau, 177.
Goiot, 281.
Goliotte, 282.
Gouet, 281.
Goulière, 282.
Gousset, 307.
Goutte (attendre une), 271.
Goutte de bois, 271.
Goutte de pain, 271.
Goy, 281.
Goyotte, 281.
Goz, 255.
Grain, 127.
Grand dépendeur d'andouilles, 69.
Grand imbécile, 67.
GRAND (le) VENEUR, 177.
Grande bête, 67.
Grecs (les) juraient par le chou, 41.
Grincher, 108.
Grippe-jésus, 108.
Gripper, 106.
Guencher, 316.
Guerne, 264.
Guernillier, 264.
Guernipille, 262.
GUILLAUME de la Pouille, 9, 10.
Guilledin, 5.
Guilledou, 2.
Guingoy ou Guingois (de), 317.

H

Hadrien JUNIUS, 8.
Haquenée, 5.
Haria, harier, 109.
Hongrois (les) juraient par le chien, 40.
Houspilliers, 265.

I

Il y a de l'oignon, 160.

J

JACOB (le P.), 44, 193, 253.
JACQUES Ier, 68.
JANIN (J.), 9.
JAUBERT (le comte), 161, 193, 300.
Jaune, 65.
JEANNETTE (Mlle), 30.
Je n'en reviens pas, 205.
Je suis frit, 12.

K

Kannté, 283.
Kant, 19.
Kerny, 263.
Keulot, 297.

L

LACROIX (Paul), 146.
LA CURNE de Saint-Palaye, 3, 4, 258.
Laiwarou, 174.
LAMONNOYE, 279.
Latin de cuisine, 149.
Latin rôti, 150.
Laver la tête à quelqu'un, 82.
LEDUCHAT, 3, 4, 253.
Leuré, 78.
Leurre, 78.
Leuwarrou, 174.
Lever (se) le derrière devant, 246.
LIPSE (Juste), 84.

Louéroux, 174.
Loup béroux, 174.
Loup garou, 174. 179.
Loup ramage, 174.
Loup voirou, 174.
Lureau, 78,
Luron, 79. .

M

Machin, Machine, 320.
Main (la) me démange, 66.
Mal saint Avertin, 49.
Manger des beignets à la Pentecôte, 303.
Manger des cerises à la derraine, 244.
Marlou, 191.
MARTIAL, 309.
Marvoir, 289.
Mâtin de chien. 41.
Mau arlot, 193.
Mau cabré, 273.
MÉNAGE, 1, 3, 57, 77, 146, 169, 183, 215, 219, 220, 308.
Méquaine, 322.
MÉRIMÉE, 258.
Mesquin, 321.
Mettre à pied, 56.
Mettre aux champs, 151.
Mettre en plan, 186.
Mettre la clef sous la porte, 87.
Mettre le nez au sein, 27.
MICHEL, dit *Pisseux*, 105.
MICHEL (Francisque), 32, 34, 153, 154, 164, 173, 191, 194, 197.
MIGNARD, 91, 111, 113, 114, 119, 145, 285.
Mine (mesure), 33.
Misaille, 77.
Mise, 76.

Moquer (se) du tiers et du quart, 27.
Mouchard, 324, 325.
Mouche, 325, 326.
Mouches bridées, 238.
Mouchon, 52.
Mouscher, 325.
Moustique, 322.
MURATORI, 8.
Muse d'ausai, 93.
Muse de blé, 93.

N

Nabot, 113.
Nac, 113.
Nacard, 113.
Nacriou, 114.
Nactieux, 113.
Naque, 112.
Naquette, 114.
Naquou, 112.
N'avoir ni part, ni quart, 72, 76.
Ne faire ni mise, ni recette, 72, 76.
Net comme torché, 232.
Net comme un denier, 246.
Nez (tirer les vers du), 53, 55.
Nique (faire la), 42.

O

Oignon (il a de l'), 158 et suiv., 214.
Omnibus (attendre l'), 242.
On distinguait un grand nombre de manquants, 234.
Oreille (tirer l'), 83.
Os de l'avocat, 227.
Os du maître clerc, 229.
Ouvrez la porte, 232.
Oysons bridés, 237, 239.

INDEX ALPHABÉTIQUE.

P

Paf, 38.
Pain à chanter, 21.
Paletoquet, 165.
Paletot, 164.
Panier, 218 et suiv.
Panier (anse du), 214, 216, 217.
Paoure et Poure, 144, 211, 212, 213, 256.
Par raim et baston, 127.
PASQUIER (Est.), 3.
Patafioler, 124.
Pataud, 140.
Patoueil, 123.
Patouiller, 123.
Patoul, 143.
Patrouiller, 123.
PAUL FRANÇOIS, 256.
PAULIN PARIS, 20.
Payer de chansons, 185.
Péhons, 143.
Peigne (faire un), 86.
Perdre la boussole, 188.
Perdre le nord, 190.
Père aux écus, 168.
Petits (les) cadeaux entretiennent l'amitié, 248.
Pétrar, 145.
Pétras, 144.
Picoté, 147.
Picotin, 146.
Piéçà, 272.
Pièce (bonne), 272.
Pièce de temps, 271.
PIERQUIN de Gembloux, 28, 168.
PIERRE de Cluny, 13.
Piétons, 143.
Piétras, 146.
Piètre, 146.
Pinak, 118.
Piolé, 120.
Pipolé, 120.
Pipoté, 120.
Piqueromme, 98.
Pirouelle, 96.
Pirouette, 97.
Pistolet, 310.
Pitaud, 140.
Pitaude, 142.
Piteux et Pitoux, 143.
Plan, 187.
Planer, 188.
PLINE l'Ancien, 84.
POGGIO, 10, 186.
Pois, 135 et suiv.
Pontoise (en revenant de), 200.
Porter bonne bouche, 171.
Portier, donne-moi de tes cheveux, 250.
Poser sur champ, 19.
Pouilleux, 10.
Poulaille, 213.
Poullier, 264.
Pourailles, 144, 211, 212, 214.
Pourris (mots) de cuire, 150.
Prémisses, 136 et suiv.
Prendre la clef des champs, 85.
Prendre (se) le bout du nez, 55.
Prestolant, 312.
Prestolet, 311.
Prestolin, 312.
Propre comme l'écuelle d'un chat, 246.
Propre comme un sou, 246.
Proyes (la fleur des), 136 et suiv.
PRUDHOMME (Monsieur), 234.

Q

Quanquam, 181.
Quartaud, 74.
Quécas, 296.

Quenette, 282.
Quenetter, 282.
Queulot, 297.
Quibus, 156.
Quid (le) physique, 158.
Quint, 74.
Quint-relief, 74.
QUITARD, 10, 54, 55, 56, 200.

R

Rabat, 275.
Rabâter, 275.
Race de chien, 273.
Raim, 127.
Rain, 126, 127.
Ratatouille, 122.
Refaire, 224.
Rengamber, 244.
Revenir de Pontoise, 200 et suiv.
Ribaut regard, 286.
Riboule, 285.
Ribouler des yeux, 285.
Rire jaune, 64.
ROI (le) HUGON, 176.
ROQUEFORT, 24, 42.
Rouge, 65.

S

Sabat, 274.
Sacré chien, 38.
Sacré loup voirou, 174.
Sacré mâtin, 38.
Sacristain, 191.
Saing, 27.
Saint Chose, 320.
Saint Crépin, 155.
Saint Frusquin, 153.
Saint Roch, 235.
Salade de carême, 140.
Sauc, 92.

Saus, 92.
Sautz, 92.
Savatte, 101.
Scot, 97.
Serpentins, 325.
Sicle ou Sigle, 34.
Sing, 28.
Song, 28.
Sop, 276.
Sou, 127 à 130.
Sou (monnaie), 246.
Soupe, 220, 256.
Sublô, 91.
Sullô, 91.
Suyau, 91.
Suyer, 92.

T

Tainuser, 121.
Tanquehan, 180.
Tanvre, 121.
Taperelle, 95.
Taperillot, 95.
Tatillon, 122.
Tatouiller, 122.
Tatouillon, 122.
Temps (le) bateleur, 151.
TERQUEM (O.), 214.
Tiers (du) et du quart, 7, 3, 134.
Tirer les vers du nez, 53.
Tomber, 305.
TONGDALUS (légende de), 13.
Torchon, 232.
Touiller, 122.
Tout de go, 252.
Trèfle à quatre, 162.
Trempée, 220.
Truotte, 99, 208.
Truye, 99.
Tuer le ver, 47.
Tumer, 304.
Tu ne grandiras plus, 244.

U

Unio, ou as, 39.
Unio, ou perle, 214.

V

Vaillant ou vallant, 159.

Ver, 47.
Vercoquin, 49 et suiv.
Vermoquant, 49, 52.
Vers du nez, 53.
Vertuchou, 41.
Voirlou, 174.
Voyou, 174 et suiv.

FIN DE L'INDEX ALPHABÉTIQUE.

PARIS. — IMPRIMERIE DE CH. LAHURE ET Cie
Rue de Fleurus, 9

Librairie de L. HACHETTE et Cie, boulevard Saint-Germain, n° 77, à Paris

BIBLIOTHÈQUE VARIÉE

NOUVELLE COLLECTION IN 18 JÉSUS.

On peut se procurer chaque volume de cette collection relié;
le prix de la demi-reliure, dos en chagrin, est de 1 franc 50 centimes;
tranches dorées, 1 fr. 75 c.; avec plats dorés, 2 fr. 10 c.

1. LITTÉRATURE CONTEMPORAINE.

(A 3 FR. 50 C. LE VOLUME.)

About (Ed.) : *La Grèce contemporaine.* 4e édition. 1 vol.
— *Nos artistes au salon de 1857.* 1 vol.
— *Théâtre impossible.* 1 vol.

Anonyme : *L'Enfant*, par M***. 1 vol.

Balzac (H. de) : *Théâtre*, contenant Vautrin, les Ressources de Quinola, Paméla Giraud, la Marâtre. 1 vol.

Barrau (Th. H.) : *Histoire de la révolution française* (1789-1799). 2e édition. 1 vol.

Bautain (l'abbé) : *La belle saison à la campagne.* 3e édition. 1 vol.
— *La chrétienne de nos jours.* 2 vol.
— *Le chrétien de nos jours.* 2 vol.

Bayard (J. F.) : *Théâtre*, avec une Notice de M. Eugène Scribe, de l'Académie française. 12 vol.
Chaque volume se vend séparément.

Belloy (marquis de) : *Le chevalier d'At, ses aventures et ses poésies.* 1 vol.
— *Légendes fleuries.* 1 vol.

Busquet (A.) : *Le poëme des heures.* 1 v.

Caro (E.) : *Études morales sur le temps présent.*
Ouvrage couronné par l'Académie française.

Castellane (comte P. de) : *Souvenirs de la vie militaire en Afrique.* 3e édition. 1 vol.

Champfleury : *Contes d'été.* 1 vol.

Charpentier : *Les écrivains latins de l'empire.* 1 vol.

Dargaud (J. M.) : *Histoire de Marie Stuart.* 2e édition. 1 vol.
— *Voyage aux Alpes.* 1 vol.
— *Voyage en Danemark.* 1 vol.

Daumas (général E.) : *Mœurs et coutumes de l'Algérie* (Tell, Kabylie, Sahara). 3e édition. 1 vol.

Deschanel (É.) : *Par monts et par vaux.* 1 vol.

Deville : *Excursions dans l'Inde.* 1 vol.

Didier (Ch.) : *Les amours d'Italie.* 1 v.
— *Les nuits du Caire.* 1 vol.

Énault (L.) : *Constantinople et la Turquie*, tableau historique, pittoresque, statistique et moral de l'empire ottoman. 1 vol.
— *La Norvége.* 1 vol.
— *La Terre sainte*, voyage des quarante pèlerins de 1853, avec la carte de la Palestine et le Panorama de Jérusalem. 1 vol.

Ferri Pisani : *Lettres sur les États-Unis d'Amérique.* 1 vol.

Ferry (Gabriel) : *Le coureur des bois* ou *les chercheurs d'or.* 1 vol.

— *Costal l'Indien*, scènes de l'indépendance du Mexique. 1 vol.

Figuier (L.) : *Histoire du merveilleux dans les temps modernes.* 4 vol.

— *L'alchimie et les alchimistes*, ou essai historique et critique sur la philosophie hermétique. 3e édit. 1 vol.

— *Les applications nouvelles de la science à l'industrie et aux arts*, introduction à *l'Année scientifique et industrielle.* 1 vol.

— *L'Année scientifique et industrielle*, six années (1856-1861), 6 vol. dont chacun se vend séparément.

Forgues : *La révolte des Cipayes.* 1 vol.

Gautier (Th.) : *Un trio de romans.* 1 vol.

Gerardy Saintine : *Trois ans en Judée.* 1 vol.

Giguet (P.) : *Le livre de Job*, précédé des livres de *Ruth, Tobie, Judith* et *Esther*, traduit du grec des Septante, par P. Giguet. 1 vol.

Gotthelf (J.) : *Nouvelles bernoises*, traduites par M. Max Buchon. 2e édit. 1 vol.

Heuzé : *L'année agricole*, trois années (1860-1862). 3 vol. dont chacun se vend séparément.

Hommaire de Hell (Mme) : *Voyage dans les steppes de la mer Caspienne et dans la Russie méridionale.* 1 vol.

Houssaye (A.) : *Histoire du quarante et unième fauteuil de l'Académie française.* 4e édition. 1 vol.

— *Le violon de Franjolé.* 6e édition. 1 vol.

— *Philosophes et comédiennes.* 3e édition. 1 vol.

— *Poésies complètes.* 4e édition. 1 vol.

— *Voyages humoristiques.* 1 vol.

Hugo (Victor) : *Notre-Dame de Paris.* 2 vol.

— *Odes et ballades.* 1 vol.

— *Orientales, Feuilles d'automne, Chants du crépuscule.* 1 vol.

— *Théâtre.* 3 volumes :
   Tome I : Lucrèce Borgia, Marion Delorme, Marie Tudor, la Esméralda, Ruy-Blas.
   Tome II : Hernani, le Roi s'amuse, les Burgraves.
   Tome III : Angelo, procès d'Angelo et d'Hernani, Cromwell.

— *Les contemplations.* 2 vol.

— *Légende des siècles.* 1 vol.

— *Les enfants*, livre des mères, extrait des œuvres poétiques de l'auteur. 1 vol.

Jouffroy (Th.) : *Cours de droit naturel.* 3e édition. 2 vol.

— *Cours d'esthétique.* 2e édition. 1 vol.

— *Mélanges philosophiques.* 3e édition. 1 vol.

— *Nouveaux mélanges philosophiques.* 2e édition. 1 vol.

Jourdan (L.) : *Contes industriels.* 1 vol.

Jurien de la Gravière (l'amiral E.) : *Souvenirs d'un amiral.* 1 vol.

La Landelle (G. de) : *Tableau de la mer* (La vie navale). 1 vol.

Lamartine (Alph. de) : *Œuvres.* 10 vol.
   Méditations poétiques. 2 vol.
   Harmonies poétiques. 1 vol.
   Recueillements poétiques. 1 vol.
   Jocelyn. 1 vol.
   La chute d'un ange. 1 vol.
   Voyage en Orient. 2 vol.
   Lectures pour tous. 1 vol.

— *Les confidences.* 1 vol.

— *Histoire des Girondins*, 6 vol.

— *Histoire de la Restauration.* 8 vol.

Lanoye (Ferd. de) : *L'Inde contemporaine.* 2e édition. 1 volume contenant une carte.

— *Le Niger et les explorations de l'Afrique centrale*, depuis Mungo-Parck jusqu'au docteur Barth. 2e édit. 1 vol.

Lasteyrie (Ferd. de) : *Causeries artistiques.* 1 vol.

Laugel : *Études scientifiques*. 1 vol.
La Vallée (J): *Zurga le chasseur*. 1 vol.
Lenient : *La Satire en France au moyen âge*. 1 vol.
  Ouvrage couronné par l'Acad. franç.
Libert : *Histoire de la chevalerie en France*. 1 vol.
Lutfullah : Mémoires traduits de l'anglais et annotés par l'auteur de l'*Inde contemporaine*. 1 vol.
Macaulay (lord) : *OEuvres diverses*, traduites par MM. Am. Pichot, Adolphe Joanne et E.-D. Forgues. 2 vol.
Marmier (X.) : *En Amérique et en Europe*. 1 vol.
— *Gazida*, fiction et réalité. 1 vol.
  Ouvrage couronné par l'Acad. franç.
— *Hélène et Suzanne*. 1 vol.
— *Les fiancés du Spitzberg*. 1 vol.
  Ouvrage couronné par l'Acad. franç.
— *Lettres sur le Nord*. 5e édition. 1 vol.
— *Un été au bord de la Baltique et de la mer du Nord* (Danzig; Oliva; Marienbourg; la côte de Poméranie; l'île de Rugen; Hambourg; l'embouchure de l'Elbe; Helgoland). 1 vol.
Mas (D. Sinibaldo de) : *La Chine et les puissances chrétiennes*. 2 vol.
Michelet : *La femme*. 2e édition. 1 vol.
— *La mer*. 2e édition. 1 vol.
— *L'amour*. 4e édition. 1 vol.
— *L'insecte*. 4e édition. 1 vol.
— *L'oiseau*. 6e édition. 1 vol.
Milne (W. C.) : *La vie réelle en Chine*, traduite de l'anglais par M. Tasset, et annotée par G. Pauthier. 2e édit. 1 vol.
Moges (le Mis de) : *Souvenirs d'une ambassade en Chine et au Japon*. 1 vol.
Monnier (Marc) : *L'Italie est-elle la terre des morts?* 1 vol.
Mornand (F.) : *La vie des eaux*, contenant les bains de mer et les eaux thermales, avec des notes sur la vertu curative des eaux, par le Dr *Roubaud*. 2e édition. 1 vol.
Mortemart-Boiss (baron de) : *La vie élégante à Paris*. 2e édition. 1 vol.

Nodier (Ch.) : *Les sept châteaux du roi de Bohême ; les quatre talismans*. Édition illustrée. 1 vol.
Nourrisson (J. F.) : *Les Pères de l'Église latine*, leur vie, leurs écrits, leur temps. 2 vol.
Orsay (Comtesse d') : *L'ombre du bonheur*. 1 vol.
Patin (Th.) : *Études sur les tragiques grecs*. 2e édition. 4 vol.
Perrens (F. T.) : *Jérôme Savonarole*, d'après les documents originaux et avec des pièces justificatives en grande partie inédites. 3e édition. 1 vol.
  Ouvrage couronné par l'Acad. franç.
— *Deux ans de révolution en Italie* (1848-1850). 1 vol.
Pfeiffer (Mme Ida) : *Voyage d'une femme autour du monde*, traduit de l'allemand, avec l'autorisation de l'auteur, par W. de Suckau. 1 vol.
— *Mon second voyage autour du monde*, traduit de l'allemand, avec l'autorisation de l'auteur, par W. de Suckau. 1 vol.
— *Voyage à Madagascar*, traduit de l'allemand avec l'autorisation de la famille de l'auteur, par W. de Suckau, et précédé d'une notice historique sur Madagascar, par Francis Riaux. 1 vol.
Quatrefages (A. de) : *Unité de l'espèce humaine*. 1 vol.
Rougebief (Eug.) : *Un fleuron de la France*. 1 vol.
Saintine (X.-B.) : *Le chemin des écoliers*. 2e édition. 1 vol.
— *Picciola*. 1 vol.
— *Seul!* 3e édition. 1 vol.
Sand (George) : *L'homme de neige*. 2 vol.
— *Elle et lui*. 2e édition. 1 vol.
— *Jean de La Roche*. 1 vol.
Scudo (P.) : *Critique et littérature musicales*. 2 vol.
— *L'Année musicale*, trois années (1859-1861), 4 vol. dont chacun se vend séparément.
— *Le chevalier Sarti*. 1 vol.

Simon (Jules) : *La liberté.* 2ᵉ édit. 2 vol.
— *La liberté de conscience.* 3ᵉ édit. 1 v.
— *La religion naturelle.* 5ᵉ édit. 1 vol.
— *Le devoir.* 6ᵉ édition. 1 vol.
    Ouvrage couronné par l'Acad. franç.
— *L'Ouvrière.* 4ᵉ édition. 1 vol.

Taine (H.) : *Essai sur Tite-Live.* 2ᵉ édition. 1 vol.
    Ouvrage couronné par l'Académie française.
— *Essais de critique et d'histoire.* 1 vol.
— *La Fontaine et ses fables.* 3ᵉ édition. 1 vol.
— *Les philosophes contemporains.* 2ᵉ édition. 1 vol.
— *Voyage aux Pyrénées.* 2ᵉ édit. 1 vol.

Texier (Edmond) : *La chronique de la guerre d'Italie.* 1 vol.

Théry : *Conseils aux mères.* 2 vol.
    Ouvrage couronné par l'Acad. franç.

Töpffer (R.) : *Nouvelles genevoises.* 1 v.
— *Rosa et Gertrude.* 1 vol.
— *Le presbytère.* 1 vol.
— *Réflexions et menus propos d'un peintre genevois*, ou Essai sur le beau dans les arts. 1 vol.

Troplong : *De l'influence du christianisme sur le droit civil des Romains.* 1 vol.

Ulliac-Trémadeure (Mlle) : *La maîtresse de maison.* 2ᵉ édition. 1 vol.

Vapereau : *L'Année littéraire*, quatre années (1858-1861). 4 vol. dont chacun se vend séparément.

Viardot (L.) : *Les musées d'Allemagne.* 3ᵉ édition. 1 vol.
— *Les musées d'Angleterre, de Belgique, de Hollande, de Russie.* 3ᵉ édit. 1 vol.
— *Les musées d'Espagne.* 3ᵉ édit. 1 vol.
— *Les musées de France* (Paris). 2ᵉ édition. 1 vol.
— *Les musées d'Italie.* 3ᵉ édit. 1 vol.

Viennet : *Épîtres et satires.* 5ᵉ édition. 1 vol.

Warren (comte Édouard de) : *L'Inde anglaise avant et après l'insurrection de* 1857. 3ᵉ édition, revue et considérablement augmentée. 2 vol.

Wey (Francis) : *Dick Moon en France*, journal d'un Anglais de Paris. 1 vol.

Zeller (J.) : *Épisodes dramatiques de l'histoire d'Italie.* 1 vol.
— *L'Année historique*, trois années (1559-1861). 3 vol. dont chacun se vend séparément.

II. ŒUVRES DES PRINCIPAUX ÉCRIVAINS FRANÇAIS.
(A 2 FRANCS LE VOLUME.)

Barthélemy : *Voyage du jeune Anacharsis en Grèce dans le milieu du IVᵉ siècle avant l'ère chrétienne.* 3 vol.

Atlas pour le Voyage du jeune Anacharsis, dressé par J. D. Barbié du Bocage, revu par A. D. Barbié du Bocage. In-8. 3 fr.

Boileau : *Œuvres complètes.* 1 vol.

Chateaubriand : *Œuvres choisies* (sous presse).

Corneille : *Œuvres complètes.* 5 vol.

Fénelon : *Œuvres choisies.* 4 vol.

La Fontaine : *Œuvres complètes.* 2 vol.

Marivaux : *Œuvres choisies.* 2 vol.

Molière : *Œuvres complètes.* 3 vol.

Montesquieu : *Œuvres complètes.* 2 vol.

Pascal (B.) : *Œuvres complètes.* 2 vol.

Racine (J.) : *Œuvres complètes.* 2 vol.

Rousseau (J.J.) : *Œuvres complètes.* 8 vol.

Saint-Simon (le duc de) : *Mémoires complets et authentiques sur le siècle de Louis XIV et la Régence*, collationnés sur le manuscrit original par M. Chéruel, et précédés d'une notice de M. Sainte-Beuve, de l'Académie française. 13 vol.

Sédaine : *Œuvres choisies.* 1 vol.

Voltaire : *Œuvres complètes.* 35 vol.

(2ᵉ SÉRIE A 3 FR. 50 C. LE VOLUME.)

Fléchier : *Mémoires sur les grands jours d'Auvergne en 1665*, annotés par M. Chéruel et précédés d'une notice par M. Sainte-Beuve. 1 vol.

Montaigne (M.) : *Essais*, précédés d'une lettre à M. Villemain sur l'éloge de Montaigne, par P. Christian. 1 très-fort volume.

Sévigné (Mme de) **:** *Lettres de Mme de Sévigné, de sa famille et de ses amis*, réimprimées pour le texte sur la nouvelle édition publiée par M. Monmerqué dans la Collection des grands écrivains de la France. Tome Iᵉʳ.

Cette édition ne comprend pas les notes.

III. CHEFS-D'ŒUVRE DES LITTÉRATURES MODERNES ÉTRANGÈRES.

(A 3 FR. 50 C. LE VOLUME.)

Byron (lord) **:** *OEuvres complètes*, traduites de l'anglais par *Benjamin Laroche*, quatre séries :
 1ʳᵉ série : *Child-Harold*. 1 vol.
 2ᵉ série : *Poëmes*. 1 vol.
 3ᵉ série : *Drames*. 1 vol.
 4ᵉ série : *Don Juan*. 1 vol.

Dante : *La Divine Comédie*, traduite de l'italien, par *P. A. Fiorentino*. 1 vol.

Nibelungen (les). Traduction nouvelle par Émile Laveleye. 1 vol.

Ossian : Poëmes gaéliques recueillis par *Mac-Pherson*, traduits de l'anglais par *P. Christian*, et précédés de recherches sur Ossian et les Calédoniens. 1 vol.

Pouchkine : *OEuvres dramatiques*, traduites du russe par L. Viardot et I. Tourguéneff. 1 vol.

IV. BIBLIOTHÈQUE DES MEILLEURS ROMANS ÉTRANGERS.

(A 2 FRANCS LE VOLUME.)

Ainsworth (W. Harrison) **:** *Abigaïl, ou la cour de la reine Anne*, roman historique traduit de l'anglais par M. Révoil. 1 vol.
—*Crichton*, roman traduit par M. A. Rolet. 1 vol.
— *La Tour de Londres*, roman traduit par Éd. Scheffter. 1 vol.

Anonymes : *César Borgia, ou l'Italie en 1500*, traduit de l'anglais par Éd. Scheffter. 1 vol.
—*Paul Ferroll*, traduit de l'anglais par Mme H. Loreau. 1 vol.
— *Les pilleurs d'épaves*, traduits de l'anglais par Louis Stenio. 1 vol.
— *Violette; — Éléanor Raymond*. Imité de l'anglais par Old-Nick. 1 vol.

Whitefriars, traduit de l'anglais par Éd. Scheffter. 1 vol.
— *Whitehall*, traduit de l'anglais, par M. Éd. Scheffter.

Beecher Stowe (Mrs) **:** *La case de l'oncle Tom*, traduit de l'anglais par Louis Énault. 1 vol.
— *La fiancée du ministre*, traduit de l'anglais par B. de l'Espine. 1 vol.

Bersezio (V.) **:** *Nouvelles piémontaises*, traduites avec l'autorisation de l'auteur, par Amédée Roux. 1 vol.

Bulwer Lytton (sir Edward) **:** *OEuvres*, traduites de l'anglais, avec l'autorisation de l'auteur, sous la direction de P. Lorain.

On vend séparément :
— *Devereux*, traduit par William L. Hughes. 1 vol
— *Ernest Maltravers*, traduit par Mlle Collinet. 1 vol.
— *Le dernier des barons*, traduit par Mme Bressant. 2 vol.
— *Le désavoué*, traduit par M. Corréard. 1 vol.

— *Les derniers jours de Pompéi*, traduits par M. Hippolyte Lucas. 1 vol.
— *Mémoires de Pisistrate Caxton*, traduits par Éd. Scheffter. 1 vol.
— *Mon roman*, traduit par M. H. de l'Espine. 1 vol.
— *Paul Clifford*, traduit par M. Virgile Boileau. 1 vol.
— *Qu'en fera-t-il?* traduit par M. Amédée Pichot. 2 vol.
— *Rienzi*, traduit sous la direction de M. Lorain. 1 vol.
— *Zanoni*, traduit par M. Sheldon. 1 vol.

Caballero (Fernan) : *Nouvelles andalouses*, traduites de l'espagnol par A. Germond de Lavigne. 1 vol.

Cervantès : *Don Quichotte*, traduit de l'espagnol par L. Viardot. 2 vol.
— *Nouvelles*, traduites par le même. 1 v.

Cummins (Miss) : *L'allumeur de réverbères*, traduit de l'anglais par MM. Belin de Launay et Éd. Scheffter. 1 vol.
— *Mabel Vaughan*, traduite de l'anglais avec l'autorisation de l'auteur, par Mme H. Loreau. 1 vol.
— *La rose du Liban*, traduite de l'anglais par M. Ch. Bernard-Derosne. 1 vol.

Currer Bell (Miss Brontë) : *Jane Eyre*, ou les mémoires d'une institutrice, roman traduit de l'anglais, avec l'autorisation de l'auteur, par Mme Lesbazeilles-Souvestre. 1 vol.
— *Le professeur*, trad. avec l'autorisation de l'auteur, par Mme H. Loreau. 1 vol.
— *Shirley*, traduit par M. A. Rolet. 1 v.

Dickens (Charles) : *Œuvres*, traduites de l'anglais, avec l'autorisation de l'auteur, sous la direction de P. Lorain, 22 vol.

On vend séparément :
— *Aventures de M. Pickwick.* 2 vol.
— *Barnabé Rudge.* 2 vol.
— *Bleak-House.* 1 vol.
— *Contes de Noël.* 1 vol.
— *David Copperfield.* 2 vol.
— *Dombey et fils.* 2 vol.
— *La petite Dorrit.* 2 vol.
— *Le magasin d'antiquités.* 2 vol.
— *Les temps difficiles.* 1 vol.
— *Nicolas Nickleby.* 2 vol.
— *Olivier Twist.* 1 vol.
— *Paris et Londres en 1793.* 1 vol.
— *Vie et aventures de Martin Chuzzlewit.* 2 vol.

Disraeli : *Sybil*, traduit de l'anglais, avec l'autorisation de l'auteur, par ***. 1 vol.

Freytag (G.) : *Doit et avoir*, traduit de l'allemand, avec l'autorisation de l'auteur, par W. de Suckau. 1 vol.

Fullerton (lady) : *L'oiseau du bon Dieu*, traduit de l'anglais par Mlle de Saint-Romain, et publié avec l'autorisation de l'auteur. 1 vol.

Fullon (S. W.) : *La comtesse de Mirandole*, roman anglais traduit par Ch. Roquette. 1 vol.

Gaskell (Mrs) : *Œuvres*, traduites de l'anglais, avec l'autorisation exclusive de l'auteur.

On vend séparément :
— *Autour du sofa*, traduit par Mme H. Loreau. 1 vol.
— *Marie Barton*, traduite par Mlle Morel. 1 vol.
— *Marguerite Hall*, traduite par Mmes H. Loreau et H. de l'Espine. 1 vol.
— *Ruth*, traduit par M.***. 1 vol.

Gerstäcker : *Les pirates du Mississipi*, traduits de l'allemand, par B. H. Révoil. 1 vol.
— *Les deux Convicts*, traduits par B. H. Révoil. 1 vol.

Gogol (Nicolas) : *Les âmes mortes*, traduit du russe par Ernest Charrière. 1 vol.

Grant (James) : *Les mousquetaires écossais*, roman anglais traduit par M. Émile Ouchard. 1 vol.

Hackländer : *Boutique et comptoir*, traduit de l'allemand, avec l'autorisation de l'auteur, par M. Materne. 1 vol.

— *Le moment du bonheur*, roman traduit par M. Materne. 1 vol.

Hauff (Wilhem) : *Nouvelles*, traduites de l'allemand par A. Materne. 1 vol.

— *Lichtenstein*, épisode de l'histoire du Wurtemberg, traduit par MM. E. et H. de Suckau. 1 vol.

Heiberg (L) : *Nouvelles danoises*, traduites par M. X. Marmier, 1 vol.

Hildreth : *L'esclave blanc*, nouvelle peinture de l'esclavage en Amérique, trad. de l'anglais par M. Mornand. 1 vol.

Immermann : *Les paysans de Vestphalie*, traduits par M. Desfeuilles. 1 vol.

James : *Léonora d'Orco*, traduite de l'anglais, avec l'autorisation de l'auteur, par Mme de Morvan. 1 vol.

Kavanagh (Julia) : *Tuteur et pupille*, traduit de l'anglais, avec l'autorisation de l'auteur, par Mme H. Loreau. 1 vol.

Kingsley : *Il y a deux ans*, roman anglais, traduit avec l'autorisation de l'auteur par H. de l'Espine. 1 vol.

Lennep (J. Van) : *Les aventures de Ferdinand Huyck*, traduites du hollandais, avec l'autorisation de l'auteur, par MM. Wocquier et D. Van Lennep. 1 vol.

— *Brinio*, traduit du hollandais, avec l'autorisation de l'auteur, par F. Douchez. vol.

— *La rose de Dekama*, traduite du hollandais, avec l'autorisation de l'auteur, par MM. Wocquier et D. Van Lennep. 1 vol.

Lever (Ch.) : *Harry Lorrequer*, traduit de l'anglais, avec l'autorisation de l'auteur, par M. Baudéan. 2 vol.

— *L'homme du jour*, traduit de l'anglais, avec l'autorisation de l'auteur, par M. A. Baudéan. 2 vol.

Ludwig (Otto) : *Entre ciel et terre*, traduit de l'allemand, avec l'autorisation de l'auteur, par M. Materne. 1 vol.

Marvel (Isaac) : *Le rêve de la vie*, roman anglais, traduit, avec l'autorisation de l'auteur, par Mme Mezzara. 1 vol.

Mayne-Reid : *La piste de guerre* traduite de l'anglais, avec l'autorisation de l'auteur, par V. Boileau. 1 vol.

— *La Quarteronne*, roman anglais, traduit, avec l'autorisation de l'auteur, par L. Stenio. 1 vol.

Mügge (Th.) : *Afraja*, traduit de l'allemand, avec l'autorisation de l'auteur, par W. et E. de Suckau. 1 vol.

Smith (J.-F.) : *L'Héritage*, traduit de l'anglais, avec l'autorisation de l'auteur, par Éd. Scheffter. 2 vol.

— *La femme et son maître*, traduit avec l'autorisation de l'auteur, par H. de l'Espine, 2 vol.

Stephens (Miss A. S.) : *Opulence et misère*, traduit de l'anglais, par Mme Loreau. 1 vol.

Thackeray : *OEuvres*, traduites de l'anglais, avec l'autorisation de l'auteur. 7 vol.

On vend séparément :

— *Henry Esmond*, traduit par Léon de Wailly. 1 vol.

— *Histoire de Pendennis*, traduite par Éd. Scheffter. 2 vol.

— *La foire aux vanités*, traduite par G. Guiffrey. 2 vol.

— *Le livre des Snobs*, traduit par le même. 1 vol.

— *Mémoires de Barry Lyndon*, traduits par Léon de Wailly. 1 vol.

Tourguéneff : *Scènes de la vie russe*, traduites du russe avec l'autorisation de l'auteur, par X. Marmier et L. Viardot. 1 vol.

— *Mémoires d'un seigneur russe*, traduits par E. Charrière. 2e édition. 1 vol.

Trollope (Francis) : *La pupille*, roman anglais traduit par Mme Sara de La Fizelière. 1 vol.

Wilkie Collins : *Le secret*, roman anglais, traduit, avec l'autorisation de l'auteur, par Old-Nick. 1 vol.

Zschokke : *Addrich des Mousses*, roman allemand, traduit par W. de Suckau. 1 vol.

— *Le château d'Aarau*, traduit de l'allemand par W. de Suckau. 1 vol.

V. CHEFS-D'ŒUVRE DES LITTÉRATURES ANCIENNES.
(A 3 FR. 50 C. LE VOLUME.)

Aristophane : *OEuvres complètes*, traduction nouvelle, avec une introduction et des notes par C. Poyard. 1 vol.

Hérodote : *OEuvres complètes*, traduction nouvelle avec une introduction et des notes, par M. P. Giguet. 1 vol.

Homère : *OEuvres complètes*, traduction nouvelle, suivie d'un Essai d'encyclopédie homérique, par M. P. Giguet. 6ᵉ édition. 1 vol.

Lucien : *OEuvres complètes*, traduction nouvelle, suivie d'une table analytique, par M. Talbot. 2 vol.

Sénèque le philosophe : *OEuvres complètes*, traduction nouvelle avec une notice et des notes, par J. Baillard, de l'Académie Stanislas. 2 vol.

Tacite : *OEuvres complètes*, traduites en français avec une introduction et des notes par J. L. Burnouf. 1 vol.

Xénophon : *OEuvres complètes*, traduction nouvelle, suivie d'une table analytique, par M. Talbot. 2 vol.

Des traductions d'Eschyle, d'Euripide, de Sophocle, de Plutarque et de Strabon sont en préparation.

VI. CHEFS-D'ŒUVRE DE LA PHILOSOPHIE ANCIENNE ET MODERNE.
(A 3 FR. 50 C. LE VOLUME.)

Bossuet : *OEuvres philosophiques*, comprenant les Traités de la connaissance de Dieu et de soi-même, et du Libre arbitre, la Logique, et le Traité des causes, publiées par M. de Lens. 1 v.

Descartes, Bacon, Leibnitz, recueil contenant : 1° *Discours de la Méthode*; 2° Traduction nouvelle en français du *Novum organum* ; 3° Fragments de la *Théodicée*, avec des notes, par M. Lorquet, professeur de philosophie au lycée Saint-Louis. 1 vol.

Fénelon : *Traité de l'existence de Dieu*. et *Lettres sur divers sujets de métaphysique*, publiées par M. Danton, inspecteur général de l'instruction publique. 1 vol.

Nicole : *OEuvres philosophiques et morales*, comprenant un choix de ses Essais et publiées avec des notes et une introduction, par M. Charles Jourdain, professeur agrégé de philosophie près la Faculté des lettres 1 volume.

Librairie de L. HACHETTE et Cie, boulevard Saint-Germain, n° 77, à Paris.

BIBLIOTHÈQUE VARIÉE, FORMAT IN-18 JÉSUS.
Volumes à 3 francs 50 centimes.

About (Edm.). La Grèce contemporaine. 1 vol. — Le salon de 1857. 1 vol. — Théâtre impossible. 1 vol.
Anonyme. L'enfant, par Mme ***. 1 vol.
Aristophane. Œuvres complètes, trad. Poyard. 1 v.
Balzac (H. de). Théâtre. 1 vol.
Barrau. Histoire de la Révolution française. 1 vol.
Bautain (l'abbé). La belle saison à la campagne. 1 v. — La chrétienne de nos jours. 2 vol. — Le chrétien de nos jours. 2 vol.
Bayard. Théâtre. 12 vol.
Bellemare (A). Abd-el-Kader. 1 vol.
Belloy (de). Le Chevalier d'Ai. — Légendes fleuries.
Busquet. Poëme des heures. 1 vol.
Byron. Œuvres complètes, trad. de Laroche. 4 vol.
Caro (E.). Études morales. 1 vol.
Castellane (de). Souvenirs de la vie militaire. 1 v.
Charpentier. Les écrivains latins de l'empire. 1 v.
Chevalier (M.). Le Mexique ancien et moderne. 1 v.
Dante. La Divine comédie, trad. par Fiorentino. 1 vol.
Dargaud (J.). Marie Stuart. 1 vol. — Voyage aux Alpes. 1 vol. — Voyage en Danemark. 1 vol.
Daumas (E.). Mœurs et coutumes de l'Algérie. 1 v.
Deschanel (Ém.). A pied et en wagon. 1 vol.
Deville (L.). Excursions dans l'Inde. 1 vol.
Didier (Charles). Les amours d'Italie. 1 vol. — Les nuits du Caire. 1 vol.
Enault (L.). La Terre-Sainte. 1 vol. — Constantinople et la Turquie. 1 vol. — La Norvège. 1 vol.
Ferri-Pisani. Lettres sur les États-Unis. 1 vol.
Ferry (Gabr.). Le coureur des bois. 2 vol. — Costal l'Indien. 1 vol.
Figuier (Louis). L'alchimie et les alchimistes. 1 vol. — Histoire du merveilleux. 4 vol. — Les applications nouvelles de la science. 1 vol. — L'année scientifique. 7 années (1856-1862). 7 vol.
Fléchier. Les grands jours d'Auvergne. 1 vol.
Forgues. La révolte des Cipayes. 1 vol.
Gautier (Th.). Un trio de romans. 1 vol.
Gérardy-Saintine (P.). Trois ans en Judée. 1 v.
Giguet (P.). Le Livre de Job. 1 vol.
Guizot (F.). Un projet de mariage royal.
Hérodote. Œuvres complètes. 2 vol.
Heuzé. L'année agricole. 4 années (1860-1863). 4 v.
Homère. Œuvres complètes, trad. de Giguet. 1 vol.
Hommaire de Hell (Mme). Les steppes de la mer Caspienne. 1 vol.
Houssaye (A.). Poésies. 1 vol. — Philosophes et comédiennes. 1 vol. — Le violon de Franjolé. 1 vol. — Histoire du 41e fauteuil. 1 vol. — Voyages humoristiques. 1 vol. — Les filles d'Ève. 1 vol.
Hugo (Victor). Notre-Dame de Paris. 2 vol. — Bug-Jargal, le dernier jour d'un condamné. 1 vol. — Odes et ballades. 1 vol. — Les voix intérieures, les Rayons et les ombres. 1 vol. — Légende des siècles. 1 vol. — Orientales, Feuilles d'automne, Chants du crépuscule. 1 vol. — Théâtre. 3 vol. — Les contemplations. 2 vol. — Les enfants. 1 vol.
Jouffroy. Cours de droit naturel. 2 vol. — Cours d'esthétique. 1 vol. — Mélanges. 2 vol.
Jourdan (L.). Contes industriels. 1 vol.
Jurien de la Gravière (l'amiral). Souvenirs d'un amiral. 2 vol.
La Landelle (G. de). Le tableau de la mer (la vie navale). 1 vol.
Lamartine (A. de). Méditations poétiques. 2 vol. — Harmonies poétiques. 1 vol. — Recueillements poétiques. 1 vol. — Jocelyn. 1 vol. — La chute d'un ange. 1 vol. — Voyage en Orient. 2 vol. — Les Girondins. 6 v. — Histoire de la Restauration. 8 v.
Lanoye (F. de). Le Niger. 1 vol. — L'Inde contemporaine. 1 vol.
Lasteyrie (Ferd. de). Causeries artistiques. 1 vol.
Laugel. Études scientifiques. 1 vol.
La Vallée (J.). Zurga le chasseur. 1 vol.
Lenient (C.). La satire en France. 1 vol.
Libert. Histoire de la chevalerie en France. 1 vol.
Loiseleur. Les crimes et les peines. 1 vol.
Lucien. Œuvres complètes, trad. de M. Talbot. 2 vol.
Lutfullah. Mémoires d'un mahométan. 1 vol.
Macaulay (lord). Œuvres diverses. 2 vol.
Marmier. En Alsace: L'avare et son trésor. 1 vol. — En Amérique et en Europe. 1 vol. — Gazida. 1 v. — Un été au bord de la Baltique. 1 vol. — Les Fiancés du Spitzberg. 1 vol. — Lettres sur le Nord. 1 vol. — Hélène et Suzanne. 1 vol.
Mas (Sinibaldo de). La Chine. 2 vol.
Michelet. L'amour. 1 vol. — La femme. 1 vol. — La mer. — L'insecte. 1 vol. — L'oiseau. 1 vol.
Milne. La vie réelle en Chine. 1 vol.
Moges (le marquis de). Souvenirs d'une ambassade en Chine et au Japon. 1 vol.
Monnier. L'Italie est-elle la terre des morts? 1 v.
Montaigne. Essais. 1 vol.
Mornand (F.). La vie des eaux. 1 vol.
Mortemer (baron de). La vie élégante. 1 vol.
Nodier (Ch.). Histoire du roi de Bohême. 1 vol.
Nourrisson. Les Pères de l'Église latine. 1 vol.
Orsay (comtesse d'). L'ombre du bonheur. 1 vol.
Ossian. Poëmes gaéliques. 1 vol.
Patin. Études sur les tragiques grecs. 4 vol.
Perint (Ch.). Le presbytère de Plouguern. 1 vol.
Perrens (F. T.). Jérôme Savonarole. 1 vol. — Deux ans de révolution en Italie. 1 vol.
Pfeiffer (Mme Ida). Voyage d'une femme autour du monde. 1 vol. — Mon second voyage autour du monde. 1 vol. — Voyage à Madagascar. 1 vol.
Pouschkine. Poëmes dramatiques. 1 vol.
Quatrefages (de). Unité de l'espèce humaine. 1 v.
Raymond (X.). Les marines de la France et de l'Angleterre. 1 vol.
Rendu (V.). L'intelligence des bêtes. 1 vol.
Rougebief. Un fleuron de la France. 1 vol.
Saintine (X.-B.). Picciola. 1 vol. — Seul! 1 vol. — Le chemin des écoliers. 1 vol.
Sand (George). L'homme de neige. 2 vol. — Elle et lui. 1 vol. — Jean de la Roche. 1 vol.
Scudo. Critique et littérature musicales. 2 vol. — Le Chevalier Sarti, roman musical. 1 vol. — L'année musicale. 3 années (1859-1861). 3 vol.
Sénèque. Œuvres complètes. 2 vol.
Sévigné. (Mme de). Lettres.
Simon (Jules). Le devoir. 1 vol. — La religion naturelle. 1 vol. — La liberté. 2 vol. — La liberté de conscience. 1 vol. — L'ouvrière. 1 vol.
Tacite. Œuvres complètes, trad. de Burnouf. 1 vol.
Taine (H.). Voyage aux Pyrénées. 1 vol. — Essai sur Tite Live. 1 vol. — Essais de critique et d'histoire. 1 vol. — La Fontaine et ses fables. 2 vol. — Les philosophes français du XIXe siècle. 1 vol.
Théry. Conseils aux mères. 2 vol.
Thucydide. Guerre du Péloponèse. 1 vol.
Topffer (Rod.). Le presbytère. 1 vol. — Nouvelles genevoises. 1 vol. — Rosa et Gertrude. 1 vol. — Réflexions et menus propos. 1 vol.
Troplong. Influence du christianisme. 1 vol.
Ulliac-Trémadeure (Mlle). La maîtresse de maison. 1 vol.
Vapereau (Gust.). L'année littéraire. 5 années (1858-1862). 5 vol.
Viardot (L.). Les musées d'Allemagne. 1 vol. — Les musées d'Angleterre, de Belgique, etc. 1 vol. — Les musées d'Espagne. 1 vol. — Les musées de France. 1 vol. — Les musées d'Italie. 1 vol.
Viennet. Épîtres et satires. 1 vol.
Vigneaux. Souvenirs d'un prisonnier de guerre au Mexique. 1 vol.
Vivien de S.-Martin. L'année géogr. (1862). 1 v.
Warren (le comte de). L'Inde anglaise. 2 vol.
Wey (Francis). Dick Moon en France. 1 vol.
Xénophon. Œuvres complètes. 5 vol.
Zeller. Épisodes dramat. de l'hist. d'Italie. 1 vol. — L'année historique. 4 années (1859-1862). 4 vol.

Paris. — Imprimerie de Ch. Lahure et Cie, rue de Fleurus, 9.

www.ingramcontent.com/pod-product-compliance
Lightning Source LLC
Chambersburg PA
CBHW071906230426
43671CB00010B/1498